The Top Design of Capital and Business Model

郑翔洲　叶浩　编著

资本与商业模式顶层设计

——互联网时代如何发现企业高利润区

電子工業出版社
Publishing House of Electronics Industry
北京•BEIJING

内容简介

本书通过实例的形式，具体讲述了企业为什么需要做顶层设计、投资成长型企业的股权最挣钱、股权改革、低成本股权激励及融资上市等内容。本书将为读者详细介绍适合企业战略高度的商业模式以及商业资本的高端运作设计方案，改变企业的传统观念，打造企业的核心竞争力，帮助你发现自己企业的高利润区。

图书在版编目（CIP）数据

资本与商业模式顶层设计：互联网时代如何发现企业高利润区 / 郑翔洲，叶浩编著. —北京：电子工业出版社，2014.10
ISBN 978-7-121-23912-0

Ⅰ. ①资… Ⅱ. ①郑… ②叶… Ⅲ. ①企业管理—商业模式—研究
Ⅳ. ① F270

中国版本图书馆 CIP 数据核字（2014）第 171665 号

书　　名：资本与商业模式顶层设计——互联网时代如何发现企业高利润区
作　　者：郑翔洲　叶　浩
策划编辑：张　昭
责任编辑：雷洪勤
印　　刷：三河市双峰印刷装订有限公司
装　　订：三河市双峰印刷装订有限公司
出版发行：电子工业出版社
　　　　　北京市海淀区万寿路 173 信箱　邮编 100036
开　　本：720×1000　1/16　印张：17.75　字数：312 千字　彩插：1
版　　次：2014 年 10 月第 1 版
印　　次：2023 年 10 月第 33 次印刷
定　　价：58.00 元

凡所购买电子工业出版社图书有缺损问题，请向购买书店调换。若书店售缺，请与本社发行部联系，联系及邮购电话：（010）88254888。

质量投诉请发邮件至zlts@phei.com.cn，盗版侵权举报请发邮件至dbqq@phei.com.cn。

服务热线：（010）88258888。

前　言

本书将通过方法论的形式介绍90个以上的案例，其中一半以上来自国外。这些案例所包含的智慧创造了至少2万亿美金以上的商业价值，学习和把握这些以小博大的商业模式，可以帮助你的企业少走弯路，甚至可以让你的企业力量成倍增长。一个企业家是从成长走向成熟的，有时候，一个企业家的成熟比成功还更重要，因为成功是短暂的，成熟才是漫长的。在赏识中成长，在谴责中成熟。从勇者不惧、适者生存、善者无敌的成长，走向锐气藏于胸、和气浮于面、财气行于事、义气施于人的成熟。

各位读者，企业都是从充分竞争，走向寡头垄断。只要市场有竞争，利润率就会下滑。那么如何才能避免这样的结果呢？要么成为一个细分市场里面的领导品牌，要么创造一个超常规发展的商业模式。

21世纪不是企业与企业的竞争，也不只是商业模式的直接竞争，而是一个企业参与组建了一条产业价值链，和另一个企业参与组建了另一条产业价值链的竞争。成败与否，有时候不在于这个企业模式是否成功，而且还与这条产业价值链是否健康有关系。

我以前出版过《新商业模式创新设计》，如果该书是商业模式的初级篇，那么本书就是商业模式课程的高级篇。本书并不涉及许多传统商业模式，比如平台模式、加码模式、聚集模式、轻资产模式等。本书重点讲述什么是投资人眼中好的商业模式、什么是资本市场青睐的商业模式、如何发现企业所在产业链中的高利润区。

作者

2014年8月

目 录

第二章 投资成长型企业的股权最赚钱

企业为什么需要做顶层设计

第一章

一个企业要做强做大，一定要有一个做强做大的模式。很多企业做到一定阶段就做不大了，为什么？因为一开始就错了，一开始的模式就注定做不到。所以企业需要顶层设计。

也许你有一个很好的产品，但你未必有一个好的企业；很多企业是产品、技术很厉害，但是企业市场却做得一塌糊涂。

企业要想做强做大，有一点很关键，就是要让产品及服务70%以上能够标准化。

为什么全世界最大的餐厅，都没有厨师，因为没有厨师才能标准化。世界上最大的餐厅是麦当劳，因为麦当劳没有厨师。中国最大的餐厅是小肥羊，因为它也没有厨师。所以在餐饮行业，好吃的往往做不大，能够做大的餐饮企业，往往不好吃，好吃的程度最多70分。如果要让好吃的程度从70分达到90分，成本至少增加1倍；如果要让好吃的程度从90分达到100分，成本还要增加1倍。这完全没有必要。

世界上最好的汽车是劳斯莱斯，可是劳斯莱斯亏钱，因为它太完美了。

全世界最大的茶企业是立顿，而立顿的茶，扪心自问，好喝吗？不好喝，但也不难喝。中国有很多好喝的茶，铁观音、大红袍，但是往往做不大。这就是规律。

为什么中国能够上市的服装公司，几乎都是男装，而不是女装。因为女装意味着流行，而流行就难以标准化。

中餐如何标准化，如果不能在菜系上标准化，就得在管理上标准化，在制度上标准化，把一部分菜标准化。企业标准化管理是需要标准化创新的，未来谁能在标准化上创新，谁就能迅速地颠覆整个行业。

咨询行业如何标准化？北大纵横、和君创业算是中国较大的管理咨询公司，但是它们永远做不大，因为难以标准化。类似的咨询企业，也有上市的，比如蓝色光标、华谊嘉信，因为它们把咨询最前端的产品服务标准化了。还有一家公司就是通路快件，他们把人才也标准化了。用三流的人才创造了一流的业绩，像麦当劳一样。所以未来的竞争也是标准化创新的竞争。

如何发现企业的高利润区？一条珍珠项链，最有价值的不是每一颗珍珠，而是连接珍珠的那根线。我们企业有时候必须想想如何去做那根线。

很多人以为，知名度高就可以让你的企业成功，那是错误的。阳光卫视的杨澜知名度非常高吧，但是阳光卫视依然陷入了困境；王菲的名气也不小，可是她在上海的酒吧也没有做成功；“非常静距离”的主持人——李静，名气显然不如杨澜、王菲，可是她的节目很成功，为什么？阳光卫视什么人都去采访，体育明星、政治明星、商业明星、学术明星，没有聚集，付出了很多代价，而“非常静距离”只采访娱乐明星，结果不同凡响。

雪弗兰的知名度很高吧，可是雪弗兰这个企业并没有什么价值。全球100大最有价值的企业里面，有11个汽车品牌，其中5个来自德国，奔驰、宝马、奥迪、大众、保时捷；通用汽车有几个汽车品牌上榜？一个都没有。通用汽车的领导品牌是雪弗兰，可是雪弗兰这个汽车并没有什么价值。为什么呢？大家可以思考一下，什么是雪弗兰，雪弗兰可以是大车，可以是小车，可以是卡车，可以是轿车，可以是贵的车，也可以是便宜的车。雪弗兰把它的汽车品牌应用在所有的汽车上面，导致雪弗兰这个品牌没有价值，即使它的知名度很高。

所以一流的企业不是卖产品，也不是卖服务，而是卖你在消费者心目中的印象，也就是你的公司=什么字眼。王老吉=“去火”，沃尔沃=“安全”，海飞丝=“去屑”，法拉利=“速度”，易中天=“三国专家”(实际上他是研究美学的，但是他现在在人们心目中的印象，就是研究三国的)；所以如果你的企业无法用一两个字眼来形容，就很难持续发展。

请问雪弗兰=什么字眼？我们都知道，宝马=“驾驶的愉悦”，奔驰=“尊贵”，沃尔沃=“安全”，丰田=“可靠的汽车”，雷克萨斯=“豪华轿车”，普锐斯=“年轻派”，塞恩=“混合驱动”。可是我们无法用一两个字眼来形容雪弗兰。

一、万达广场的BT模式

BT（Build and Transfer）模式，意即“建设—移交”，是政府利

用非政府资金来进行基础非经营性设施建设项目的一种融资模式。

BT模式一般用在建筑行业，比如万达广场。传统的商务地产，就是盖好商务楼，然后再去招商。万达不是这样，万达和麦当劳、肯德基、百丽、味千拉面等连锁企业都签订了协定，所以万达广场一旦建好，就把这些签约企业全部拉过去，从而节约了招商成本。

万达建一个万达广场，通常只需要18个月，也就是一年半。他们打出的口号是：建立城市的另一个中心。然后万达先垫钱盖楼，盖好以后，这就是一个城市的市委、市政府、市人大、市政协四大班子的政绩，但是自己垫钱盖楼，赚钱不会太多。既然帮助四大班子挣足了政绩，那么政府就用一块作为住宅地产，所以有时候万达靠住宅地产赚的钱反而更多。这就是BT模式的灵活应用。

可是今天的万达要想上市，几乎不太可能了，因为涉嫌关联交易，他们一开始就错了，所以，企业必须做顶层设计，一开始就要做对事。

二、重庆某钢琴培训公司的BT模式

BT模式同样可以应用在传统行业上面。重庆某钢琴培训学校主要业务：钢琴培训、钢琴销售。

公司成立于1996年，总共培养了2万多名学生，其中2000名得到了国家级奖项，钢琴销售总量15000架，2012年被授予中国诚信企业。

卖钢琴这项业务占到了公司营业额的40%，卖钢琴给学生、经销商，每年大概卖出2000架钢琴。

培训这项业务占到了公司营业额的60%，每年招收大约4000名学生，平均每名学生收费5000元左右。

教学培训行业的BT模式大致如下：

（1）公司与政府签订一个5年的框架合同（由公司免费提供1500

架钢琴，给这个区（县）政府所在的学校，平均每架钢琴2.5万元，总共价值3750万）。

（2）拿着这个合同，向钢琴生产商购买钢琴（一般由公司首付30%的首付款，剩下的部分靠招生培训的费用来进行还贷。因为是政府的合同，钢琴生产商也愿意）。

（3）政府把1500架钢琴分发给所在区域的部分学校，由这些学校去进行招生，招生的费用和学校进行五五分成（因为是公办学校，有稳定的招生渠道，收入会比较稳定）。

（4）因为是BT模式，所以与政府合作时不需要进行招标，只进行公示，这样每台钢琴可以卖到2.5万元，而实际上每架钢琴的成本是8000 ～ 10000元。

三、杭州一家健身房的商业模式

传统的健身房靠什么盈利？一个是会员，一个是营养食品之类的东西。

顾客只需缴纳一定数量的押金，就可以免费来健身房健身，但必须与健身房签订对赌协议。按照约定，你这个月明明应健身10次，但如果只去了9次，那么，你就得支付一小笔“激励费”了。

每个月10次健身，听起来并不难做到，但在实际操作过程中，确实很少有人能坚持平均三天来一次健身房，而一个顾客每个月被扣两次以上的“激励费”，就已经相当于花钱买张健身月卡了。

健身房的客流量多，就能促进他们购买其他的营养食品，最终形成了良性循环。

四、轻资产——只有3个人的旅游公司

3个人每年创造3700万人民币利润，这就是游索旅行公司。他们专门带领游客看日食、看月食、看流星雨、看北极光等天文现象，他们公司除了3个全职人员，游索旅行公司其他员工都是兼职导游。完全是轻资产模式。

比如2008年8月1日和2009年7月22日的日食，游索旅行公司组织游客搭乘空客A330，穿越北极一路“追日”。每位游客的费用高达13000美元，但座位早在一年前就抢购一空。空客A330有266个座位，这样就是345万美金。这样的活动，他们一年就做三四次。

他们还准备借助维珍的新型航天飞机，开展太空之旅，每位游客收费将至少20万美元。游索旅行公司认为，高昂的价格并不会成为太大的障碍，因为遨游太空、成为地球的旁观者、享受失重的感觉，对于真正的天文爱好者而言，都是极具诱惑力的。

五、转型、转向、转行——商业模式是关键

企业有时候做到一定程度再也做不大了，模式怎么创新也没用，怎么办？只有转型，要么转型做上游，控制成本；要么转型做下游，控制渠道；或者向其他方向转型。

汇源果汁董事长朱新礼当时准备把汇源果汁卖给可口可乐之后，然后去全国种植大量的果树，他已经谈判了上百万亩的地；然后把果树提炼的原浆卖给可口可乐，他去做上游。本来这是他的如意算盘，结果没有收购成功；他为什么想做上游？因为上游是高利润区。

很多企业本身价值不大，可是一旦转型之后，就非常有价值，也很容易做大。以下企业在企业转型之后就做得很好。

- 制造商转设计商：神雾科技；
- 制造商转渠道商：匹克运动；
- 制造商转品牌商：雷士照明；
- 制造商转运营商：御银科技；
- 制造商转方案商：美电贝尔；
- 制造商转服务商：数字政通。

六、FBI 最新数字编码体系带来的启发

如果只用三秒钟的时间，如何正确写出如图1-1所示右边FBI的编码？很难。

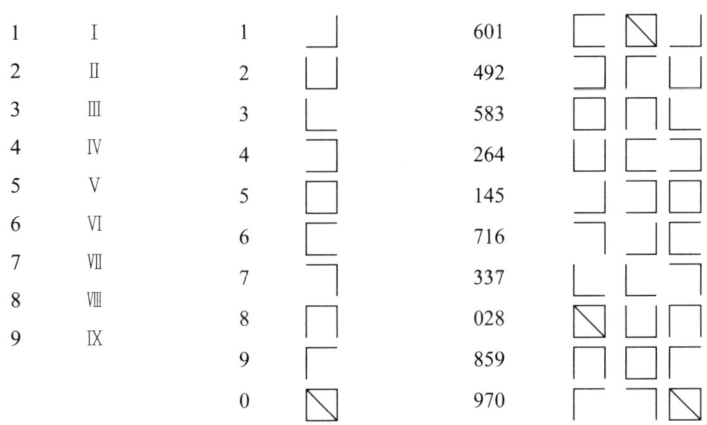

图1-1　高度决定视野：FBI最新数字编码体系带来的启发

但是根据规律就比较容易，如图1-2所示。

商业模式就像数学，高级的模式就像高等数学。升级到高等数学之后，不再需要管每一个细节，重要的是观念（微分里面几乎用不到数字），我们搞战略也是这样。在策略性比较高的产业中，模式本身就是观念的竞争，而不是细节的竞争。

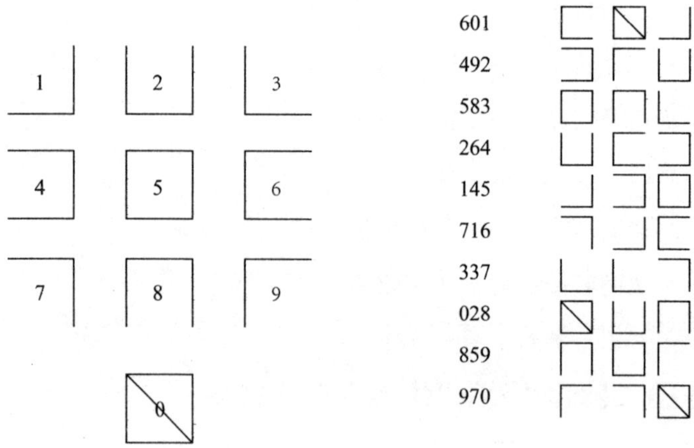

图1-2　故事背后的故事

因此你必须要高屋建瓴，纲举目张，高瞻远瞩，绝不能因噎废食，因小失大，大意失荆州。眼睛看得到的地方叫作视线，眼光看得到的地方叫作远见。

鹰要想飞得远，首先必须飞得高，这叫作大处要壮阔。我们的目标，我们的责任心，我们对企业的本质认识，我们要有高度，没有高度就飞不远；但同时仅仅有高度是不够的，鹰还要能够飞得足够低，才能抓到东西吃，这叫作小处锋利。例如，一个名称就要能卖货，一个包装就要能卖货，一个广告语就要能够感动消费者。不顶天走不远，不立地走不动。

因此，打造核心竞争力、创新商业模式最需要的是远见，搞战略最需要的是改变你的观念。

七、中国企业到美国上市，一个好的定位战略是与一个成功的美国企业建立类比关联

优酷网将自己定位为“中国的YouTube”，它的股值上升了161%。

当当网将自己的网站定位为“中国的亚马逊网”，其股值上升了120%。

人人网是中国最流行的社交网站，相当于“中国的Facebook”。

糯米网被认为“中国的Groupon”（美国知名团购网）。

而猫扑网被认为“中国的Myspace”（美国知名聚友网）。

HiSoft（海辉软件），它为美国高科技和金融服务领域中的主要企业提供IT服务，HiSoft的股值上升了200%，被称为中国的“IBM”。

什么是百度？中国的Google。

什么是淘宝网？中国的eBay。

什么是新浪微博？中国的Twitter。

什么是QQ？中国的MSN。

什么是梁山伯与祝英台？那就是中国的罗密欧与朱丽叶。

乡村基在美国上市的时候，没有做类比，2011年市值下降51%；它应该定位：中国的肯德基。

八、什么样的企业是投资者眼中的好企业

中国企业家必须克服的价值误区：

- 有高利润的企业就是好企业？
- 规模大的企业就是好企业？
- 有高资产的企业就是好企业？
- 有高技术的企业就是好企业？
- 有好产品的企业就是好企业？
- 有好报表的企业就是好企业？
- 不需要资金或没有贷款的企业就是好企业？
- 合规或规范的企业就是好企业？

资产是过去的积累，价值是未来的发展；利润是一次性的价值，

价值是可持续的利润；定价权的高低决定了价值的高低。

可持续发展的企业才是好企业。与企业的资产、规模没有关系，所以企业需要做顶层设计。

高利润低价值：有高利润而无资本价值的企业，其价值是依附在其他企业上的：如贸易企业、广告企业、房地产企业等。

财富中国帮助该类型企业向上下游延伸，建立起具有独立性的商业模式。

高资产低价值：有资产增值而无资本价值的企业，如收藏企业、以房地产升值为目的的企业，以及零售连锁企业。

财富中国通过增强该类型企业的可持续的现金流，而不是资产，来提升其在资本市场上的价值。

高价值企业：有利润且有企业资本价值的企业。

百年一遇的金融危机同时也孕育了百年一遇的资本机遇。改革开放三十年导致“商业模式创新”。

- 传统企业→利润为1；
- 商业模式的力量→利润增长10倍；
- 资本的力量→企业价值年利润15～30倍；
- 营销\制造→属于常规武器，坦克/大炮；
- 资本\商业模式→属于核武器，原子弹。

九、巴菲特眼中好的商业模式

巴菲特说，“判断一家公司的优劣，我只看它是否有定价权，CEO姓甚名谁有时根本不在我的考虑范围之内。”

如果你有本事提价还不会失去客户，那就是好企业。如果连提价10%还两腿发抖，那就是差企业。

巴菲特选择的一些企业，比如铁路和电力企业，得益于消费者选择有限，这些企业拥有强大的定价权。

巴菲特还认为，没有应收账款的企业是好企业，没有售后服务的企业是好企业，比如中石油、可口可乐、吉利剃须刀。那么“真功夫”更好，还是“海底捞”更好？

巴菲特还认为，战略聚集的企业是好企业。他崇尚把所有的企业放在一个篮子里面的经营哲学，那问题是，把所有鸡蛋放在一个篮子里面，打烂了，怎么办？巴菲特说，不会出现那样的情况。

给一个产品定价是很容易的，但是要给一个企业定价往往很难。

最近一段时间，并购不断。百度3.7亿美元收购PPS，阿里巴巴以2.94亿美元入股高德。百度、阿里们怎么估价？他们怎么做一次“划算”的投资？看起来有点神秘，其实道理和你买一件衣服一样简单。

你在商店里买衣服，它值不值两千块钱？你可能会考虑它的品牌、设计、布料、图案，当然也会考虑这件衣服是不是适合自己的体形。买公司也一样，估值很难说有唯一的标准，是各个指标综合考虑的结果。

VC（Venture Capital，风险投资）阶段，不同行业估值的差别会很大。要投资互联网行业的话，一方面会看公司的财务表现，另一方面会看经营业绩的表现，比如UV、PV、排名等。同时也会参考这个企业家到底自己投入了多少钱，比如说企业家自己只投入了100万元，非要说这个企业值1个亿，显然中间的溢价太贵了。

另外，他们不仅会看自己投了什么，也会看其他风险投资者在这个行业里面投了哪些类似的公司，是什么样的估值。同类公司的估值是一个很重要的参考标准。

所以，风险投资者的估值也是一个综合决定的因素。

风险投资者投资的时候，会再加上比如市盈率这样的计算方法。但即使是这种方法，也有很大的随机性。如果你喜欢与这个人合作，那么这家公司的估值可能就更大一些。可以说，真正好的创始人，是不太局限于相差不大的估值的。

用户数量也是一个折算的考虑因素。在第一轮互联网泡沫时期，估值都是按用户算的，还有按眼球率算的，还有按照这个公司有多少个博士算的。没有估值体系的时候，大家都要找一个标准，当然这个标准是不是科学合理就很难说了。

国外的两个社交网站，用户量差很远，估值也差很远，但是你把估值用用户数除一下，会发现其实估值低的那家，每个用户的价值反而高很多。为什么呢？因为这家公司每个用户的转化率比较高。

如果与游戏有关系、与电子商务有关系，这都是直接能赚钱的，那每个用户能给你提供的价值就高，应用的估值当然更高一些。

如果是有收入但没有盈利的公司，比如前两年的电子商务公司，大家会考虑市销率评估值法，会有一个大致的倍数区间。当然这个倍数区间随着市场的变化而变化，有时候可能不到1倍，有时候可能是三四倍。对于有盈利的公司，公司的市盈率是一个很重要的参考。市盈率大致就是估值/盈利，像A股的上市公司，如果是从事制造业的，市盈率大致是十几倍，如果是生物制药企业，市盈率大致是三四十倍，这都是可以参考的标准。

十、做得比别人好就能够成功吗

传统的战略理论是：“我不如别人时，一定要做得比别人更好。”

我们从小受的教育是：我成绩不如别人的时候，我一定要更加努力，在别人玩耍的时候，就是我们超过别人的时候。但是做企业没有这么简单，不是只要你努力、只要你勤奋，你就会成功。

比如，提高服务质量，追求六个西格玛品质管理（每百万个产品中仅出现3～4个品质不好的），加强执行力和团队精神，组建学习型组织，创造企业文化，深入细节化管理，等等，这些都是为了做得更好。这些都有用，但不会有太大的作用，真正有作用的是要与众不同的定位。

传统战略，就是发现消费者的需求，然后提供比竞争对手更优质的产品、更便宜的服务来满足消费者的要求。他们没有把注意力集中在成为第一或者在差异化的基础上创造一个类别成为第一。这就是他们落伍的原因。

那么质量完善的产品是否就是好产品呢？高档的产品是否就是好产品呢？高科技的产品是否就是好产品呢？答案是不一定。

耐克的品质一定超越锐步吗？劳力士手表真的是全世界最精确吗？奔驰车的品质会优于宝马吗？丰田一定比本田好吗？可口可乐真的比过百事可乐好喝吗？脑白金真的比三株口服液效果好吗？

答案是不一定。

刘德华唱歌难道会比刘欢好吗？没有刘欢好，那为什么比刘欢出名？

国酒茅台酒的质量最好，那为什么茅台酒卖不过五粮液呢？因为酒香也怕巷子深。

质量对一个企业经营来说很重要，但绝对不是最重要的。

在许多企业家心中另一个根深蒂固的观点是，优质的产品就是核心竞争力。他们想法的背后是："事实会检验一切。""是金子在哪里都会发亮。"换句话说，如果你拥有优质的产品，便只需寻找一家优秀的广告代理商，让广告代理商来完成产品与顾客的沟通就行了。

但这是愚蠢的做法。广告和促销绝不会那么容易动摇消费者已经形成的印象。在今天的市场营销战略中，你所做的唯一白费力气的事，就是企图改变人的印象。印象一旦形成，几乎是无法改变的。

因为企业过去的历史会对现在的产品形象产生影响，因为它在消费者心目中形成了一个固有的模式，这个模式一旦形成，就不会轻易改变。结过婚的人都知道，要想改变对方是很难的。结婚之前还会对对方抱有幻想，结婚之后往往发现对方是孺子不可教、朽木不可雕。

人们的观念一旦形成，要想再改变它就很难。人们总是相信自己愿意相信的东西，人们也总是去品尝自己愿意品尝的东西。

下面列举几个例子来说明问题。

（1）摩托罗拉

摩托罗拉全力追求六个西格玛品质，但是再完美的品质表现也无助于摩托罗拉发展计算机事业。1985年，摩托罗拉推出一系列个人计算机，但是销售量很差，不过质量真的不错。1990年，工作站计划无疾而终。1992年尝试大型计算机业务，亦不见成果。1994年，摩托罗拉宣称有意建立一个广泛的桌上型计算机系统，但后来的情况也不好。因为做得更好可能是个陷阱。

摩托罗拉是全球最领先的"全面质量"管理的楷模，执行六西格玛精确质量控制，在这个地球上，再也找不到比这更苛刻的控制体系了。但所有对质量的重视，都无法阻挡诺基亚对它手机业务的抢夺。相对产品线单纯的诺基亚，凭借专注的形象，成功瓦解了摩托罗拉手机是品类开创者的领先优势和质量优势，成为全球手机销量最大的品牌。

摩托罗拉的品质真的不如诺基亚吗？20世纪90年代不是这样的。但是，现在身边的朋友，基本都这么认为了。"品质"成了消费者对领导品牌的犒赏。品质，也只属于领先品牌。

（2）TCL

国产家电品牌在20世纪90年代开始风风火火的"学习标杆"运动，TCL当时提出了要做"中国的三星"的目标。但经过这么多年来的模仿式学习，TCL依然是TCL，没有成为第二个三星，反而在最近的彩电销售排行榜上跌落出前五名。

同样，在跨国管理咨询公司的"教导"下的其他国产家电品牌，曾经也在"学习标杆"，看同样的书，做同样的事。十几年后，并没有一家企业脱颖而出，反而品牌之间的区别变得更模糊了。依旧是，"冰洗海尔一边独大，彩电五强争霸”。品质战略，并没有救中国家电企业一把。

（3）奥迪

奥迪曾经做过一个广告，为了证明自己汽车的品质和性能的卓越，本能地将自己的车与奔驰、宝马进行比较，用德国汽车专家的话说：奥迪车的品质、性能要优于奔驰、宝马。谁会相信呢？消费者不相信，市场也不相信。

（4）阿玛尼服装

有一个时装品牌叫作阿玛尼，这几年在国内慢慢火起来了。乔治·阿玛尼是 位著名的意大利时装设计师，这个人出场只穿黑色，从来不穿第二种颜色，他头发是银灰色，他从来不打领带，这也是他在服装设计界形象的自我定位。

他是建筑设计师，但是他怎么成为意大利最顶尖的服装设计师了呢？因为他知道品质是需要顾客认定的，顾客如何认定衣服是名牌，很简单，名牌当然就是名人穿的。阿玛尼每天都在设计衣服吗？不是的。阿玛尼每天都在自己的山庄开晚宴，每天花很多钱请电影明星到他的山庄来，然后告诉他奥斯卡金像奖颁奖典礼我免费赞助你。许多明星都在穿阿玛尼的服装，然后杂志、电视都在转播，所有好莱坞明星100个有75个都穿阿玛尼，这就使它成功成为世界第一名牌的服装。

阿玛尼品牌的价值就是砸晚宴砸出来的，名人效应。只要你的产品品质能达到中上层，你就可以想办法塑造出它最好的价值来。

（5）沃尔沃

沃尔沃是安全的汽车，“安全”就是沃尔沃所拥有的字眼，在消费者的心智中沃尔沃就是这两个字。只要你抓住了消费者心智中的这个字眼，就没有人可以偷走，哪怕你事实上并不“安全”。

本田做了很多市场营销活动来强调他们的安全性；丰田也有很多广告都是针对“安全”的；尼桑宣称是五星级最安全的汽车，大量的安全测试结果也证明它的安全性最好；此外奔驰也做了类似的工作；福特也一样，它被评为美国最安全的汽车。美国“高速公路安全”协会曾经为这些车辆做了防撞击测试，由此评选出了美国最安全的十大车型。沃尔沃排行第几呢？你们认为它在十大最安全车型里面排位第几？事实是沃尔沃一个也没有。十大车型中有福特、本田，以及奥迪的两个大众车型，沃尔沃一个也没有。

但是，实际上车型的安全测试结果根本就不重要，关键是它是否抓住了人们心智中的“安全”这个字眼。安全车没有评上，这根本不重要，消费者一想到沃尔沃就想到了“安全”，它已经占据了人们的心智。

记住，做得更好其实是个陷阱。你如何让顾客信服你的产品比领导品牌更好？

如果你制造出更优质的手表，你如何说服消费者，你的手表比劳力士更好？

如果你生产了更好的可乐，你如何说服消费者，你的可乐比可口可乐更好喝？

如果你再去生产一种更安全的车子，你如何说服消费者你的车子比沃尔沃还更安全？

如果你研究出更好的管理理论，你如何说服学者们你的研究比彼得·杜拉克还更深入？

不是不可能，是不太可能，而且也没有什么先例。

不以品质为重，但是不等于一点都不在乎产品的质量。很多人会说，通常一流品牌的品质都很不错。但是我告诉大家，市场上的第一品牌、第二品牌、第三品牌、第四品牌可能品质都差不多。记住：当品质差不多的时候，品牌就决定了一切。

大家千万不要误会，提高品质绝对是正确的事情，每个企业都应该以最好的品质呈现出产品和服务。

但是，建立产品品质和建立对品质的印象是完全不同的两回事。因此要想成为第一品牌，首先必须拥有一流的品质，这个品质只需要是行业中前五名或前十名的平均值。

世界上为什么有这么多才华横溢的失败者，为什么很多才能平平的人却取得了辉煌成就？很多产品质量上乘的企业都没有生存下来或经营惨淡，而一些产品或服务质量较次的企业却做得很大，如鱼得水，甚至成了行业老大。

不要愿老天爷不公，首先要改变自己的观念；也不要怨天尤人，正确的战略才是关键。

十一、智慧的精髓是“心随精英、口随大众”

戈尔巴乔夫访华时，邓小平和他同车，到了一个十字路口，这时戈尔巴乔夫问邓小平，中国现在在十字路口，应该怎么走？邓小平说，“打左转弯灯，往右走！”

什么是好的管理？这就是最好的管理。什么是水平？这就是水平。这也叫作“心随精英，口随大众”。真理永远掌握在少数人手里。有时候在管理中，要想执行一件事情，说了以后反而难以执行，有时候说一套、做一套往往能够事半功倍，这就是领导艺术。

除了领导艺术，用人的艺术往往也会决定一个企业商业模式的成败。

我们传统的用人理念是，“用人所长，天下无不可用之人，用人所短，天下无可用之人，用人所长，必容人所短。”

北宋年间，辽国摆了天门阵，宋军破不了，最后选了穆桂英，只有穆桂英可以打破天门阵，横扫北国。

而当年的穆桂英是一个土匪，年龄只有二十多岁，大宋朝怎么就敢把国家的命运交给一个黄毛小丫头呢？这岂不是太危险了。

而当时选中穆桂英，完全是三关大帅杨六郎的高明。为什么要选穆桂英，首先天门阵有毒气，而这种毒气只有当时穆桂英家族的降龙木才能克制住，这叫关键资源独特。所以我们用一个人不完全要用他的能力和学历，用他的资源也是有必要的。

其次，天门阵108关变化多端，虽然大宋朝名将辈出，而这些名将都是自己武功高强，但是对于阵法却不是很精通。穆桂英虽然年轻，但是很懂得阵法，有家族的传承。

这两条关键要素具备了，但是穆桂英是土匪，目的是要造反，反贪官、杀皇帝，所以杨六郎当时面临的问题就是，如果要用穆桂英就必须招降她，就必须知道她的核心需求。

于是杨六郎就开始琢磨，穆桂英这个小女孩有什么特殊需求没有被满足呢？穆桂英3岁进深山，一呆18年，长得如花似玉，她最基本的需求是什么？就是特别需要找一个男朋友。

杨六郎马上就想到了自己的儿子杨宗保，于是派杨宗保去巡山，而杨六郎非常清楚杨宗保武功很差、意志力也非常不坚定。

所以能用一个干部的优点去推动工作，那叫水平，叫智慧；能用一个干部的缺点同样推动工作，那叫作超水平，叫大智慧。

结果杨宗保不到三招就被穆桂英活捉了，而且意志极其不坚定，太阳还没落山，两人就进洞房了。

结果探马来报杨六郎说，杨宗保被活捉了。可是第二天杨宗保却骑着马回来了，最后问他怎么回事，杨宗保就和盘托出。最后杨六郎决定斩杨宗保，临阵招亲，死罪。这个事情传到穆桂英耳朵里，马上穆桂英就来求情了。

这时杨六郎就开出条件了，要穆桂英家的降龙木，而且必须破掉天门阵，还要立军令状，穆桂英当然全部答应。最后杨六郎说，先结婚，后上战场，最后在盛大的婚礼之后，穆桂英打破天门阵，横扫北国。

所以请问各位读者，谁最高明？杨六郎最高明。用人所长，也能用人所短。

日本有三位大将军，三个人性格各不相同。问他们同一个问题，回答各异。

“假如要让一只鸟叫，鸟不叫，怎么办？”

织田性长：“杀了它。”

丰臣秀吉：“逼它叫。”

德川家康：“等它叫。”

最厉害的人是德川家康，水滴石穿，不是水的力量，而是坚持的力量。一块手表，人人都能看到秒针在动，但是有谁能够看到时针在动？可是对一个手表，秒针更重要，还是时针更重要？肯定是时针更重要，这叫作次要性的进步是显而易见的，关键性的进步是潜移默化的。

有人说，要出人头地，需要具备以下三个条件：

- 你要行；
- 要有人说你行；
- 说你行的人，他必须行。

很多人具备前两点，就差了最后一点。

第二章

投资成长型企业的股权最赚钱

大家都知道，2008年可口可乐准备收购汇源果汁，给它出的价格折合人民币172亿元，后来由于商务部没有批准，收购没有成功。但是可口可乐给汇源进行了定价，是172亿元。2005年法国达能参股汇源果汁，当时汇源果汁的价值是50亿元，4年内增长了300%；2002年汇源果汁和新疆德隆合作，德隆参股汇源果汁的时候，汇源果汁的估值是多少？ 5亿元。

我们讲投资不是对好企业的投资，当然更不是对坏企业的投资。投资是什么？是对成长趋势的投资。类似这样的企业，在中国非常之多。

中国注册的企业有几千万家，其中有10～20万家企业的利润每年以10%以上的速度增长。按照中国市场的数量，到2040年，中国的上市公司大概是1～1.5万家。那么我想请问大家，到2040年，中国的这1万家上市公司，你的企业在不在里面？如果你不能成为这1万家上市公司里面的企业，那么你能不能持有这1万家企业的部分股权，这将决定你在中国未来的财富地位。

中国的富豪榜上，有40%都是做房地产的，而这些富豪中，有一半都是与资本市场相关的。也就是说，未来我们每个人所拥有的财富，在很大程度上取决于你究竟拥有多少股权；换句话说，股权股票将会是人们财富的重要形式之一。

并不是让你去二级市场买股票，而是在这个公司还没有上市之前，你就能够持有一个成长型公司的股份。有这种投资价值的企业，在中国大概有几万家；关键是你如何找到这几万家；而且这几万家里面，至少有1～2万家是非常靠谱的。

很多大企业都看到了这样一个机会。柳传志已经从一个企业家变成了一个投资家，柳传志下面有五大产业：联想控股、神州数码、联想置地、联想投资（做风投的）、联想弘毅（做PE的）。马化腾现在做投资，马云也做投资，企业家的最终归宿就是投资家。

在这个世界上，如果从事商业活动，最刺激的、最能够让你有高峰体验的、最能让你出神入化的、最让你永不疲劳的、最让你永远保持兴奋和新鲜感的，那就是投资。如果你爱一个，就劝他去做投资，他可以使你一夜之间腰缠万贯；如果你恨一个人，也劝他去做投资，一夜之间可以让他倾家荡产。所以，投资是人生的高度浓缩。

马云很厉害，但是投资马云的那个人更厉害。

很多企业想要提升管理效益，想要规范化管理，但总是爱莫能助，一旦股权投资一投向哪个企业，哪个企业就规范了。

中国以前上市是政府配额，是妇联有名额，团中央也有名额；后来是审核制度，有保荐人推荐，符合资格的好企业可以上市；慢慢地中国会变成菜市场阶段，也就是说好企业可以上市，卖高的价格，差企业也可以上市，卖低的价格。企业在国外上市比国内容易得多；中国有些企业不缺钱，企业太好了。那人家就问了，你不缺钱干吗要上市？因为你企业现金流太足了，在银行根本就没有贷款，那你这种企业干吗要上市呢？所以你不能上市。还有一些企业每年都有增长，利润也很好，企业很规范，但是你这个行业不符合国家的产业导向，比如水泥行业，也可以不让你上市。前几年餐饮行业也限制上市，这几年又支持餐饮行业了。这些都说明企业在中国上市并不容易。在中国已经上市的公司未必是好公司，还有大量的公司是好公司。

那么在这样一个投资环境下，投资什么是最好的呢？那就是成长型企业的股权投资。也就是要发现未来的联想、未来的阿里巴巴，问题是未来的联想、未来的阿里巴巴在哪里呢？

一、如何成为一个预知趋势的专家

如果希望成为一个预知趋势的专家，那你就得多看电影，多听流行音乐，多留意零售业的走向，特别是零售业的走向。

在市场中没有哪个行业能比零售业更敏锐地感受到趋势的变化。零售业往哪个方向走，国家就往哪个方向走。问题是，零售业究竟会往哪个方向走呢？

那就需要专业化。通才的时代似乎已经过去了。

今天百货公司何以如此没落？批评者通常都把矛头指向百货业本身，认为他们不够重视顾客服务、赶不上潮流、价格定得离谱、管理不善等。就某个程度来看，这些因素都没错，难道顾客就不去百货公司了吗？当然不是。今天，越来越多的人转向专业店购物，所以百货公司没落问题不在于百货公司，而在于专业店。凝聚经验焦点的一方又占了上风。商场上的原则是，谁的经营焦点越集中，谁就是赢家。不管你从事的是什么行业，这个原则皆可用。

很多零售业专家都认为，百货公司的黄金时期已经过去，仍然继续经营势必会承受源源不断的压力，想方设法节省成本，才能维持生存。可以预期，未来会有更多的百货公司关门。

但这并不表示有些百货公司不能成功，就绝大多数产业而言，即使市场不大，但它始终存在。在没落行业中幸存的优势是，你可以发展出一种“半垄断”的状态，因为，进去的人比较少，出来的人比较多。

例如，今天马匹的功能几乎已经完全被汽车代替，但是马鞍、马勒、缰绳的价钱却很贵。理由是，市场小，竞争微乎其微。汽车四个轮胎的价位与四个马蹄铁的价位就差不多，但轮胎的寿命比起只能用4～6周的马蹄铁可要长多了。

一匹汗血宝马可以卖到1000万元人民币，它可以卖给电影公司，或者租给电影公司。它的利润率很高，因为它是夕阳产业，在这个产业中，进去的人会比较少，出来的人会比较多，会形成一个半垄断地位。

行业未来发展主要有以下几种趋势：

第一个是传统企业的互联网化，这才是真正的O2O模式，传统企业通过互联网调配全世界资源进行生产，利用互联网最省钱、最省事地知道每个用户的需求。

第二个是服务业的升级，极为迅速地提供标准化、规模化、整齐划一的服务，就像如家、汉庭成功的经验那样。

第三个是移动互联网和社交化媒体，这个领域的公司市值会做得非常大。

二、资源类

1. 矿产资源

江南是鱼米之乡，那儿山清水秀，地下没有什么好东西，西北地区地上戈壁高山，可是地下资源却很丰富。上帝是很公平的，他公平地配置资源，你不可能地上、地下都好。

矿产资源需要重新整合，那种小矿经常出现矿难，慢慢会收缩。矿产资源有三个地方非常丰富，第一个地方就是非洲，美国现在是不愿意去非洲投资，欧洲人已经非常慵懒，中国投资非洲是很大的机会。成都有个企业帮助安哥拉政府盖100万套住宅，这是一个200亿元的大单，5年之内盖完，这是安哥拉的政府工程。第二个就是外蒙古，土地大，人口少，地下有大量的天然气矿产资源。第三个是斯坦族国家，哈萨克斯坦、吉尔吉斯斯坦，这几个国家的能源也很多。

2. 土地资源

中国地大物博，但是适合人居住和动植物生长的地方，大概只占国土面积的20%，也就是200万平方千米不到。中央政府规定，18亿亩的农田红线不能动，所以中国真正有用的土地是不多的。

以机场为例，在美国的国土上，任何一个城市，周边100千米之内，一定会有一个机场；这相当于中国的每一个县都有一个机场。美国人给我讲，如果你的年收入是4万美金，就坐公交车上下班；如果是40万美元就开车上下班；如果是400万美元，就是别人开车送你上下班；如果是4000万美元，就坐直升机上下班。

3. 能源资源

可以把山西的小煤矿进行整合，将原来5000多家小煤矿整合成100家煤矿；鄂尔多斯地下煤矿，占中国整个煤储量的六分之一。

如果想了解中国近1000年的文化，请去西安；如果想了解中国近500年的文化，请去北京；如果想了解最近100年中国的变迁，请去上海；想了解30年改革开放的成果，请去深圳；想了解中国近10年的变化，请去鄂尔多斯，鄂尔多斯想成为中国的迪拜，迪拜在30年以前是一片沙漠。中国未来能源整合的市场空间非常大，这里蕴藏了巨大的投资机会。

4. 森林资源

中国林权是有价值的，中国目前的森林覆盖率只有12%，加拿大的森林覆盖率是60%，林地一般租赁30～70年不等。中国林地主要集中在：福建北部，江西南部，安徽南部，湖北部分地区，湖南西部，云南贵州黑龙江地区。

资源类有很大的投资价值，即使是已经上市的公司，依然具有很好的投资价值。

中国森林公司：不断收购森林，在股市重新估值

中国森林公司是一家以森林资源、林产品加工、林业科技开发为核心的企业集团。它在内地每收购一片森林，再经过国际标准重新估值，就比当初的收购价高出很多。这提升了公司市值，支持公司继续收购森林。公司上市不到一年，股价就上涨了七成。

- “中国森林”收购的森林资源，经过国际林业咨询公司 CFK 的重新估值，竟然比当初的收购价格要高出几倍，甚至十几倍。
- 比如在2008年，公司在云南收购了两片森林，其中“潞西/双江森林”的收购价是3.6亿元，经 CFK 重新估值后，竟达到53亿元。另一片“文山森林”的收购价是5.5亿元，重估后的价值约为21亿元。
- 通过低价收购、重新估值，中国森林的净资产3年增加了16

倍，从2006 年的6亿元增加到2009年的98亿元。

公司2009年在中国香港上市，股价一年之内涨了七成。其实，如果忽略价值重估带来的收益，中国森林卖木料的业务一直都是亏损的。

对于重新估值的方法，其招股书披露，公司在采伐后将会重新种植林木，CFK于是根据15年的最低轮伐期，编制出木材流量，再参照该地区的原木价格，以及经营成本等因素，采用贴现现金流法计算出价值（其中，不同地区的贴现率和原木价格有所不同）。

那么，为什么估值会出现这么大的差距呢？收购时的低价是怎么回事呢？

采伐行业由于缺乏资金以及经济效益，极有可能出现亏损。而该公司在收购时，还承诺提供一定数量的就业机会，购买的森林面积也较大，因此能获得相对较低的收购价格。

目前中国森林主要是集中精力收购，其招股书中表示，其融资的95%都是用于未来三年收购新的森林。

为了尽可能减少采伐业务所占用的资金，公司近三年的采伐率一直保持在2%左右的较低水平。

与此同时，它也有少量原木销售业务，以及在砍伐过的林地上重新植树。林木的种植和管理，由熟悉当地情况的农民完成。采伐工作也全部外包，在四川包给当地村民，而在森林面积更大、采伐环境更复杂的云南，则外包给专业采伐公司。

这些采伐者，自己拥有采伐装备，并且大多是利用附近的河流或山坡等天然地势，将木材运送至山下。因此公司不需要花费较多资金来购买相关装备。

原木被运至主要干道后，就放在路边供顾客（如建筑、家具及纸张生产商等）来挑选，并且由他们自行运走，中国森林也不负责原木的运送服务。

这些运营方式，让公司可以在现阶段集中资源收购森林。公司年报显示，其总资产回报率为6%。“中国森林”创始人李国昌在经商之前，曾是军人和外交部官员，同时也是一位艺术品收藏家。

“中国森林”的业务运作明显以价值管理为核心。“低买高估”似乎是其核心，但实际上，要做到低买，似乎只能是在信息不对称的情况下进行，如果未来信息对称了，例如引入了森林资源转让的招投标机制，这样的商业模式就不会长久了。

三、三农

三农就是农村、农业、农民问题。十七届三中全会，第一次指出，农村土地可以流转，这是一个重大突破，城市改革已经差不多，下一步是农村问题，而农村问题最大的是土地流转问题。

下面介绍农村发展的几个机会。

1. 农产品深加工

5000万元可以建一个大型的养猪场，养猪很赚钱。为什么丁磊要去养猪？为什么武钢要去养猪？赚钱嘛！高盛银行前几年在中国收购了10个养猪场，然后又收购双汇，然后又参股雨润肉食品，雨润是低温肉食品加工，双汇是高温肉食品加工，然后又收购了上游的猪饲料加工厂。把猪饲料、养猪，到肉食品加工都弄到这个产业链中来。

所以很多人质疑，高盛是不是要控制中国的农业，后来高盛辩解说，才十几家养猪场，数量是有限的。中国的猪肉价格为什么不断地波动呢？现在我们的养猪是散养为主，比如今年猪肉价格涨了，涨了下半年就拼命养猪，那么明年的猪肉价格就跌了，跌了农民就不养了，不养了后年又涨了。如果采用机械化的养殖，就可以使猪肉价格保持稳定，所以双汇和雨润的利润率很高。

2013年5月底，双汇宣布将收购全球最大生猪及猪肉生产商史密斯菲尔德食品，收购金额约71亿美元。

这次海外并购的主体是双汇国际，而非双汇集团和双汇发展。交易金额为71亿美元，这包括股权加债权。交易资金来自其自有资金和国际银团。

这次交易所需资金将由双汇国际、摩根士丹利高级基金公司以及银行财团提供。巴克莱担任史密斯菲尔德的财务顾问，摩根士丹利担任双汇国际的财务顾问。

史密斯菲尔德良好的技术和品牌形象是双汇最为看重的。现在中国支持大企业走出去，这是好事。走出去哪儿？双汇选择了美国。美国的资源、品牌，在全世界都是比较好的。史密斯菲尔德是全球最大的猪肉加工企业，规模最大、品牌美誉度最好、技术最先进，销售额达到130亿美元。所以双汇这次到美国收购，就是去选择史密斯菲尔德。收购以后，对实现双赢、实现在全球的扩张，都是一件好事。

中国现在有一大批中产阶级，而且许多消费者的工资在攀升，他们有能力购买质量更好的产品。但中国消费者信不过中国企业的产品质量，在食品业尤为如此。对于国内公司而言，通过与海外公司的并购可以说服中国消费者信任他们的产品。

2. 现代化、规模化生态农业

中国的一个农民只能种二三亩地，而美国的一个农民可以种1000～2000亩地，他们的效率是我们的500倍以上。当我在欧洲高速路上奔驰的时候，我们看到的一万亩玉米地，都是很大很大、整块整块的，而我们现在的农田都是非常零散的。包产到户，解决了中国农民种粮的动力问题，但是没有解决农业的效率问题。要想让农业有效率，就必须要进行规模化生产。下一步，把农民的地转让过来，然后把10000亩地全部拿下，每年交给农民土地出让金就可以了。但问题又来了，政府愿意吗？这么多农民没有事情干，会出事。

规模化经营是一个方向，规模化经营的前提是土地可以流转，而且还要解决好农民就业问题。

3. 城乡一体化改造

郑州做了一个郑州新城，郑州政府又做了一个决定，把老城、新城结合在一起，再扩大一倍。北京以前二环以内才叫北京，现在已经建到六环了。在扩大的过程中，政府把农民的地用低价弄过来，然后高价卖给开发商，政府在其中赚了一大笔钱，这也成了地方财政的重要来源。没有土地的农民，没有就业能力，巴西就出现一个情况，大量的失地农民，在城市化的过程中，会成为城市的新的贫民窟，随时都有可能导致社会的动乱。巴西和中国都是金砖四国，那么农民怎么变成城里人？以前是双轨制，农村户口和城市户口，城市人有很多福利，房子有产权，农村的宅基地没有产权，农村的房子叫小产权房，农民的土地不能扭转，他只有承包经营的权利。城乡一体化改造，就是要政府补贴，补给农民工，然后让他们集中居住，让他们享受永久性的土地收益权。土地升值，农民年年要分红，这样就可以保护农民的利益了；然后还要给他们解决就业问题。中国哪个城市做得最好？重庆做得最好。

4. 农村发展案例

（1）多利农庄——用新模式让你相信这真的是有机蔬菜

多利农庄是专门做有机蔬菜的一家公司。

它不仅仅租地种菜，还直接把菜送到会员家中，试图用一种新的模式，在最终客户那里建立可信赖的品牌。两年来，在上海已有5000多个会员和20多个团购会员，并获得了7000万元的风险投资。

现在许多人要吃有机蔬菜，但在哪里买呢？在沃尔玛、家乐福等超市，或者在一些购物网站（如悠悠生活网）上。北京的留民营、小汤山等品牌就是这样。也许你会担心：这些有机蔬菜是从哪里来的？是不是真的？

上海的多利农庄，正试图用一种新的模式，来消除顾客的这种担心。它自己种菜，但不交给别人卖，而是自己用冷藏车直接把菜送到会员家中。

而顾客要先付上至少一季度的菜钱，成为会员。顾客可通过打电话或在多利农庄的网站上订购，有季度套餐、半年套餐、年度套餐等可供选择，再选每周送菜的次数（一次或两次）和重量（每次3千克或6千克）。吃什么菜顾客不能先订，由农庄说了算，每周会在网上公布菜单。

订好套餐后，你的菜会被装在一个箱子里，直接送到你家里，没有中间环节，以保证不出问题。

多利农庄经常邀请顾客到农场参观，体验种菜的过程，品尝新鲜蔬菜，以建立信任感。多利农庄说，只要到农庄体验过的人，都会立马掏钱订菜，成为会员。

多利农庄的菜价有多贵？它的菜价平均每千克28～40元。顾客订的套餐时间越长、分量越多，平均价格就越低。

比如均价最便宜的一个套餐，即年度套餐：每周送菜两次共12千克，一年需17880元，平均每千克约28元。这个价格，和我们在沃尔玛看到的有机蔬菜价格差不多。所以多利农庄的菜价说不上便宜，但是它能保证是真的。

有机蔬菜比普通菜贵很正常。所谓有机蔬菜，就是不用化肥和农药等化学制剂种的菜，种之前土地至少要经过三年改良。多利农庄每亩有机蔬菜的生产成本是普通蔬菜的3～5倍，产量却要低20%～30%。

由于绕过了中间环节，多利农庄可以把大部分利润把握在自己手里。公司改良期内几乎没有收入，2009年开始卖菜，当年就实现盈利。2010年收入5000多万元，利润成倍增长。而且多利农庄在全国是可以连锁经营的。

- 盈利模式：传统蔬菜贩运，80%的利润在中间环节，多利自建电子商务和部分物流的方式，节约了这一部分成本。

- 多利农庄经营之初就确定了“压缩中间环节”的经营原则，并最终选择了直销的方式，采取了会员预售的模式，即会员以月、半年或年度为周期预先付费，打包销售。
- 多利农庄目前的销售渠道主要集中在两个方向：

① 一是大型的团购会员单位，比如中欧国际工商学院、宝钢、上海证交所、国家会计学院等大型企事业单位客户。

② 二是以礼品卡或者礼券的方式面向普通市民，通过在高端小区举办互动活动等形式来吸纳新的个体和家庭客户；除此之外，还利用官网的电子商务渠道进行直销。

（2）艾格菲的转型

艾格菲是一家生产猪饲料的企业。这家企业本来叫“百世腾”，只生产猪饲料，但2007年在纳斯达克借壳上市后，通过连续增发股票，筹集1亿多美元收购下游客户——猪场。两年后，到2009年已收购了40多家猪场，生猪销售带来超过1亿美元的收入，占总收入比例的60%。

艾格菲在三年间，销售收入竟然增长了20倍。从2006年的800 万美元，增长到2009年的1.7亿美元。

艾格菲是如何做到如此迅速的收购呢？关键在于其收购方式，不仅现金投入不大，也降低了交易成本。

据《中华工商时报》报道，艾格菲收购的养猪场，固定资产仍归原企业主所有，屠宰和销售也维持原有渠道。实际上就是把重资产、轻资产分离了。艾格菲实际上只是承包了猪场，负责技术和财务。它与这些猪场签订的是“生猪收购协议”和“租赁协议”。

以它投资的“马尾凤翔农业科技开发有限公司”为例，艾格菲买断了其所有生猪的经营权，并以每年45万元租赁养猪场，协议期为15年。

这种收购方式，不仅降低了收购成本，也大大降低了收购时的谈判难度。

据《第一财经日报》报道，艾格菲2009年出栏了68万头生猪，位列全国生猪养殖企业前列。

艾格菲转变模式也有其行业背景。中国饲料行业大大小小的企业，有1万多家，竞争激烈。

在2007年上半年，原料涨价，但饲料产品的价格却跟不上原料的上涨速度，不少中小型企业都在亏本经营。但是，此时的生猪市场却是热火朝天，猪肉价格一路飙升，最高时达到每千克23元。

于是艾格菲选择向下游收购。由于做饲料时采用的是直销模式，对各个猪场的经营情况比较了解，再加上和猪场曾经有过合作，因此收购时的谈判比较顺利，其投资的养猪场中有 70% 是其饲料客户。

在下游养猪业的布局，也提高了饲料业务的效益。

被收购的养猪场必须采用艾格菲的饲料，被收购的40多家猪场的总购买量，超过艾格菲饲料总产量的40%，是其最大的买家。

艾格菲的销售费用也在逐年降低，其年报显示，2006年销售费用占总收入的比例高达15%，此后在2007～2009年，则依次为7%、3%、2%。

产业链整合使艾格菲收入规模迅速扩大，也成为纳斯达克全球30只衡量农业股的基准股之一。另据公司年报显示，艾格菲的总资产回报率为7%。

而艾格菲以租赁方式低成本地收购养猪场，进入利润丰厚的下游，看上去很完美。但租赁模式只节约了部分建场和设备资金，也没有那么多现成的猪场可供租赁（艾格菲后来也斥巨资自建猪场），资金短缺依然是瓶颈。不仅如此，生猪价格波动较大，2008年肉价居高不下时，艾格菲进军生猪养殖，2009年饲料成本大涨，猪肉价格大跌，第三季度毛利润同比下降38%。关于2010年前三季度业绩，艾格菲承认：养猪部门收入下降，业绩亏损，无形资产减值1680万美元。

所以艾格菲还必须要考虑到价值链不同环节的权益回报率，和不同环节之间的交易成本（协同效应），否则就会遇到瓶颈。

艾格菲对外宣传由饲料进入生猪养殖的理由很多，但理由越多，逻辑反而越模糊，正确的决策往往只需要一条理由。

进入生猪养殖行业确实会带来销售收入的大幅上升，以及财务报表的阶段性改善。

（3）加加食品的毛利润为什么如此之高?

加加食品的主要产品是酱油。酱油为加加食品带来了一半的收入，却贡献了70%的毛利。酱油毛利率是很高的，高达33%。加加食品每1元资产创造的收入，是同类上市公司的2倍。

加加食品的总部在长沙。广东的气候更适合酿制酱油，尤其是老抽，因此中国一线城市市场都是广式酱油厂商，海天酱油、美味鲜。那么加加食品怎么跟它们竞争呢？首先加加避开一线城市，聚集二三线城市以及城乡市场，这个有点像非常可乐与可口可乐的渠道竞争策略。那么在这样的市场上，大型商超和超市的影响力很小，高昂的渠道和物流成本，使生产商难以直接将产品销售到乡镇，必须依赖于传统经销商的实力与渠道。

加加食品在全国已经有1200多家经销商，覆盖了全国80%以上的县，加加的渠道政策其实就是农村包围城市。这个渠道策略有一个优势就是，由于在这些总经销商严格执行“先款后货”的方式，这样的话几乎就没有应收账款，所以加加一年的预收款都有1个亿以上。

加加食品的酱油出厂价每吨不到4000元，而加加食品的酱油的批发价每吨超过7000元。大量让利给经销商，换取经销商的流动资金支持，从而进入农批市场。

对加加食品而言，原材料的价格波动对公司影响很大，原材料在酱油生产中所占成本很高，可以达到50%，这也造成公司在供应商那里押款很多。即使这样加加的资产运营效率依然很高，加加食品1元资产所能创造的收入为1.7元，而其他同类上市公司，如恒顺醋业、新赛股份、莲花味精不到1元钱。也就是说，加加食品每1元资产创造的收入，是同类上市公司的2倍。

加加食品的各项指标都超过同行，既是亮点，也是争议点。这个行业竞争门槛很低，如果加加食品还有持续性发展应该怎么做？那就是用上市融资的钱大量发展渠道，争取市场的主导权。

四、消费品

1. 吃喝玩乐，衣食住行

中国有适度宽松的货币政策。什么是适度宽松？就是刺激你消费。

- 吃——餐饮业的标注化，巨大增加了机会；
- 喝——喝高档白酒的机会；
- 玩——旅游是新一轮消费热点；（宋城）
- 乐——娱乐业有巨大的成长空间。（连锁演艺公司、加拿大太阳马戏团、万达影院）

产品供过于求的时候，解决方案才是主流：

- 衣的解决方案：海澜之家——男人的衣柜；
- 食的解决方案：星巴克、香飘飘、极草；
- 住的解决方案：信义房屋——幸福生活的解决方案；
- 行的解决方案：携程网。

2. 用肯德基物流聚集“冷链”——打造陕西最大的餐饮公司

孙芳山是一名台商，他利用肯德基物流，打造了陕西省最大的餐饮集团。

陕西省西安市的南大街是西安最繁华的一条街，这条街上有路易·威登（LV）、普拉达（Prada）等国际级名牌。1993年，中国西北地区最早的肯德基，也在这里开张。不久后，肯德基旁边多了几家台湾味的店："老天母"，专卖卤味；接着是"三皇三家"饮品店，专卖冷饮与冰品；接着是"K咖啡"；楼上则是走台湾时尚旅馆风格的华航风格酒店。

在肯德基旁边，为什么会有这么多台湾风味的店呢？原来，这都是陕西省最大的餐饮连锁集团松茂集团旗下的店，董事长孙芳山来自台湾台中。

17年前，孙芳山去了美国，谈下了肯德基的特许经营资格，可以经营以西安为主的陕西市场。孙芳山变成了肯德基在陕西省的特许加盟者。

- 松茂集团在陕西拥有101家店：卖冰激凌的"芭斯罗缤"14间，"K咖啡厅"14间，"三皇三家"复合式餐厅4间，"三皇三家"饮品店14间，"老天母"27间，"皇家御厨"1间，等等。总投资额3亿元。这么多的次品牌，会不会过度分散、无法集中，甚至互相冲突？

聚集冷链，是他们成功的核心。所谓的“冷链”，就是与冷冻有关的食物的配送，统一配送，这样就降低了大量的成本。

西北地区比较多的是羊肉与小麦类食物，但肯德基依然是肯德基，走到全世界都一样，要卖炸鸡，也要卖猪肉或鳕鱼堡等产品，这些都需要通过冷冻运输。

所以，与中国其他地区不同，松茂集团一开始在西北地区要做好肯德基，不仅要懂得选店、管理经营，还要有很强的物流管理能力。这个能力就是“冷链”。

松茂集团的模式就是：采取复合式开店，创造集客效应。也就是用一只大母鸡带一群小鸡。从一开始，松茂集团就是复合式开店，让卖炸鸡的门外有卖卤鸡翅的老天母；卖咖啡简餐的门外是卖高价冰激凌的店。这样，母鸡带头集客，同时为这些台湾品牌带来了客人。

能发挥“母鸡带小鸡”作用的还有物流配送体系，配送冷冻炸鸡的车，可以同时配送冷冻鸡块、卤味以及冰激凌，达到了共用物流、节省成本的效益。

这点说起来简单，执行起来却并不容易。陕西省属于南北狭长地形，南北大城最长距离超过600千米，从西安到陕南大城汉中，有秦岭阻隔，必须穿越高山才能到达。于是，物流变成了孙芳山能够从西安一市做大、再到陕西一省做强的原因。

但松茂集团不是什么都做，与冷链无关的就不做。

很多人会认为松茂集团虽然在西安做强，难免会被认为是在较无竞争力的地区称王，一旦遇到了强大的对手进驻西安乃至陕西，恐怕就很难抗衡。“国外品牌再强，也不可能包山包海！仍然有我们的发展空间。”孙芳山说。

对松茂集团来说，第一家肯德基开业已经17年，三年后这些授权加盟店将一一面临合约到期问题。因此，松茂集团的转型变得更加重要，需要从肯德基特许经营者，变成西安的台湾品牌创造者。

3. 经销商在手，本土老大很有话语权

为什么很多土生土长的企业牛气冲天，让一些跨国公司胆寒？因为它们背靠一座巨大的隐形金山：经销商资源！它们迫使外资花大价钱并购，从而兑现股东价值；或以强大的民族品牌影响力叫板；或像史玉柱这样的精英企业家，大胆杀入本就白热化的红海市场。

我们自己生产出来的东西价值10元钱，老外买走以后转手可以卖到150元，为什么？有以下三个原因：① 老外没有品牌；② 老外没有经销商；③ 老外没有售后服务。所谓国际化的战略，就是在世界上如何拥有"我的品牌"、"我的经销商"、"我的售后服务"。

中国快速消费品行业并不像制造业那样竞争格局相对稳定，而常常是英雄辈出。特别是饮料行业，每隔数年，就会涌现出一批明星企业和亮点品牌，如蒙牛、王老吉、汇源、农夫山泉、健力宝、洋河蓝色经典等。

"经销商"这种商业模式，之所以具备独特的竞争优势，是因为，在中国，地区、城乡发展极不平衡。这样一来，比起发达国家，中国的市场就细分出了更多的层次。

而在这些细分市场中，土生土长的"经销商"则拥有深度的网络优势和低廉的成本结构。

4. 雪津啤酒设计经销商模式，一发不可收

在商业模式中，对"经销商"环节的设计，往往是建立竞争优势极其重要的部分。

在考察投资项目时，不能忽略其"经销商的价值"。这一价值是由以下几方面构成的：企业的经销商实力，对经销商的管理和指导协调，与经销商的利益安排。

福建"雪津啤酒"就通过改革经销商模式、重新设计"经销商利

益安排”，取得了突飞猛进的成果。

在2002—2004年三年间，雪津啤酒取得优异成绩，销售收入增长166%，息税前利润增长超过5倍，在福建省市场占有率达45%。最终在2005年年末，以58亿元人民币的估值，出售给“英博啤酒集团”（而英博啤酒集团现为世界最大的啤酒企业）。

啤酒行业技术壁垒不高，营销模式大同小异，竞争充分。而且在福建，雪津啤酒还有大白鲨浮啤酒（隶属青岛啤酒）、惠泉啤酒（隶属燕京啤酒）等优秀的竞争对手，它为什么能取得这样优异的成绩呢？其实，雪津啤酒在“经销商环节”进行了较大力度的改革。

- 改革前，雪津啤酒的经销商，分为“经销商”和“终端零售”两个层级，利润微薄。“经销商”的单价利润只有0.5元/件，有的甚至亏本赚吆喝；“终端零售”的利润也只有1元/件。这使得“经销商”和“销售终端”并非甘心情愿卖公司的产品，一旦有好品牌在手，有可能全部“造反”。事实上当时已有经销商暗度陈仓，经营其他品牌的啤酒。
- 改革后，雪津啤酒采取“终端直供模式”，要求经销商按月销量缴纳一定的保证金，且必须专卖雪津啤酒，否则取消经营权。作为回报，公司承诺年底每件返利2元。
- 然后对经销商下面的终端网络实行“特约专卖”。在雪津啤酒所在的莆田市，全市的终端店铺，90%被雪津啤酒签了“特约专卖”。
- 这样，雪津啤酒可以做到“目标市场的精耕细作”和“终端市场的深度分销”，实现了“运销渠道的扁平化”，有效控制了经销商恶性竞争杀价、砸货、串货等问题，建立起了新的价格体系。

而更鲜为人知的是，雪津啤酒对其股权结构进行了调整。其中核心内容就是：除高管人员持有40%的股份外，部分颇具实力的经销商出资占有雪津啤酒20%的股份。

这实现了“经销商”和“制造企业”的利益捆绑，使得雪津啤酒在对营销渠道进行变革时，可以得到经销商的鼎力支持。在英博啤酒集团高价收购雪津啤酒后，经销商的股权投资也获得了可观的回报。

5. 葡萄酒的销售模式

葡萄酒的销售渠道主要有两种模式：

- 一种是“现场饮用模式”，占葡萄酒消费的65%，其中“餐厅”又占70%，夜店、酒吧、KTV占30%。
- 另一种“非现场饮用模式”，占葡萄酒消费的35%，其中卖场、超市、商场专柜的渠道占75%。

在这样的销售通路面前，经销商环节就不可逾越。实际上，经销商长期耕耘当地市场，早已通过各种方式，取得或买断了很多餐馆的“酒水饮料单决定权”，并有巨大的人脉和信息优势。

因此，在葡萄酒行业，要取得胜利，只有搞定经销商这一条“华山之路”。

“小代理模式”优于“大代理模式”

根据与经销商利益博弈，产生了“大代理”和“小代理”两种经销商模式。

“大代理模式”是传统的“区域代理制度”，由“大代理商”负责区域销售，管理比较成熟。王朝酒业就是这种模式。

但这种模式导致王朝酒业对经销商的掌控力度较弱，其制定的市场拓展计划难以顺利执行，无法对渠道实施精细化管理，缺少对销售终端的了解，对产品价格和新产品的发展方向不利。

张裕葡萄酒则摒弃了行业传统的大代理商制度，投入巨资，自建渠道，形成“小代理模式”。而这些巨资去哪里找？去资本市场上找。

张裕利用其领导者优势和砍价实力，采用三级营销体系：由销售公司统领全国38家销售分公司，下辖350家经销处，管理3900个经销商，到达最后零售终端。

张裕认识到：经销商资源虽是金山，但无独家开采权，黄金人人可挖！所以挖金山要更有技术含量！

而与小代理商合作，张裕处于主导地位，能有效控制销售终端，控制终端产品价格，可减少应收账款和坏账准备，加速资金周转，提高资产使用效率。

6. PE投资和VC投资需注重经销商环节

如果私人股权投资者（PE）忽略经销商环节在商业模式上的重要性，就会步入陷阱。

一家饮料企业，在细分市场上做到行业冠军，并持续高速增长，获得PE投资者的青睐。

但数年后，企业陷入困境，此时，投资者才发现其在经销商环节的真相：原来，企业长期采取“按预打款额，返点奖励”的利益安排。即要求经销商根据预期销售额，预先打款，同时给予经销商优厚的返点奖励。

这等于是通过高息，获得了流动资金的支持，实质上是加大了融资规模。

这种商业安排似乎并不罕见。但这家企业将这种“通过高息获得流动资金的模式”固定化了，由此带来了一系列风险。

由于企业将返点的资金支付（实际就是利息支付）放在下一会计年度，成本也体现在下一年度。

这样做的好处是：在企业销售收入高速增长阶段，可以为私募融资提供漂亮的财务信息（更好的毛利率、更强的现金流）。

而事实上，如果将相关成本还原到上一年度，该企业可能一直在亏损扩张和运营。

问题是，一旦增长受阻，企业就无法通过更大规模的毛利来覆盖上一年高额的财务成本，那么通过经销商进行高额融资的“潜规则”就会崩盘。

这种利益安排在实际的操作中，通常会变得更加隐蔽。这是因为企业通常会用“产品”来抵充经销商的“返点奖励”，不仔细看很难辨别。

所以，PE投资人应该特别注意研究企业与经销商的基本商业关系、实际合同订立和现金流安排，考察其主要经销商，侧面走访竞争对手，并且建立财务模型测算企业成本。这样，才不会在经销商环节上栽跟头。

7. 浪潮经销商《销售员股权对赌激励实施办法》的思路

（1）在每年利润的40%中进行分配。

（2）股权激励对象。

考核分数超过考核平均分数者（意味着有一部分人有资格分得股权，有一部分人没有资格），或无相同岗位但超过自身考核指标10%以上的员工。

股权购买价格：与员工当年的业绩表现挂钩，业绩越好，可购买的股权金额越多，股权购买价格越低。

股权购买价格＝每股净资产×（1 －销售业绩超额比例）

如果业绩超额比例超过0.9，则以0.9为限。

（3）股权对赌回购。

获得股权激励的员工，如果当年的业绩低于平均考核分数者，公司强制回购，数量为其持股数的一半；两年连续如此，全部回购，分红权亦做相应调整；业绩越差，股权回购价格越低，即：

股权回购价格＝每股净资产×（1 －销售业绩差额比例）

（4）员工离职，所持股份数由公司按每股净资产价格回购，分红权则自动失效。

（5）连续三年业绩水平都超过平均考核分数以上者，则正式成为公司股东，股份的多少，由本人购买量以及贡献度决定。

8. 上海红酒交易中心：红酒融金

与股票、份额交易、期货交易不同的是，上海红酒交易中心做的全是实物交易，而非如一些网站将一瓶价值千元的白酒分作200份挂牌出售。

上海列表

拉菲　拉图　玛歌　木桐　红颜容　五大副牌　其他

代码	简称	年份	上市日期	手续费	概况	行情
S00101	拉菲2001	2001	2010-11-1	2.5%	概况	行情
S00102	拉菲2002	2002	2010-11-1	2.5%	概况	行情
S00103	拉菲2003	2003	2010-11-1	2.5%	概况	行情
S00104	拉菲2004	2004	2010-11-1	2.5%	概况	行情
S00105	拉菲2005	2005	2010-11-1	2.5%	概况	行情
S00106	拉菲2006	2006	2010-11-1	2.5%	概况	行情
S00107	拉菲2007	2007	2010-11-1	2.5%	概况	行情

上海红酒交易中心成立于2011年，每天9点半开盘，15点收盘，涨、跌停板设为10%，通过电子交易系统买卖。所谓投资级红酒（Investment Grade Wine）是指那些陈年20年以上并可以随时间延长而增值的葡萄酒，如拉菲、拉图、玛歌、红颜容、金钟等名庄酒，价格上千元到数万元不等。与股票、份额交易、期货交易不同的是，这里做的全是实物交易。

在上海红酒交易中心看来，投资级红酒，首先是消费品，然后才是某种收藏品。所以，每一瓶出现在交易平台上的红酒，都对应着上海外高桥保税区仓库中的实物，玩家既可随时提货，也可在电子交易系统中买卖，最低每手为1瓶。

这个市场非常大，因为在未来5～10年中，红酒行业在中国将成为1500亿元规模的产业，中国也将成为世界上最大的红酒消费国。如今，中国年人均消费红酒仅为0.5升，而在法国则高达50升。

另外，红酒收藏投资也逐渐变得热门，"中国有59万个千万富翁，这些人掌握了18万亿元财富，必然有某种消费升级的需求。"

这类产品不仅仅是消费品，它的价格也是每日波动的，资源又比较稀缺，它兼具消费品和投资品的特点，两者结合起来，就能产生一个商业模式。

- 和白酒、茶饮料、牛奶、啤酒等近年来发展迅速且高度整合的消费品行业相比，红酒行业显得非常分散，而且是两头分散。其上游有成千上万的酒庄，仅法国波尔多一地就有8000余家酒庄；其下游则主要分散在餐馆中。两头都分散的行业往往能产生平台式的企业，这样的企业通过整合二者而创造自身价值。
- 如果两头不分散，上游是可口可乐，下游是家乐福的话，他们在中间一点机会都没有。
- 投资级红酒近五年的年平均回报率为24%，而波尔多五大名庄的价格涨幅竟在40%～140%之间。

不过，中国的顶级红酒市场是非常碎片化的，发展也比较缓慢。主要是这些知名酒庄并不面对终端消费者，只面对有长期合作关系的酒商。

上海红酒交易中心的出现，解决了各方所缺乏的信任问题。平台上交易的红酒全部有来自源头的电子标签，在整个物流过程中，不可能被人换掉。

与其类似的模式是1999年成立的伦敦国际葡萄酒交易所，它已经成为国际葡萄酒交易市场的风向标。资金也采用第三方托管的形式，交易资金全部由银行进行第三方监管。

交易手续费按国际标准（伦敦红酒交易中心为2.78%，年费另缴约8000～10000元人民币）从每笔交易中收取买卖双方2.5%的手续费，仓储费用则按照客户的持仓量，年化率2%，远低于个人用于储存红酒的花销。

上海红酒交易中心80%的投资级红酒都来自波尔多。在波尔多的名庄中，上海红酒交易中心更看好相对主流的名庄酒，像里鹏庄园生产的极贵极小众的明星酒，更适合拍卖市场。

从2011年4月运行以来，上海红酒交易中心会员已达数千个，会员数的月增速为50%。就目前而言，个人会员占多数，对于经销商客户，交易中心则有专门的团队来拓展。

未来，上海红酒交易中心在3～5年的时间内，有望实现50亿～100亿元的投资级酒的交易规模，以及100亿～200亿元的消费级红酒的交易规模。

9. 华录百纳影视——一家只有42个人的上市公司

华录百纳影视公司每人一年能创造83万元的利润。他们与编剧、导演、演员按项目合作，拍摄电视剧卖给电视台，收视率通常很高。例如《媳妇的美好时代》，每集售价价格远高于平均水平。

华录百纳影视投资拍摄电视剧，把播映权卖给电视台，或是将网络播映权卖给视频网。他们公司2010年的收入为2.2亿元，2011年的收入接近3亿元，最近3年平均增长60%以上。

在行业内，制作完成的电视剧，通常有五分之一无法实现销售，但是华录百纳影视从2002年创办开始拍摄的所有电视剧都实现了销售。他们最近3年发行的13部电视剧，平均每集可以卖100万元。

华录百纳影视的电视剧大部分都在电视台的黄金时段播出，收视率很高，像《媳妇的美好时代》、《王贵与安娜》、《永不磨灭的番号》收视率都很高。高收视率意味着什么？意味着可以创造更高的广告收入。

电视台有渠道强势，付款通常是在拿到电视剧的母带或是播完之后，这就造成华录百纳的应收账款较多。那么华录百纳是怎么低成本运作的呢？他们的电视剧，一是自己独立投资拍摄，成本很高；二是与别人联合拍摄。合拍的电视剧，华录百纳作为“执行制片方”，在投资上占大头，主要负责该剧的拍摄工作，主要成本也是“摄制费用”，包括租赁支出、演职人员的差旅费、食宿费等。

华录百纳一没有院线资源，二没有电视台依托，在如今许多具备丰富资源的影视剧企业纷纷上市的冲击下，华录百纳未来应该怎么办呢？他们必须在商业模式上进行创新，或者战略上转型。

10. 儿童体验产业

“儿童驱动消费”又促生了新的赚钱方式——儿童职业体验市场。2008年内地出现了第一家儿童职业体验乐园，2009年则迎来了开业小高潮，一些已经建成的场馆甚至出现了一票难求的火爆局面，新的场馆也在不断建设中。

儿童职业体验乐园是一个仿真的、缩小的现实社会，它将现实社会里各行各业的建筑按照约三分之二比例浓缩，形成一座“城市”。“城市”里具备独立的金融系统、安全系统、法律系统等，孩子们可以在这里体验面包师、消防员、护士、警察、模特、医生、记者、摄影师等各种职业。

全世界第一家儿童职业体验主题公园Kidzania于1999年在墨西哥成立，之后Kidzania在全世界范围内推广其儿童职业体验理念。国外成熟的职业体验场所已实现多元化盈利，门票收入大致占总体收入的60%，周边衍生占15%～20%，品牌植入占20%～25%。周边衍生包括依托场馆品牌产生的系列衍生产品，如吉祥物、玩具、文具以及各种纪念品等，品牌植入则是指品牌商家取得具体场馆冠名权，并在其中进行品牌体验式营销。

（1）星期8小镇：多管齐下

历时三年的筹备，2008年年末星期8小镇在上海推出。星期8小镇营业面积近7000平方米，设有50余个体验场馆，涵盖70多种角色扮演游戏，儿童票周末180元、平日130元。和真实社会一样，大部分体验场馆均有专属的角色服装，孩子们可以完整体验相关职业的工作流程，已有中国银行、东方航空、养乐多、肯德基、蒙牛、普利司通、香特莉、瑞尔齿科、巧克道、特力屋HOLA、哈哈电视、解放教育传媒、上海学生英文报、贝亲婴儿用品、上海民族乐器一厂等正式成为星期8小镇的合作伙伴。因此，在星期8小镇，部分职业装得以直接翻版主题馆赞助商的职业制服，如飞机机长服、消防员服、医疗所等，帮助孩子很快进入工作角色。

2010年初，星期8小镇开设了免税店，ALEX、CAT工程车、卡雷拉数码赛车、乐高、巴布豆等品牌已经进驻，商品包括益智组合、动手拼装、电动遥控等多类玩具，同时星期8自有品牌的周边产品也扩展至文具、家居、服饰等领域。

目前，星期8小镇已经复制到武汉。

（2）比如世界：试水品牌营销

在比如世界购物中心二层，是比如世界儿童职业体验场馆，和购物中心一起成为一个多业态的商业联合体。比如世界除了本身带来经济效益之外，还承担了客流导入功能和资源整合功能，不仅导入客流（孩子+家长），还将其转化为其他各业态（如餐饮、超市、服装、娱乐等）客流并促成消费。

比如世界的盈利模式除了门票收入和周边的一些消费外（每天进来消费的家庭平均花费在300～500元之间），预期与品牌厂商合作，在体验店中进行广告植入会占到很大的比重，可口可乐就几乎在世界上所有类似的职业体验馆冠上了自己的品牌。目前品牌合作的情况并不乐观，在54家体验店中除去像税务局、法院等不用植入品牌的店面，目前只有8家已经被植入了实体品牌，如味多美和华夏银行。在比如世界进行广告植入的投入一般在20万～100万元不等。比如世界正通过其他办法结合营销手段，例如发放企业品牌优惠券、组织会员与品牌商进行场外联动，还有通过调查问卷，收集客户对品牌的认知等方式帮助商家更好地与自己合作。

比如世界的后方资金支持是中国500强知名企业山西海鑫集团，这也是以钢铁为主业的山西海鑫集团发展儿童产业的重点项目之一。比如世界的初期投资巨大，光安保系统投入就达到2500万元。

（3）酷贝拉儿童体验园：要什么样的重资产模式？

“酷贝拉”在长沙火爆后，目前门票占它收入的七成，但他们却想降低票价，以换取人流量。现在，很多地方政府欢迎酷贝拉入驻。这样不仅租金更低，还可以适时买地。

在长沙，一天有两千多个小孩会到一个叫“酷贝拉”的地方去玩，一张门票150元。

就像很多人小时候也玩过的“过家家”一样，在酷贝拉，150元可以让小孩在四个小时的时间里，扮演他想成为的人，有 77种职业可以选择：医生、警察、消防员、记者、糕点师等。干得好有工资拿，叫酷币，在园里可用来买东西或存银行。总之，小孩会玩得很有成就感。

酷贝拉的创始人王跃2008年带九岁的儿子去日本，发现一个叫志趣家Kidzania的儿童体验园异常火爆——虽然它每天可接待1500人，但居然三个月的票都已经在网上订完了。2009年年底，王跃租用长沙“贺龙体育馆”创办了酷贝拉，开业当年就实现盈利。

门票收入占酷贝拉收入的70%。在长沙开业第一年，累计接待40多万人次，以此估算，一年收入7000万元。

但酷贝拉希望未来的主要收入不是来自于门票，而是要把“人流”做大。

酷贝拉一直非常注重整合政府资源。政府的支持和参与，使得酷贝拉在较低土地租金的基础上，还可以适时购进土地。王跃说，“重资产是我们的一个特色。”

长沙酷贝拉成立之时就是“国企（湖南出版投资控股集团）参股、民企控股”。而上海酷贝拉管理有限公司，是与徐汇区国资委旗下的“上海光启文化产业投资发展有限公司”共同成立，光启出资几千万元，占40%的股权。规划中的沈阳园区，也有沈阳国资委参与其中。

这一模式让“酷贝拉”发展很快。

2011年7月上海开园。紧接着在沈阳、北京、西安等30多个城市扩张。计划三年内拓展到10家，五年后覆盖全国市场。王跃表示，当酷贝拉在全国开至五家，门票就可能降至50元了。

酷贝拉主要盈利来源：

- 一是门票。
- 二是品牌植入广告收入。如出售“场馆冠名权”，商家支付场租费以及冠名费。在长沙酷贝拉的62个体验场馆中，就有40多个场馆被冠名。比如，孩子们做的蛋糕是“21客”的蛋糕，麦当劳也将微型的产品生产线搬到它冠名的场馆，让孩子们亲手制作汉堡。如果孩子们想存钱，服务的银行是“浦发银行”。另外，冠名商还有可口可乐、DQ冰激凌等。

- 三是衍生产品及其他收入。除了餐饮收入外，也开发玩具、文具、纪念品和饮料等衍生产品，还设想进入网络或传媒领域，比如推出与实体店互动的网络游戏。

低价门票会带来更大的人流量，人流量是商家愿意植入广告、衍生产品能打响知名度并卖出去的关键。

酷贝拉的发展得益于行业的弱势：适合青少年进行社会体验的游乐场所太少了。但酷贝拉实际上还未度过危险期：没有实现真正的品牌化运作、规范化管理、系列化产品与服务，模式可复制性较强。

在扩张过程中，轻资产、重资产实际上是技术问题。从迪斯尼区域化合资案例，到境外水务公司在中国项目中“资产公司”与“运营公司”的分离设立，以及“沃尔玛”与“深圳国投商置”的协同合作模式都是借鉴。

儿童职业体验乐园自2007年来到中国，在杭州、上海、北京、天津等多地开花。继长沙酷贝拉欢乐城之后，同类型的主题公园在苏州、哈尔滨、昆明、郑州、武汉、合肥等多个城市纷纷兴起。酷贝拉欢乐城没有模仿同行业的商业模式，而是经过深入和仔细的思考，规划了具有自己特色的发展之路。

酷贝拉商业模式总结：

- 首先，以低价位门票、优质的服务以及先进的设备吸引顾客，从而拥有高入园流量。

在已经开业的大型儿童职业体验乐园中，酷贝拉的门票定价最低，儿童票为100元（成人票50元）；而上海星期8小镇节假日门票180元，周一至周四130元；北京欢乐之都为160元；北京比如世界为160～200元（以上均为儿童票，不含成人票）。

酷贝拉欢乐城随着全国连锁店的发展，在营运成本降低的情况下还将不断调低各地酷贝拉欢乐城的门票价格。

- 其次，以规模化的入园人数及不断渗透的品牌影响力吸引合作商户。

植入式广告营销与普通广告（硬广告）相同，广告受众数量、覆盖面及传播平台的影响力直接影响到广告传播的效果。与酷贝拉合作的各商家也会重视入园人数规模。入园人数越多，对商户的吸引力也越大，相应的酷贝拉作为品牌传播媒介的影响力也更大。

- 第三，以与商家合作所获得的冠名费、赞助费、场租费等收入（均可算作广告收入）弥补营运成本的损失。酷贝拉的门票收入部分尚不足以平衡营运及管理成本，通过稳定客源获得的商家广告费可以实现价值补差，甚至盈利。
- 第四，通过开发相关业态（上海店的玩具王国和亲子酒店项目），将酷贝拉欢乐城建设成多业态、多产品的消费场所，尽量延长园内消费时间，刺激相关衍生产品以及食宿的消费。
- 最后，通过高量入园人数和长效入园时间提升酷贝拉品牌渗透力，延续目标客户在园外的消费活动（衍生出版物、动漫和网游）。

11. 宋城如何成为中国旅游演艺第一股

杭州宋城是中国人气最旺的主题公园，年游客逾600万人次。宋城的一张门票价格是260元，游客主要来自旅行社。宋城是如何成为中国旅游演艺第一股的呢？

能容纳3000人的剧场座无虚席；台上的皇帝盛装端坐，正在接见外国来使；高丽、阿拉伯的姑娘们舞姿曼妙，被投射下来的舞台灯光笼罩着，旖旎绚丽；接着是金戈铁马，宋朝士兵与金人激战，虚拟的巨幅电子屏制造的战火惟妙惟肖；一片沉寂后，许仙和白娘子在断桥相会，整个剧场上空洒落雨丝，大厅里有了些江南烟雨的味道……

这场名为《宋城千古情》的大型歌舞每天都在杭州的宋城景区上演。旅游旺季时平均每天演出6.5场，最高峰时一天演8场，去年的演出场次是1232场次，全国累计有3000多万游客看过演出。

就是这样一台演出，2011年的营业收入已经突破5亿元人民币，利润达2.97亿元。2010年12月，宋城登陆创业板。杭州萧山机场到市区的高速路上，一路都是宋城“中国旅游演艺第一股”的广告。

据统计，宋城盘活了数百万游客量的杭州夜游市场，每年带动周边消费数十亿元。西湖观光、宋城怀古，已经成为外地游客来杭州的主流线路。

整台演出没有大明星，没有名导演。相比名声在外的刘老根大舞台，张艺谋、王潮歌的印象系列，宋城更接地气，甚至显得有点土，就连创始人黄巧灵也自嘲说他们是“光脚的草根”。

拿着募集的21亿元人民币，董事长黄巧灵正在把宋城复制到其他城市。三亚、泰山、丽江、石林等项目已经成功投资落地，九寨沟、武夷山、张家界、北京等地也在接洽中。未来两三年内，全国10个一线旅游目的城市，都会复制“主题公园+文化演艺”的宋城模式。黄巧灵乐观估计，未来宋城演出的利润将会超过国内所有电影的利润总和。

一张门票（包含演出）价格260元，主要游客来自旅行社。在杭州，宋城是如何在西湖、雷峰塔等著名景点中获得自己的游客，又如何在旅行社诡异的盈利点里谋得自己利益的呢？

《宋城千古情》爆棚时可能持续演8场，一些重要的角色按照1∶2的配置进行轮换，也有不停歇演下来的。与其他旅游演出不同，这些演员都是宋城的员工，所以能够通过严丝合缝的制度保证第1场和第8场的演出效果一样。比如，两场演出的间隔仅有20分钟，几分钟的点评环节却不能缺失。演员笑得不到位，腿踢得不够高，或者头饰没戴好，都可能被当场罚钱。据说，宋城很多好演员的年薪能达十几万元。

这种演员结构，为宋城到外地复制千古情系列降低了难度。他们与杭州师范大学合作成立了宋城舞蹈学院，宋城舞蹈学院属于定向招生，绝大多数学生毕业后，都会来到宋城的舞台。

（1）旅行社是最大的渠道

与旅行社的关系是宋城的渠道命脉。宋城近90%的游客都来自旅行社，散客比例可以忽略不计。

宋城景区大门前的场地上停满了各种旅游大巴车，粗略估算至少有五六十辆。每天都有上万人被旅行社的大巴车拉进宋城，目的就是为了看一场演出。每个旅行团在宋城消耗的时间大概是两个小时，其中包括一个小时的看演出时间。两个小时结束后，旅行团在导游的带领下，离开宋城继续去下一个景点。

这种现象不止出现在宋城，几乎所有的旅游演出都依赖旅行社作为产品销售渠道。一个导游接待一个旅行团进去比较方便，如果全是散客，景区需要配备很多人去接待，所以他们更愿意跟旅行团合作，这是多年经营下来自然的选择过程。

那旅行社凭什么愿意把客人不间断地输送到宋城呢？

首先来梳理一下旅行社的商业模式。按照功能划分，旅行社一般分为三种，组团社、批发商和地接社。所谓组团社，就是在报纸上打广告要你报名旅游的那些公司，比如北京的中青旅、国旅等。他们把拉来的游客报给批发商，批发商把旅客汇总起来再找地接社。地接社就是外地游客到达旅游地点后，当地负责全程接待的旅行社。

这个链条的商业逻辑是这样的：地接社先向批发商报价，比如单人到华东五市的价格是多少（通常只含景区门票、住宿、餐费和市内交通、导游服务费）——这个竞争很激烈，假如A报600元，B报650元，批发商必然选择A；在A的报价基础上，批发商加上自己的利润，把价格反馈到组团社；组团社再把自己的那部分利润以及大交通费用（机票或火车票）添进去，形成一个最终价格报给消费者。

表面上看，这是再正常不过的一个生意链条。实际上一开始就埋下了隐患。因为地接旅行社之间竞争激烈，打价格战在所难免。他们为了招揽游客，报给批发商的价格往往很低，利润空间很小，甚至可能不足以支付成本，后者用行业内的术语叫“负地接”。

这样一来，地接旅行社在接到游客后，只能想尽办法找回自己的成本以及利润空间。一些自费景点和购物点就承担了这一功能。购物点会按照导游带来的游客人数付给导游一定的费用，而那些自费景点则给旅行社低折扣票价，后者再按原价卖给游客，差价就是旅行社的收入。对于这部分收入，一般来说，导游、司机和地接社按照4∶4∶2的比例分成。

所谓自费景点，就是导游在既定的旅游线路上加的景点，这些景点要另外掏钱，游客去不去完全是自愿的，取决于游客对导游的信任程度。而诸如宋城、西湖之夜等旅游演出，一般会被旅行社列到自费景点里面。当地旅行社将此称作“填坑”。

国家规定，即便是自费景点也要事先写进旅行社的线路，并事先告知游客；不在线路规划内的景点，不能涉足。而考虑到游客的心理和经济接受程度，一般旅行社在一条线路上安排的自费景点都很有限。所以，假如一个自费景点想进入旅行社的固定线路，不是件容易的事情。

宋城已经成功打入了旅行社这个商业怪圈。华东五市的导游们都会卖力推荐宋城这个自费景点，为它贡献了90%的游客。导游会根据情况在旅游过程中介绍宋城千古情，并根据游客的报名情况给宋城打电话预订座位。

旅行社也很乐意给宋城带人，因为观看宋城可以提高游客的满意度，几乎所有的游客出来都没有后悔的。必须以游客为导向，而不是说哪个赚钱就推哪个。有一些小景点成本很低，给旅行社的成本也很低，但是他的挂牌价很高。你去推，游客不高兴，回去就会投诉。

抓住旅行社的前提是产品能过关，把游客生硬地拉过来，如果产品不好，人来得太多，口碑就很差，那样死得更快。从这个角度讲，很难说旅游演出与旅行社谁养活了谁。

在杭州，地接旅行社可选择的旅游演出有三台：《宋城千古情》、《西湖之夜》和《印象·西湖》。

正大旅行社是杭州本地比较大的地接社，他们把景区给的返点或折扣称作“政策”。宋城给旅行社的折扣一般在5折，到年底，宋城还会对正大等地接旅行社按照对方带来的游客人数进行返点。这种返点已经成为旅游业的一种行规。但是景点和地接旅行社的合作非常松散，可以马上进行，也可以马上结束。

杭州本地的旅行社可以按照每年接待游客的数量分为三档，每一档与宋城谈判的折扣和返点也会不同。

旅游业现在就是大鱼吃小鱼。但是宋城的“政策”太死，旅行社给它安排2万人，与安排10万人、20万人给的返点是一样的，没有任何的激励性。

华东模式与海南模式不一样，如果一家旅行社能给海南景点带来最大量的客流，它很乐意；华东则不然，假如景区来了200万人，他们希望是通过100家旅行社销售出去的，这样可以在旅行社面前保持一定的话语权，而不会被某一两家牵制。据宋城上市招股书披露，2010年上半年销售前5名的旅行社只占到他们总销售额的11.33%。

宋城也在努力尝试绕过旅行社，发力散客市场。这可以从两个动作看出来：一是在宋城原址附近进行酒店等旅游综合体开发，另一个是他们执意做自己的网络销售平台——独木桥。

2013年，宋城在位于萧山地区的杭州乐园（属于宋城股份）推出了另一台演出——《吴越千古情》。未来他们可能会把旅行社带来的团体游客送往《吴越千古情》，老地方比较成熟的《宋城千古情》则以接待散客为主。

（2）绑进旅行社的景点链条

《印象·刘三姐》营销总策划贺立德说，宋城和《印象·西湖》的营销方式非常不同，宋城是走出去营销，而《印象·西湖》就是在原地做。他说，早年为了营销宋城，黄巧灵曾经研究过《印象·刘三姐》的营销，跑到桂林私下找导游买他们和《印象·刘三姐》的合同，研究与旅行社的合作方式。

"《印象·刘三姐》在桂林基本上不在外面设人，就通过当地的旅行社，因为所有的游客都是通过桂林的旅行社来地接的。但是杭州不是，上海的地接社到杭州也是自己从头做到尾的。这样的话就要派人到上海去。"贺立德觉得黄巧灵是一个很聪明的人，他在《印象·刘三姐》营销方式的基础上，又做了改进。

宋城在全国有17个办事处，这些机构主要集中在华东五市，规模不大，但是角色重要，就是负责维护与地接社的关系。同时，他们也会深入一些像宝钢这样的大型企业，挖掘组团市场。

因为苏杭一带名胜古迹和风景区众多，旅行社一般会把南京、无锡、苏州、杭州、上海五市打包成"华东五市几日游"。南京由于其独特的地理位置成为了游客最大的中转站。尤其是散团，一般会先到南京集结，然后到无锡，接着是苏州、杭州，最后在上海结束，这就是旅行社常说的"宁进沪出"。由于华东这种特殊的旅游格局，对宋城来说，上述各个城市的地接社都是他们的客源。

"你不去沟通，不去开发，不跟他们谈感情，最后可能发到你这里就500人，是其接待量的5%。"金海岸营销总监王来吉说，"旅游就是做人脉。”他初到南京开发市场的时候，就是和南京各地旅行社的负责人喝酒吃饭。公司考虑到他不会喝酒，特意安排了一个酒保帮他挡酒。

椰晖旅行社的周少鹏觉得宋城在营销上做得很不错，很善于维护和地接社的关系。她今年二月份刚从海南调到杭州，因为她所在的椰晖旅行社要在杭州增资扩股，这意味着以后的接待量会扶摇直上。消息传出去，华东五市几乎所有的景点都登门来访。“宋城来的次数最多。”周少鹏认为宋城的销售做得比较到位，地接社的一些特殊要求基本都能得到满足。

但是本地的《印象·西湖》就不同。《印象·西湖》主要靠国家企事业单位的团体，他们的营销对象也是这些单位，所以他们跟旅行社接触很少。而且因为《印象·西湖》整个营销只交给一个人做，缺乏竞争机制，也使得《印象·西湖》在营销上没有投入太多。

宋城成功的一个基础，是华东五市有足够的游客来源，加上演出对观众的吸引力，旅行社的导游都乐于推荐宋城的演出，所以养活了宋城在内的三台旅游演出。因为有充足的客源，苏州、无锡的主题乐园有四五个，经营得都不错。

另外，宋城的地理位置对导游带旅行团有极大的便利因素。两个小时看完宋城，导游带着游客上大巴，直奔下一个景点，没有任何不便之处，对旅行社的景点安排也不会产生影响。事实上，能否捆绑进旅行社的线路而不影响既定行程，对旅游演出能否受到地接社的青睐至关重要。

对处在河南嵩山的同行《禅宗少林·音乐大典》来说，做到这一点就很难。这台演出位于少林寺附近，其所在的登封市正好位于郑州和洛阳之间，相距八九十公里。这条线路在旅行社通常是这么走的：早上从郑州出发，黄河边转一圈就到登封市的少林寺，下午4点前必须赶到几十公里外的洛阳看白马寺。因为在洛阳晚上的水席对旅行社意义重大，人均消费200元的水席，旅行社可以拿到其中的100元，他们很难放弃这个利润。“游客一天的行程就像一个链条一样，你想拆是很难的。”

为了配合旅行社的线路，《禅宗少林·音乐大典》的投资人不得已便在附近又搞了两个白天演出。但即使这样，仍然难以撼动那些旅行社原有的固定线路，效果很不明显。

（3）地产还是文化？

虽然宋城和《印象·西湖》、金海岸同样依附杭州当地的游客做旅游演出，存在竞争关系，但其实他们的模式存在很大的差别。

王潮歌的观印象公司实际上是演艺管理公司。比如在杭州，《印象·西湖》由杭州园林文物局、杭州日报报业集团、浙江广电等6家公司持股，观印象公司仅占股5%；其他印象系列基本一样：演出场地由当地的控股企业负责经营，演出、内容编排由观印象公司负责，他们从销售收入里抽成。除了第一笔制作费用，观印象还会定期维护每一个印象系列的演出，并拿维护管理费。梅帅元的山水文化公司其实也是这个模式，2003年，梅帅元和张艺谋一起推出《印象·刘三姐》，一炮而红，后来分道扬镳，各自成立了公司。

据一位业内人士透露说，不管项目能否盈利，观印象在《印象·西湖》、《印象·刘三姐》都会拿抽成，每卖出一张票，要从中抽取几元钱。

印象公司更多的是卖创意、卖管理，赚的是管理费用，在经营方面就没有那么大的压力。当然，有的地方印象公司自己会参股，有的股份多一些，有的股份少一些。

金海岸则是做演艺连锁，做小剧场，而且除了西湖之夜外，别的剧院都是靠本地市民运作，属于轻资产公司。剧场一般是租赁的，部分演员属于签约演员，其他的则是从别处请来的，类似于明星走穴。

金海岸在全国已经积累的20多家剧场主要针对普通市民进行逗乐型演出，在杭州、千岛湖等旅游目的地城市做旅游演出，去年收入在2亿元左右。

相比之下，宋城的主题公园加旅游演出，要比印象系列和金海岸的商业模式更重一些。宋城建园在先，投入巨大，演出只是作为其中的一个服务配套，而且风险很大。据调查，一般的主题公园存活期在5年左右。早年国内掀起过一股文化、游乐性质的主题公园热，差不多砸进去几千亿资金，如今基本都打了水漂。北京鸟巢边上的中华民族园，尽管地理位置极佳，又傍上了鸟巢、水立方等硬景点，但是鲜有游客观光，更别提产生实际的效益了。

《宋城千古情》后来居上，成为了收入的主要来源，公园却沦为给游客的附加价值。可是要想取得相得益彰的效果，演出与公园就都要兼顾。

金海岸投资人、红杉资本中国基金合伙人周逵分析：“宋城肯定是主题公园跟地产结合得很紧密，然后一个点的规模就可以做很大。但是复制的风险很大，而且二者结合得紧密就更不容易复制。但是像金海岸这样的，模式相对轻一点，就能够把盘子做大。所以单点和连锁各有各的优势。”

观众多起来之后，公园相应的配套也要提升。宋城上市募集来的资金，一部分用于公园配套完善。2013年5月，宋城二期“失落古城”推出，一方面是丰富体验内容，比如室内有七弦古琴，游客只要把手轻抚上去便可流淌出音乐，室外则增加了大型游乐设施；另一方面增加了餐饮功能。这些举措的终极目标都是把游客拖住。早期两个小时的游程，现在可以扩展到半天了。

把游客多留半天就能开辟出更多的收入来源。目前，《宋城千古情》的演出门票收入占到宋城总收入的95%，张娴觉得很可惜，毕竟宋城每年守着将近600万的游客。“以后我的小剧院推出来，可能就卖

30元钱的票。游客会想，来都来了，就看一下吧。”其实宋城最想强调的还是综合消费体，吃、住、游、购一条线的服务。关于宋城的一些纪念品已经在景区开售。

至于餐饮消费，一部分是宋城自建，也有招商进来的。一个烤红薯的摊位都是争抢对象，因为宋城的客流量太大，实在诱人。但是对于一些做手工艺的卖家，买卖不好，却不可或缺，宋城可能还要发工资给他们。

另外，宋城也在进行产业链延伸，比如上游一些舞台机械、视频、CG设计和大型游乐互动等公司，有些已经达成初步投资意向。除了做杭州乐园这种类似欢乐谷的项目外，宋城刚刚在杭州乐园旁边开了“烂苹果”乐园，主打亲子游，正在电台、电视台报纸铺天盖地做广告。

宋小军分析，宋城是准备做长三角地区的散客。

烂苹果景区不错，适合亲子游，尤其是七八月份寒暑假的时候，特别好推，因为孩子放假了，都出来玩。

黄巧灵在宋城上市之后在全国拿了几块地。在圈内人看来，此番宋城在全国快速布局意义深刻，远不止做旅游演出那么简单。它占了这些好的景点，其他公司就没法再去占领了。而且它先把地占下来，然后在边上也拿了很多土地，一方面做旅游演出，另一方面再做土地开发。比如，做酒店开发，做一些配套，也可以做商业地产。其实旅游演艺赚的钱，肯定没有拿地赚的钱多。

用别人1/10的价格买来土地，土地给宋城带来的潜在收益：地都是买下来的，而且相比宋城的竞争对手，地价各方面还是很合理的。我做不成产品，把地卖掉都还有增值。这就是宋城的稳健性。

（4）宋城能否走出杭州

这样一个很重的模式，宋城复制到外地能否照样玩得转呢？

上市以后，宋城的资金充裕，在杭州蛰伏16年之后，黄巧灵决定将宋城模式嫁接到其他城市，复制出更多的《宋城千古情》。三亚、泰山、丽江、石林、武夷山的投资已经落地，九寨沟、张家界、北京、昆明等地在接洽中。未来两三年内，宋城董事长黄巧灵要在全国10个一线旅游目的城市复制“主题公园+文化演艺”的模式，推出“千古情”系列品牌产品。

《泰山千古情》、《三亚千古情》已经推出，但黄巧灵更愿意把《三亚千古情》看成是一次回归。

他与海南有一段历史渊源。1987年海南还未建省，黄巧灵通过电台一名记者对海南岛的梦幻描述，对海南非常着迷，他丢掉副县级干部的职位南下经商。他是名副其实的淘金者，却对房地产不屑一顾。黄巧灵第一个意识到海南的“天涯海角”是座金矿，他挥手将包扔向大海，大声喊道：“这个地方，我要了。”

一开始，他的生意不错，海水浴场每月的门票收入能达到1万元。后来经济不景气，黄巧灵陷入困境，紧接着又是一场台风带来的灭顶之灾。相隔差不多20年后，黄巧灵坐在他在杭州的“白宫”办公室里对记者讲起那段历史时仍然心有余悸：“几十级的风浪，把我们的冰箱、房子、彩电全都卷到海里去，那么大的树木就像筷子一样给你折断了。在天涯海角，我们躲到桥底下才幸免于难，几天喝不上水、吃不上饭。”

后来，黄巧灵重回三亚考察宋城项目，回忆起当年的往事，感慨颇深：“革命总是抛弃最早参与的人。我第一个开发海南，却没有在海南大发展的时候做房地产，但是正因为是这样一种艰难的环境，磨炼了我们坚韧不拔的意志。那么大的困难都过来了，现在这一点点风波，一点点宏观调控，或者说这个事儿、那个事儿，对我们来说那都是小菜一碟了，是风平浪静的小江河。”

宋城就是他最大的砝码，三亚的几届政府对这个项目期待已久。

但对宋城来说，在全国的落点选择非常慎重。不是说什么地方都能去做，要对一个旅游目的地城市进行数据拆分，这是前期非常严谨的一个研判过程。

之所以选择三亚，除了因为它是个国际旅游岛，人流量大，最重要的是它有人文历史可挖掘。三亚有冼夫人、鹿回头传说，还有鉴真和尚东渡日本等故事传说，对于《三亚千古情》来说，是很好的创作题材。

政府主动提出把亚龙湾最后一块二线海景地拨给宋城，黄巧灵没有接。如果只想做给亚龙湾高星级酒店的客人欣赏，没问题。但是宋城立足的是大众文化，三亚其实有大量的游客住在市区大东海，根本没有能力去消费亚龙湾的高星级酒店。如果定在亚龙湾，一部分普通消费者在交通上就会非常不方便。

一个项目，在第一锹土的时候就决定了它的成败。如果只是因为人家给你很多优惠条件，拍拍脑袋就去了，可能它周边市场没有成熟，很多条件没有达到，以后你再怎么创新，也不行。宋城定在了去亚龙湾的必经之路上，离三亚市区和亚龙湾都只有十分钟车程。

即便选址正确，营销这个硬功夫也是需要下大力气修炼的，每个城市的情况都不太一样。

宋城在三亚确定项目之后，曾上门请教周少鹏如何在海南开展营销。周少鹏给出的销售建议是：第一，通过公关活动引起政府的重视。第二，搞定海南当地排在前十的几家旅行社，小的自然就跟风，而大社里要准确地抓住那么三四家。和华东不同，海南每个旅行社的量都很集中，比如当地最大的民间旅行社，一年的游客接待量在30万。一旦搞定核心的几家旅行社，为了不影响销售，其他的必然主动找上门来，而主动找上来的价格自然相对要高了。第三，搞定旅行社不是终极目标，还要笼络住当地的导游。真正接触到游客的销售人员，只有导游。除了给他们合理的折扣，更要重视导游这个群体，比如客人在景区摔伤或生病了，景区应该配合导游解决问题。

项目真正做起来还需要时间。一是要保证节目的质量，宋城与观印象公司不同，从剧目创作到投资、管理都是自己在做，难度较大；另一个是人才团队建设也需要时间。“一家公司做一个项目的时候是比较轻松的，同时做十个项目或者说五个项目，对其的整个系统就是一个考验。”

五、现代服务业

1. 渠道服务业

在生产制造业里面，现在有个微笑曲线，那就是：研发赚钱，销售赚钱，生产不赚钱。比如在医药行业里面，曾经有人这样比喻，用2毛钱的原料，加2元钱的包装，最后卖20元钱，所以医药行业大量的钱是在销售环节。

中国企业如何实现全球化，关键是要在全球建立一个销售系统。如果有一天苏宁真的成了沃尔玛，那么中国的很多产品都可以通过苏宁的渠道卖到全球去。沃尔玛为什么这么厉害？虽然它只是销售，但是它可以整合全球的供应商。如果中国企业有钱，不一定要做生产，可以做渠道。

2. 中介机构

一个地区的发达程度，与中介机构发展的程度非常相关。比如，中国目前没有一个像样的全球会计师事务所。会计师事务所、律师事务所、评估机构、留学中介都有很大的发展潜力。很多企业上市都会找四大，他们不相信国内的一些会计师事务所。中国目前是制造业大国，还算不上制造业强国。中国制造在全球的口碑都不太好，外国人对中国制造的印象是：中国制造＝低端产品。

第一次世界大战以后，德国制造了很多商品，但是英国人很不满意，所以当时“德国制造”=“低端产品”。而今天看来，“德国制造”=“高质量产品”。第二次世界大战以后，日本产品进入美国，美国人对日本的产品很不满意，包括当时的电子产品、汽车，所以美国人也觉得“日本制造”=“低品质产品”，而今天看来，日本的产品质量很不错。中国现在正在重走德国、日本的老路，所以我们一定要相信自己。很多人抨击中国教育，我是辩证地看，中国的基础教育是全世界最好的，我们差在高等教育，特别是研究生教育。

咨询类企业很难上市，像北大纵横到现在也没能上市。目前中国有两家类似咨询行业的公司上市了，一个是华谊嘉信，一个是蓝色光标。

3. 制造业的“6+1”模式

制造业“6+1”模式中的“1”，是指制造环节，“6”是指产品设计、原料采购、仓储运输、订单处理、批发零售、终端零售。后者创造了90%的价值，而前者只能拿到10%的利润。

我们整个中国制造业为什么仍旧落后呢？不是因为我们制造的东西不好，而是因为我们整个链条比较弱。例如：假设你现在定制一套西装，如果找一个中国工厂，那么你的周期会很长。工厂接到你的订单后，要专门为你设计，设计就要花很多时间，设计完后还要去采购原材料，又要花很多时间，采购原材料回来之后，需要加工，加工以后它再到批发商那里，批发商再转到零售商那里，然后零售商再拿到你手上。这样一来，这个周期需要多长呢？在中国至少要100天，而这个周期在日本只需要20天左右。中国的制造业是弱在物流体系、仓储体系和销售体系。

4. 特色教育

幼儿教育、学前教育、外国人学中文，刚性需要的培训都是可以做大的。管理培训能不能做到上市？很难，因为它不是刚性需求，它只是奢侈品。

一个国家的强大要经过三个阶段：制造业的崛起，金融业的崛起，文化的崛起。今天，很多有身份的人不会讲英文，他们会觉得很自卑，但如果有一天让外国人觉得不会讲中文也会感到自卑，那就是中国真正强大的时候。

5. 服务业案例

（1）利乐在中国是如何发展壮大的

利乐公司是瑞典的一家公司，是最先为液态奶提供包装的公司之一。当伊利、蒙牛等中国乳业巨头斗争得不亦乐乎的时候，利乐公司通过优惠的价格打入中国市场：乳业巨头只要付20%的设备费，就可以买下利乐的牛奶包装生产线，剩下的 80% 采取“承诺购买一定数量的包装纸”的方式支付。在竞争白热化阶段，少支付80% 的设备款，就多80% 的费用投入战场，乳业巨头们纷纷对利乐感激涕零，在利乐的帮助下大大扩大产能，争夺市场。

在市场格局稳定后，乳业巨头们发现，利润在不断摊薄，这时候追溯成本结构，才发现利乐包装纸占了很大的比例。同样的包装纸，利乐公司的要比竞争对手贵很多。

也许，有人会说：那就换包装纸吧！对不起，还就换不了！利乐在包装纸上打了识别码，以便每一袋牛奶都能追溯到奶源和生产各个环节的员工，同时也就使其生产线只认利乐自己的包装纸。

如果更换设备的话，问题更严重，那些动辄几千万的设备会让乳业巨头立刻亏损。于是，乳业巨头们打消了更换包装纸合作伙伴的念头，继续和利乐合作，利乐也因此分享了中国蓬勃发展的乳业市场。

（2）东风股份的转型——掌控高利润区

东风股份是汕头的一家企业，主要从事烟标的设计及印刷业务，它们近八成的收入来自于前五名的客户，包括延边烟草、贵州中烟、云南中烟、安徽中烟、深圳烟草。

在印刷包装行业，烟标的利润率最高，最高的时候，毛利率高达51%。

烟标作为卷烟的外包装产品，需要为客户量身定做，这就决定了烟标印刷企业需要按照每个客户的订单来安排生产，并且通过直销的形式卖给大客户。这就决定了，客户一旦选定一家烟标印刷企业后，就不会轻易更换，因此客户关系比较稳定。

烟标的七成成本来自于纸品、膜品等原材料。如果纸品、膜品的成本很高，那么公司的利润就会降低。

东风股份本身是不缺钱的，那么上市融资的钱拿来干什么？控制上游，用上市募集的资金建立自己的基膜生产基地和油墨研发制造中心。这样，不仅可以获得原材料供应，也能降低成本。

东风股份很聪明，为了证明向产业链的上游转型是正确的，他们在招股说明中举了一个例子：陕西金叶只做烟标设计和印刷，纸品和膜品从外部采购，其毛利率只有30%；而劲嘉股份和东风股份都在自己加工纸品和膜品，结果毛利率可以达到50%。

这样一说，股价就上去了。

（3）金螳螂的标准化创新，成为国内第一家上市的装修公司

苏州金螳螂公司一半左右的业务是做国际酒店的装修工程，这是因为它拥有突出的设计能力。最好的商业模式不是做一生一次的生意，而是做一生一世的生意；不是做一锤子的买卖，而是做细水长流的买卖。国内的装修公司绝大多数只能给客户提供一次服务，而金螳螂可以提供多次。

国际酒店注重品质，装修费用比较高，而且收支相对透明，避免了国内建筑行业中普遍的回扣等灰色收入。

而且这些酒店通常会在5～7年后进行重新装修，并且倾向于请同一家装修公司，这就让金螳螂公司在同一客户身上获得多次收入。

金螳螂公司有1000多名设计师，虽然设计收入所占比重只有总收入的4%，却是公司整体业务的一个支点，因为他们有七成的设计订单都能转化成施工订单。

金螳螂的毛利率达到24%，而其他两家上市的装修公司亚夏装修只有13%，广田装修只有12%。

金螳螂公司的核心竞争力在施工环节上。行业内多是“现场装配施工”，这会存在材料浪费等问题，不利于成本控制，而金螳螂进行了深加工。

金螳螂公司用50%的时间进行前期策划、测量、绘制图纸，用30%的时间加工出装修零件，最后再整体打包，将项目变为标准化生产。这样既能缩短工期、节约成本，还能够复制。

同时，金螳螂聚集追求设计水准和装修质量的高端装修市场，这也是他获得高利润的原因之一。

六、新能源

煤炭是所有能源当中最差的一种能源。而中国现在大量依赖煤炭，随着现在碳排放问题被强调得越来越多，中国的能源结构将会发生重大的调整。现在的新能源主要是指核能、太阳能、风能、生物能。其中核能投资巨大，普通民营经济很难有机会，那么新能源的主要投资机会在于以下几种。

1. 低碳经济

碳有可能成为世界新的货币。为什么中国碳排放量这么大，这是本国利益的需要，也是世界竞争的需要。现在以美国为首的西方国家已经把碳排放慢慢扩展和延伸到贸易领域，最后，碳的问题，会成为贸易的壁垒，而且将来有可能成为政治壁垒。中国率先提出将碳排放降到40%～45%，这也让中国在世界舞台上有更多的话语权。

2. 储能技术

储能技术产业是最令人心花怒放的产业。以前手机待机3天很不错了，以后的电池可以让其待机时间达到半年。储能技术是一个革命性的技术。奥巴马上任的时候就说，谁掌控新能源技术，谁就掌控未来的世界。中国把两个技术当成国家的战略技术，一个就是新能源技术，另一个是生物医药技术。

当年的工业革命使英国发达起来了，世界贸易让美国发达起来了，那么中国要发达起来，必须在技术上有所突破，这种突破很有可能就是在储能技术上。如果电能够存储的话，中国的风能技术就能得到很大的发展。为什么中国的风电技术发展受限呢？主要因为风力发电是间断性发电，如果不起风就不能发电，不发电的时候，这个电网就会处于闲置状态。如果谁能解决电的存储、能源的存储问题，那么这对人类的贡献是非常巨大的。

3. 太阳能、风能

一栋大楼，风能和太阳能就可以把它的问题全部解决。

七、有科技含量的技术

以下几种高科技技术是投资的方向。

- 军工技术；
- 航空航天技术；
- 生物医药技术；
- 新材料技术；
- 精密制造技术。

八、金融业

金融业给投资者的最大机会就是股权投资。直接股权投资是当今中国有钱人面临的最大机会。除此之外，农村金融也有很大的机会。中国这个经济体，大约需要1万家银行，美国3亿人都有1万家银行，中国银行业加在一起的品种大约是4600种，而现在的汇丰银行就有2万个品种。

可见，中国金融业与世界相比差距非常大。差距大，就意味着成长空间也大，也意味着机会也大。中国很多县都在搞小额贷款公司，小额贷款公司实际上就是把民间高利贷合法化。现在中国的金融秩序不完善，很多小额贷款公司将来成熟了就会变成小银行。中国未来可能会出现大量的社区银行和区域银行，一个乡政府就可以有一个银行，一个学校也可以有一个银行。

中国的典当行业也会在未来迅速发展起来，奢侈品行业越发达，典当行业也就越发达。担保公司、金融租赁都会有很大的成长空间。假设你投资金融一年有20%的回报率，那你干吗要去办实业呢？

汇丰银行说："金融风暴中，美国次贷危机让我们亏了很多钱，但是在中国我们赚得更多，其实没有怎么亏本。"

他们怎么赚的？第一是靠外汇，赚了4万亿元人民币。汶川大地震损失才3000亿元人民币。第二，在直接投资领域，美国也拿走了大量的财富。中国工商银行是全世界最大的银行，但是高盛投资了中国工商银行，持股10%，它投资的时候工商银行每股价1元钱，现在4元钱；高盛和摩根投资中国平安，每股4元钱，中国平安最高的时候每股160元，2年不到，赚了40倍，你抢钱也抢不到这么多钱；汇丰银行在交通银行里面参股19.9%（中国的政策是允许外资在里面占有分股份，但不超过20%）；他们都获得了暴利。

有段时间，我们经常听到，中国的银行里面都充满了坏账、烂账，说这些话的是谁？都是国外的银行家们。然后他们可以低价格买入，买入以后又说，中国的银行实在是太好了。

美国有一个新桥资本，入股"深发展"，2004年占其17.89%的股份，后来中国平安收购了新桥资本，中国平安收购它以后，赚了578%。

中国有三大金融市场：

- 信贷市场；
- 证券市场；
- 直接投资市场。

在一个成熟的国家，是这三匹马车协调运作，目前，中国信贷市场占据了主流。

1. 宜信：小额信贷“P2P”

宜信公司是一家集财富管理、信用风险评估管理、小额贷款行业投资等业务于一体的企业。

中小企业融资和小额信贷一直都不是什么新鲜话题，近年来如民生、浦发等银行也越来越积极地探索相关的商业模式。但对于“小微贷款”，特别是20万元以下甚至几百元的贷款需求，比如农户想贷款购置一头奶牛，银行等机构就鞭长莫及了。尽管每个城市都分布着一定数量的小额贷款机构，但大都还是散兵游勇式甚至有些“背光”的作业方式。

宜信创始人唐宁希望在这片空白但需求旺盛的市场里掘金。2006年，他学习国外业已成熟的P2P贷款模式，试图在中国建立起一个“点对点”小额融资的服务中介平台。

P2P贷款模式起源于英国，多指在国外较成熟的个人信用体系和流行的互联网文化环境下，以互联网为媒介，为有闲置资金和借款需求的个人提供“配对”服务。以国内的信用环境和互联网文化，

显然不可能完全照搬，因此唐宁把这种模式进行了一系列因地制宜的改革和创新。

首先，重新定义服务对象。宜信主要是将借款人确定为四类人群：微小企业主、工薪阶层、农民和学生。他们的典型特征是，资产很“轻”，很难从既有的金融体系中获得信贷资金支持，一般需要的贷款额度也不高，贷款额度大都集中在几千元到几万元之间；出借方主要是有闲置资金，但又没什么投资渠道或者希望投资渠道多样化的中高收入人群。

其次，国外的P2P贷款主要就是基于互联网平台的业务，但鉴于国内缺乏国外那样成熟的个人信用体系，宜信采取了线上和线下相结合的方式，打造了一个基于信用管理和风险管理的小额信贷服务中介平台。

从2006年到现在，宜信在全国40个多个城市建立了分公司，其中商业项目集中在东部地带，而一些助农项目则集中在西部地区，如陕西和甘肃。

宜信将服务费收取的比例定在百分之一到百分之十几，自然，针对不同的客户群体收费标准有所不同。比如公益性项目的服务费标准是1%，商业性项目还会再根据用户群体制定不同的标准。

宜信的商业模式听起来并不复杂，但却是一门存在风险的生意。

首先，这种商业模式有演变为吸存放贷的非法金融机构甚至非法集资行为的可能。对宜信这样以“咨询服务”注册的融资平台来说，把握好类金融服务和金融服务之间的界限尤为重要，因此它绝对不涉及到资金的吸纳和沉淀，只提供需求对接以及信用评估和风险控制服务，借贷双方可以通过宜信的网络平台或见面签订借款协议，包括还款期限、利息等。

其次，对“不良贷款”进行全方位的风险控制。宜信目前的团队中有200人专门从事信用评估的相关工作，2011年7月，宜信和国际领先的分析和决策管理技术的领导者——费埃哲公司达成战略合作，希望将国外的技术和本土实际结合在一起。

同时，虽然建设一个完善的信用体系是整个社会的责任，但宜信为学生提供助学贷款、给农民提供助农贷款时，也对他们进行大量的信用教育。

当然，无论如何做足前期工作，“不良贷款”在某种程度上是不可避免的，宜信对此也设计了一个立体的解决方案。

- 第一，设计让出借方能够分散投资、尽可能规避风险的机制，比如一个农民的贷款需求是3万元，借款可能由10户完成，每户出3000元，而每户又可以把钱分散到不同的借款人手里。
- 第二，设计相应的担保方式控制风险，比如，针对农民通常采用五户联保的担保方式。
- 第三，设置风险保障金，一旦借款人没有及时还款，在事先签订好委托协议的前提下，宜信可以先行赔付，其后再向借款人催账。

2. 神奇的金融街8号当铺——金融仓储模式

“金融街8号当铺”里万物皆可典当，这是一种“金融仓储”的模式。在这个模式中，养在栏里的生猪，长在地里的麦苗、树苗，甚至仍处于生产流水线上的半成品，都可以用来抵押贷款。

“这个商业模式能从根本上解决中小企业‘融资难’的问题，在未来，它将是一个庞大的产业。”

2008年童天水已近50岁了，任职于恒丰银行，拿着50万元的年薪，住着西湖边最好的房子，过着如诗如画的惬意生活。但是，他辞职了，放弃这些去创业，开创了一种金融仓储模式。

谁都知道中小企业融资难，为什么难？

因为中小企业往往没有足够的不动产可以抵押给银行，只有大量的原材料、半成品、产品等动产。银行又只认房产、厂房等不动产，不认动产。不动产有权属登记，价值稳定也跑不了，但是动产抵质押之后，银行基本无法管理，为什么？一是价格波动保值风险极大；二是还得找仓库，雇人看管，成本不低；三是没有法律保障，许多动产没有权属凭证，产权不清，银行更是不敢放贷，就算抵质押给了银行，司法追查下来，银行就得“吃不了兜着走”。

所以，尽管多年来，政府、银行都有意帮助中小企业融资，但是一遇实际问题，银行也只能表示爱莫能助……

难道中小企业就永远无法从银行融资了吗？

童天水认为，企业和银行之间一定是缺少了某个中间环节，如果可以成立一家专门的公司，是否可以对抵质押给银行的动产进行仓储管理和保值？

但是会涉及一道屏障，仍然是之前提到的法律问题。

2007年10月1日，《物权法》正式颁布实施，明确规定“动产物权的设立和转让，自交付时发生效力……”也就是说，即使货物非法得来，只要下家以合法手续善意取得或者抵质押给了银行，货物就不受法律追诉，下家和银行的利益就能得到保证，一切法律责任和赔偿只到违法当事人为止。

物权法一颁布，问题就解决了。

童天水找合伙人一共筹集到5000万元。2008年3月，浙江涌金仓储股份有限公司（简称浙江金储）注册，全球首创的金融仓储公司诞生了。

什么是金融仓储，就是为银行信贷提供第三方动产抵质押监管的专业仓储服务。

也就是说，即由金融仓储公司对中小企业抵质押给银行的动产进行第三方仓储管理和动态保值监管。这样，信贷资金安全有了保障，银行开展动产抵质押贷款就有了积极性，中小企业“融资难”问题，将得到有效化解。中小企业的动产就能真正动起来。

理论上，此一方式确实可行，但实际操作呢？

3. 第三方监管化解中小企业“融资难”

2008年6月，杭州的一家金属材料企业（企业要求不具名）找到恒丰银行杭州分行，希望能贷款1000万元。

让恒丰银行踌躇的是，这家企业既无不动产可供抵押，也不愿意找其他企业担保。该企业能作担保物的仅有当时价值1666万元的动产——冷轧钢板。冷轧钢板的国际市场价格波动剧烈，要确保贷款安全，恒丰银行必须派专业人士紧盯冷轧钢板市场行情，同时还要将冷轧钢板拉到自备仓库，雇专人看管。如此高昂的成本和不可控风险，银行显然缺乏积极性。

就在企业贷款需求将成泡影之时，“浙江金储”（浙江涌金仓储股份有限公司）出场了，三方皆大欢喜：

① 6月25日，恒丰银行、该企业与浙江金储共同签订了“浮动抵押仓储监管三方协议”。

② 协议签订后，该企业将存放在自家仓库内的1666万元冷轧钢板，移交给浙江金储。

③ 浙江金储办完接管手续后，恒丰银行向该企业发放抵押物6折的一年期贷款1000万元。

④ 贷款一到达企业账户，浙江金储就在不取代原仓库保管员的情况下，第一时间派出自己的仓库监管员，对该企业仓库中的货物进出实施24小时现场监管，安装视频远程监控，设立货物进出账。

⑤ 浙江金储将1666万元的货物初始值，设定为银行的最低安全线，进行严格监管，并让专业人员每日紧盯冷轧钢板国际和国内市场行情。

⑥ 不管市场价格如何波动，货物价值都不能低于抵押贷款的最低安全线。如果价格下跌，企业就必须补足冷轧钢板，使抵押货物价值回升到最低安全线上，以防银行利益受损。

⑦ 浙江金储定期向银行管理部门提供监管报告，让银行了解一个月内原材料价格变动情况，以及仓库内货值变化状况。

⑧ 2009年6月25日，企业如期归还银行贷款本息，银行通知浙江金储解除监管。

“谁料到，2008年全球金融危机爆发，10月，国际钢材价格下跌了55%。原来价值1666万元的货最后只值916.67万元!按照过去的做法，银行就亏大了，但现在按第⑥条的约定，当货物价格跌幅大于6%时，浙江金储就及时向银行反馈信息，让银行调整价格，同时督促企业必须5个工作日内及时补货，使抵押货物总价值重新回到最低安全线上。如果再跌破6%，企业就再补货。”

由于这次钢材价格变动太剧烈，一个月内企业多次补货，从2008年6月到2009年6月，一年内5次补货，银行5次调整了抵押物价格。“严格监管＋补货机制”，一年下来，虽然惊心动魄，却未出现任何风险。

第一单业务成功经受了巨大的考验，此后的业务拓展就有了说服力。

贷款还清之前，企业每年向浙江金储支付1%～1.5%的仓储费，这就是浙江金储的利润点。这笔费用低于企业担保贷款产生的费用（担保费2.5%），更远低于高利贷，这就是企业愿意接受金融仓储的原因。

那么有人会问："如果抵押物价格跌了，企业又不能正常补货，那怎么保证银行的利益呢？"有三个办法。

- 第一，三方协议签订之前，他们会要求企业必须留下足够的动产，用于生产周转和可能补货的需要，所以企业补货通常都能做到。
- 第二，如果企业确实没有足够的货补进来，企业可以先缴纳一部分保证金，用来保证银行利益不受损。比如用100万元动产贷了70万元的款，这时可以先交20万元保证金，其实就等于用现在跌到85万元的动产贷了50万元，银行仍然是安全的。
- 第三，企业5个工作日内不能补货，银行也可以执行协议，将动产拍卖。

当银行没有了后顾之忧，整个商业模式就成立了。

4. 标准仓单"实物资产票据化"

2009年11月27日，绍兴县一家纺织企业把价值661万元的白坯布存放到浙江金储自备的青云仓库。浙江金储在对货物进行验收后，签发了6张标准仓单。企业拿着6张仓单到杭州银行质押申请了6个月期的366万元贷款。到期后，如果企业及时归还了贷款，银行就将标准仓单归还给企业，企业凭标准仓单到青云仓库将货提走；如果企业无法偿还贷款，银行则可以凭标准仓单将货提走，也可委托浙江金储按市价将货物变现偿贷。

以上两种方式的区别是，第三方动产监管的货物企业可以使用，可进可出，只要货物的价值始终保持企业贷款时的价值（最低安全线）即可，而标准仓单一旦形成，货物就严格封存。

一旦封存了就不能补货，所以适用标准仓单的动产是价格“阶段性不动的”或具有升值潜力的，如红木家具、各种书画陶瓷艺术品、棉花、棉布、油料、化纤和比较稀缺的其他原材料等。

标准仓单是世界上最先进的动产交易模式，这叫“实物资产票据化”。作为票据的标准仓单，除了可抵押给银行贷款，其本身也可以进行交易，交易时，付清货款，然后在标准仓单上背书就可以了。

谁的手里有标准仓单，谁就可以把货物提走。当他不急着用这批货时，他就可以把它握在手里，因为它完全可能升值。当各行各业大量的动产换成标准仓单时，这里就会形成一个现货交易市场——交易的是标准仓单——进一步，随着原材料等价格波动，标准仓单可能升值也可能下跌，这表示，它们可以证券化!这太值得期待了。

“死物”变“活钱”，法律和两种模式都保障了银行的利益，中小企业贷款就不再是梦。

30亿元怎样才能变成5万亿元、7万亿元？

未来，第三方监管和标准仓单将形成两种模式、两大产业。对童天水而言，这个事业叫“金融仓储”，对银行而言，叫“仓储金融”，而对企业而言，这又叫“仓储融资”。

从浙江金储已完成的单子看，企业贷款金额最高达1个亿，最少的五六百万元，多数为一两千万元不等。

那么，用于抵押贷款的动产，有哪些类型呢？

第一类，原材料。由于近年来原材料（PPI）价格不断上涨，企业的利润越来越低，很多中小制造企业为了降低成本，趁原材料价格较低时，大量吃进，甚至购进全年的原材料。但是这一囤积，企业的流动资金就紧张了。现在，企业可以把一部分原材料通过浙江金储，向银行抵押获得流动资金。

比如，一家供应商从国外进口铁矿砂卖给钢铁厂，因为高炉一开就不能停，钢铁厂要求必须保有20～30天铁矿砂用量的“安全储备”，为钢铁厂储备的这些铁矿砂占用了供应商大量的资金。于是供应商通过浙江金储，抵押了这批铁矿砂，获得了1亿元流动资金，钢铁厂的正常生产不受影响。

第二类，产品。不管是制造企业还是贸易企业，随时都备有大量的各种规格品类的库存产品，以备经销商甚至是若干家经销商同时进货，这些库存产品占用了大量的流动资金。对企业而言又是一个大难题，那么，企业就可以拿出很大一部分产品来变现。

第三类，生产线上的半成品。例如，养猪场里的生猪，池塘里养的鱼，长在地里的麦苗、树苗，腌着的金华火腿，池子里的电解铜，窖里酿造的酒……

这些产品生产过程短则数月，长则数年，大量资金沉淀在里面，致使企业资金链窘迫，怎么办？好办！处于生产过程中的半成品，也可以抵押贷款。不管是什么行业，不管是猪还是鱼，不管是火腿还是酒，只要生产过程使资金长期沉淀，就可以将它解放出来，同时不影响该批次货物的正常生产销售。

那么什么样的动产不适合金融仓储呢？

比如生鲜，容易变质；比如服装，容易过时；比如一些升级换代快、贬值快的数字产品；这些就不能办理抵押贷款。换言之，只要是“保值、保质、易变现”的商品都可以抵押贷款。

做了动产抵押的企业，发展速度和规模一般都比同行更好。为什么？因为他们用贷款资金进行扩大再生产，规模就更大了，资金周转率就更快了。如果他们每一年都通过反复抵押获得贷款，他们是不是就比同行具有更大的规模和更快的发展速度？

全国4200多万家中小企业每年的存货是多少？那是50万亿元～70万亿元！如果其中10%用于放贷，市场容量将达到5万亿元～7万亿元!

2008年浙江金储公司成立，当年就帮助十多家中小企业共获得1.6亿元贷款，2009年帮助六七十家企业共获得16亿元贷款，2010年和24家银行合作，帮助100多家企业用铜、铁、铝、煤、汽车、轮胎、石材、冷冻海产品、生猪、稻谷、白酒、黄酒等100多种动产共获得近30亿元贷款。一种商业模式形成了一个全新的产业。

九、房地产业

中国的房价贵不贵？贵！为什么会这么贵呢？衡量房价贵不贵，有一个重要的指标，就是房价与收入比。但这个比例是缺乏依据的，中国有钱的人太多了，灰色收入太多了。

首尔的房价多少钱一平方米？20万元人民币以上。所以北京的房价成长空间还很大。北京、上海的房价的比较标准是巴黎、东京、伦敦、纽约。很多人说美国的房子便宜，其实美国是维护房子的成本很高，美国可以一美元买别墅，但是每年要缴纳大量的物业税。

但是我想告诉大家的是：每当房地产狂跌的时候，就是你抄底的时候。

如果中国的房地产行业对外资开放，中国的房地产行业就会面临危机。当世界资本纷纷进入中国的时候，它们会先把价格炒到天花板上，再跌入深渊，中国的国民财富全被拿走了。

一个行业是否成熟，有个标志，叫作CS结构。在国外，当这个行业的前4名企业占据这个行业60%的市场份额，形成四个寡头垄断的时候，这个行业基本上形成了稳定的局面。而中国的行业高度分散，现在万科这种最大的房地产公司，在整个中国的销售额也只占2%的份额。如果有一天中国出现房地产行业的四大巨头，他们占了整个市场份额的60%的时候，房价还会涨吗？

房地产业的机会在哪里？在于房地产基金。中国的房地产基金公募市场暂时还没有放开，但未来一定会放开。

十、类房地产行业

1．瑞卡租车

如果说易到用车网定位中高端租车，那么瑞卡租车定位的是中低端、经济型连锁租车，租车价格每天79～217元之间，比同档次的神州租车、一嗨租车便宜20元。它主要是寄生于7天酒店的轻资产扩张模式。瑞卡租车是7天酒店的几个高管创办的。顾客可以到7天酒店大堂办理租车手续，车停在附近停车场，既降低了开店成本，又获得了稳定客源。而且他们聚集再聚集，只提供几种车型，而且只做自驾业务。

首先，寄生于7天酒店，就大大降低了门店成本，酒店的客源也是瑞卡的客源，两者定位非常吻合。因为7天号称有2290万名会员，拥有中国酒店业最大的会员体系。

其次，车型集中，采购成本就降低了，主要集中于雪弗兰新乐风、现代伊兰特、别克凯越、奇瑞炫彩等车型。

第三，没有司机，只做自驾服务，免去了养司机的成本。而且个人驾驶业务目前只占国内租车市场的18%，而国际上则是高达90%，市场前景非常广阔。

第四，未来的如家、汉庭、锦江之星都是瑞卡的合作伙伴。

所以2011年红杉资本和富达投资给瑞卡租车投资了上亿元。

2. 北京世鳌商务中心

北京世鳌商务中心成立于2007年，在北京核心商务区为客户提供办公租赁以及商务服务，目标客户群主要针对国内初创企业。这些客户多是智力密集型企业，人数比较少，员工素质比较高，对办公地点要求也高。他们的发展速度特别快，第一年只有一家商务中心，第二年有两家商务中心，第三年有四家，第四年有十家。

在朝阳区国贸CBD，普通的商务写字楼一般是：入驻门槛很高，起租面积至少是300～500平方米，每平方米的月租大约是400～500元。这样的话，租金很吓人，而且还有行政办公配套的投资。

世鳌商务中心在高端写字楼租下一层楼，经过装修，把它规划成一个五星级酒店般的办公场所。面积一般是2500平方米左右，不仅有办公室，还有豪华的前台大厅，规格的会议室、总裁办公室，以及免费的喝咖啡的休闲中心。而实际办公区域，只占整层楼的

30% ～ 40%左右。世鳌商务中心把它分割成独立的小型办公室，可容纳3 ～ 10个人，并配备了所有办公设备。

客户一旦签署合同，可以马上入驻，从而省去了装修以及办公用品的采购等琐事，节约了大量的时间和精力。

世鳌商务中心的收费模式：

- 第一个是根据工位收费。通常每个工位每月收取2500 ～ 3500元左右。与传统办公模式相比，他们至少能为客户节省40%左右的成本。
- 第二个是“小蜜蜂服务”，包括免费为客户提供员工打卡服务、晚上加班服务等。
- 世鳌商务中心的租客有2000多家，2011年的收入为1.5亿元，毛利率达到80%，2012年估计在2亿元左右，其中办公租金和行政商务服务各占50%。

而未来三年他们将在全国开许多连锁店。其实这种模式，在北上广都已经有了，只是它排名比较靠前。

写字楼一般是整层楼租下来，租期一般是10多年，租金就便宜很多。但是世鳌商务中心和业主约定，租金每二年调整 次，涨幅为5%，2012年的价格大概是每平方米450元。

做连锁办公室租赁，最重要的就是出租率。一旦办公室空置，损失就可能很大。而世鳌商务中心出租率可以达到80%，一般出租率在70%左右就可以实现盈亏平衡。

世鳌商务中心面对的最大挑战是无法形成长期稳定的客户，他们必须不断地招揽新客户。不过从上市角度看，如果是单纯的物业长期租赁再转租的业务，很难获得证券监管部门认可。但是如果是定位于中小创新型企业的孵化服务，能够在电子商务、数据库服务等方面提供更有价值的业务种类，则会受到资本市场的青睐。

十一、TMT

1. 电子商务

世界最大的电子公司将会在中国诞生，现在阿里巴巴做的是B2B（Business-to-Business）业务，也就是企业与企业之间做生意。未来每个行业都可以诞生B2C（Business-to-Customer）公司，而且我认为，每个行业都会有至少三家领先的B2C公司。

如果没有苏宁、国美，就没有今天的京东商城；京东的很多客户都是去国美、苏宁看电器，选好了，然后去京东上面下订单。所以，如果没有国美、苏宁，就没有京东的成就。

2. 新媒体

新媒体的诞生，是对传统行业颠覆性的革命。

3. 网络游戏

网络游戏就像吸烟一样，吸烟有害健康，但有人依然会吸烟，吸烟就是用对自身伤害最小的方式来获得最大满足的一种生活方式。网络游戏也是如此。

4. 电信增值服务

将来我们的手机将会成为一个重要的工作终端。比如我的手机会与我单位的内网连接，我无论在全球任何地方，可以给我的单位发指令，可以在手机上审批文件。那么下一步手机会跟什么连接呢？会跟家庭中央系统连接。比如，你现在要回家，提前十分钟把冷气打开；手机还会跟汽车的自动系统相连，夏天汽车里面很热，在上车之前，提前打开空调；所以说，将来的手机是一种智能化的设备。

5. TMT案例

（1）信泽传媒——从“圈地”到“圈人”

信泽传媒成立于2008年，信泽传媒改变了以往一次性付款买断广告位的做法，重新定义了一种付费模式。

在分众传媒实现暴富神话以后，凡是人们有可能驻足的地方，目光所及之处大多被各式广告媒体所占据，液晶屏和平面广告不仅仅占据了电梯口、医院门诊、公共交通设施，甚至卫生间、美容美发店也不会被遗漏。

如果只停留在模仿分众传媒的商业模式，简单地认为获得广告位，就可以坐地收钱，企业之舟必然会驶入“红海”。那么，这个行业的蓝海又是什么？

最具价值的阵地是商圈，同时，如何占据商圈中的展示位，则需要一些策略。有策略地经营商圈中的广告投放平台，使得信泽传媒在2008年创业当年，就实现了盈利，2011年营业收入近1亿元，净利率3000万元左右。

20世纪30年代，德国地理学家克里斯泰勒（W.Christaller）首次提出商圈理论，又称“中心地学说”。地理空间范围与商业行为的关系，是商圈理论要揭示的核心主题。产品在商圈被交易，人流在商圈聚集，物理流（产品）与信息流（广告）在商圈产生交汇作用。对于广告主来说，围绕商圈所进行的推广宣传至关重要。

信泽传媒模式的发布平台以手扶梯和电梯为主，以地标建筑的玻璃幕墙、户外大牌、大型灯箱及其他形式媒体为辅助；以优质商场为主阵地，周边3～5千米以内的高端写字楼和社区、大型超市、专业卖场、地下停车场等发布渠道为辅阵地，让品牌及产品信息在短时间内在一定圈子内形成密集而立体的无缝化传播。

信泽传媒希望自己因此能成为真正的终端媒体——广告主投放的广告离消费者购买地点“不超过三米”，而不仅仅只是品牌形象的传播。

既然商圈有如此高的“含金量”，那么为了占领这些高地，在同业竞争中，拼成本就无可避免。信泽传播的做法则颇为聪明，它改变了以往一次性付款买断广告位的做法，重新定义了一种付费模式。比如一个商场的广告位，竞争对手出500万元一年来购买，并且按月支付。信泽会报出比对方更有吸引力的价格600万元，但付费方式则是先给商场50万元作为押金，再按单支付。如果信泽做不到600万元的量，那么押金就归商场。

也就是说，他们将静态成本变为动态成本，所以他们在竞争中活下来了。同时，信泽传媒不设液晶屏，也是在成本上做减法，否则连创业的第一个坎，都未必能迈过。

“广告不超过三米”能让信泽传媒的客户很容易感受到投放的效果。一般来说，企业在终端都设有营业代表，这大大提高了客户对信泽传媒的“点菜率”。

既有内容制作能力，又占有了媒体平台，同时，信泽还建立了“4+1”的质量控制系统，能为广告主做更有效率的营销，信泽传媒也因此形成了其独特的竞争力。

（2）客多传媒：店铺Matrix

客多传媒，成立时间：2007年。

客多传媒是在寻求为店铺做更精准、低成本的营销，即B2B2C模式。“那些住得太远的顾客对店铺来说，没有太大的意义。”店铺的目标受众80%以上肯定都是生活在周边的消费者，这一点也是团购网难以解决的模式缺陷之一。消费者可能受价格吸引从城市的另一头跑过来体验，但很难形成消费习惯。因此，锁定店铺周边的消费者，使之成为回头客，对店铺来说更为现实。

一般来说，区域里开一定密度的连锁店，除了可以在收益上聚沙成塔之外，在营销上的作用也不可小觑。问题是，绝大多数店铺的经营采取的都是单店形式，很难“锁住”住在附近的消费者。就算很多连锁经营的店铺，店铺本身也并不少，但是，消费者在A分店消费时，往往就不能去B分店消费。

个体无法产生社会权利是社会学家眼里的一个普遍真理，个体必须被组织起来才能有社会权利。同理，单店经营的店铺在营销上也明显处于弱势地位。客多传媒就通过某种方式将消费领域的单店在营销上组织起来。而在移动互联技术日益普及的今天，这种组织成为可能。

基于店铺的这种需求，客多传媒开发出了客多宝软件，将不具备同业竞争的店铺在营销上整合起来。

其具体做法就是在店铺中设置液晶屏作为展示窗口，商盟里店铺的打折等促销信息会在屏幕上滚动显示。在推广初期，由客多传媒主导，一个店铺目前可以和十多家店铺结盟。当联盟结成后，店铺所要做的就是在淡季，设计要推出的优惠，然后把广告投放在周边店铺的液晶屏上。例如，一名消费者在一家餐馆吃饭时，就可以看到旁边理发店的促销信息。

当然，对于客多传媒来说，自身也存在一个新客营销问题，就是如何在店铺中推广。

- 客多传媒会在商圈里选出100家店铺，分成10个群，先投入100个液晶屏，让店铺免费体验3个月。“样板间做好了，就会产生滚雪球一样的效应。”人有从众心理，不想被孤立，就店铺而言也是如此，关系网就如“黑洞”一般，有吸力。在此模式下，店铺发放的优惠券和会员卡多以“数字”形式呈现，前者是彩信，后者是顾客的手机号码。
- 客多传媒收费采取年费为主。小店铺6980元一年，有几个收银台的单店9980元一年；连锁店、总店每年需交纳16800元，每一个分店再加收6980元。此外，商家向会员发送短信、彩信，则需要向客多传媒采购，客多传媒再与移动、联通分成。如果店铺需要客多传媒替它做推广，则需要向客多传媒支付交易额的10%，这一点类似团购。不同之处在于，团购不能保护商家的利益，消费者的信息数据也只是积淀在团购网站自身平台上，而在客多传媒模式下，消费者的信息数据也是属于店铺的。若商家利益受损，模式本身就难以为继。归根结底，客多传媒是在寻求为店铺做更精准、低成本的营销，即B2B2C模式。

2011年客多传媒年收入只有1000万元，2012年年收入就上亿了。

（3）四海商舟：借“舟”出海

四海商舟是中国最大的海外营销整体解决方案服务商，成立于2005年。

2013年，中国对美出口贸易为15788.9亿美元。庞大而繁荣的数字背后隐藏着中国对外贸易的尴尬。中国对美贸易更多只是加工、贴牌，很少有中国制造商进入美国零售市场。如果有外贸公司进入美国零售市场，哪怕只有出口总额的1%，也是百亿级的市场。这是四海商舟对市场前景的描绘。

与传统的阿里巴巴、敦煌网这种外贸型电子商务不同，四海商舟

为中国制造者提供的是电子商务代理运营模式，他们试图将贴着中国品牌的商品卖到美国。

应该说，外贸型电子商务，从阿里巴巴开始发展至今，已经为中国企业解决了信息流问题。然而这种模式已经无法满足品牌商对于市场的要求，如今，越来越多的外贸型公司对于电商提出了“个性化”、“一体全包”的要求，并试图将产品设计与营销掌控在自己手里。

目前，四海商舟已经为凡客、李宁等B2B、B2C以及许多尚未涉及电商的传统品牌商一共200多家品牌提供了海外营销的服务。这其中包括：海外市场分析、中期网站服务器架设、海外整合营销推广以及后期物流仓储在内的一体化解决方案。

（4）易到用车：租车业的携程模式

“易到用车”网，与大家所熟悉的“一嗨”、“神州”等租车公司有着完全迥异的商业模式。

这是一个租车行业的携程网，这个租车公司没有一辆汽车，完全是轻资产运作。他只是开发了一个车辆调配系统，调用其他租车公司的闲置车，同时整合租车客户。它先向客户收钱，再向租车公司付钱，赚取其中的差价。每单能赚100元左右。

2009年，全国已经有6000多家租车公司，80%的公司不到50辆车，像神州租车、一嗨租车这种市场前五名的大型连锁租车公司，所占份额也不到10%。

那么，如何把这些分散的资源整合起来？易到用车网和这些租车公司签约，租用他们的车辆和司机。租车公司可以用这个方法降低车辆的闲置率，提高收入。在2010年，易到用车网与北京40多家租车公司合作，共用1000多辆汽车。

易到用车的关键资源能力是，具有一套智能车辆调配系统。该系统不仅整合了分散的租车公司的车辆，同时也整合了更加分散的租车客户。

其终端主要靠手机。每个司机都会免费获得一部易到配备的智能手机（价值1000多元），手机中内置了一个应用程序。在一小时车程范围内，只要有客户下单，就会收到系统发送的订单信息。想接单的话，在5分钟之内回复就可以。一旦接单成功，其车牌号就会以短信形式发送到客户手机上。

想租车的客户，只需要提前一个小时通过计算机或手机订车，提供乘车人姓名、手机号、出发地和目的地等信息，并选择车型，系统根据这些信息算出价格，客户确认后先通过信用卡或者网上银行支付。

比如一辆奔驰S系车型，车辆费用是：4小时以内每小时198元，4小时以上为138元；司机服务费为300元。如果租5小时，费用就是：198×4＋138＋300=1230元。

目前他们的业务已经扩展到上海、广州、深圳。2011年获得了将近2000多万美元的投资。

也就是说，面对以上所有问题，易到用车用三个方式来解决：

O2O、移动互联网和商务。

- O2O。O2O是Online to Offline的缩写，即将线下商务的机会与互联网结合在一起，让互联网成为线下交易的前台。这样消费者可以通过线上来筛选服务，并且在线结算。由于结算在线上完成，对于易到用车来说，O2O的模式可以有效地控制下游车辆的服务，同时防止租车公司与消费者私下交易的情况发生。
- 移动互联网。为了更好地调配下游租车公司的车辆，易到用车研发出一套基于智能手机基础的客户端，派发给每一辆签约的汽车。当司机与这辆车空闲的时候，就可以将状态调至空闲，空闲时间等信息也传回到后台。
- 商务。目前易到用车主打商务用车领域。并且不同于以往租车公司的收费，易到用车所有服务均按小时来计费。

我们同时也看到了很多轻资产整合资源大量的失败案例，主要是其中需要整合的链条太长。易到用车网必须要走量，才能成为行业的老大。实际上易到用车网还做了一件事件，就是聚集，聚集中高端客户，中高端出租车收费高，利用率低。

对于易到用车网来说，要持续性发展，资产不能太轻，合同不能太短，服务不能太窄，交易不能太少。

（5）HomeAway：全球最大的假日房屋租赁在线平台

HomeAway（好美味网）是全球最大的假日房屋租赁在线平台。2005 年才在美国正式运营，2011 年 6 月在纳斯达克上市，市值达 32 亿美元，市盈率为 180 倍。

准确地说，HomeAway是一个“让人出租房子给旅客”的线上平台。如果说携程网是一个B2C的网站，那么HomeAway就是一个C2C的网站。

其经营模式是：假设你有空余的房子，然后在HomeAway平台上付费贴广告，将房屋信息以及联系方式公布在该网上，然后就有客人与你联系。

HomeAway的口号是“有了HomeAway，为什么还要住酒店？”HomeAway在全球145个国家有56万多个房子可供游客选择。

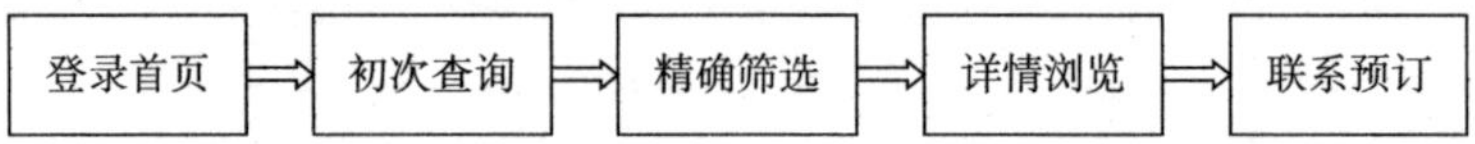

HomeAway的收费模式非常清楚，目前主要是向房屋出租者收费。

现在的行情是，房屋出租者一次要支付300美元，可登一年广告（通常一年也只租给几位），广告上直接就放上出租者的电话号码，HomeAway不怕你们私下成交。HomeAway号称，他们每个月都可促成23万～30万件成交量，成功地让每个在他们网上贴广告的屋主们，一年平均可收到2万美元的租金。

目前，在HomeAway上已经超过30万条出租广告。单单这部分，HomeAway一年就有1亿美元的收入。HomeAway 2008年收入8232.6万美元，2009年收入1.20亿美元，2010年收入1.679亿美元，2011年接近2亿美元，2012年约2.3亿美元。

除了“上架费”，HomeAway还有一个收入来源，就是第三方服务可以通过HomeAway网站，向游客销售诸如旅游保险、房屋损坏保险等服务，HomeAway可以从中获得分成。

HomeAway的模式核心是抓住了一群没有自主性、不可能成连锁的个人住处提供者，自己成为平台，把这些供给和需求串联起来。

这家公司成立于2004年，并于2005年开始运营。在短短几年时间里，它就成了这个行业的老大。它是怎么办到的呢？

这其中，HomeAway最核心的秘密是通过收购来扩大地盘。比如它利用创始投资并购了五个世界一流的度假租赁网站，包括美国的Cyberrentals网站和英国的Holiday-Rentals网站。2006年，IVP和Trident Capital出资1.6亿美元支持HomeAway公司收购了VRBO网站，此次并购意味着除了旗舰网站HomeAway之外，HomeAway还经营着美国最大的两个房屋租赁网站。

经过一系列收购和战略扩展，HomeAway目前已经发展成为全球最大的假日房屋租赁在线服务提供商。目前，它在全球145个国家拥有超过50万个假日租赁房源。2009年，该网站共吸引了2.2亿次用户访问量，平均每月用户访问量约为950万次。

撮合世界上最大数量的、同时也是最零散的游客和房屋交易，HomeAway如何避免出现欺诈呢？

最通常的做法是，HomeAway会建议游客查看之前的租房人对房屋的评价（包括房屋设施、地理位置、干净程度、服务质量、睡觉质量等）。截至2010年年底，已有100多万游客提交了评价，HomeAway根据这些评价，对网上的房源进行分级。

还有一种为游客避免风险的办法，HomeAway提供一种叫作“无忧无虑租房保证”的服务。具体做法是：如果网站上所展示的租赁房屋存在不合法情况，或者当游客办完预约手续后无法入住，HomeAway会根据游客的损失，提供最高1万美元的补偿。不过，这个服务需要游客按租金的比例来付费，最低额为39美元。

（6）袜管家：网上如何卖袜子

“袜管家”是专注于卖袜子的垂直类型电子商务平台，成立于2010年。它推出袜子的年度订购服务，也就是会员制。如果你是男士，一次性支付129～364元，女性则是256～726元，一年之内，每隔三四个月就会收到三双袜子，满足你一年的需要。

袜子是重复消费品，什么时候都要备上几双，他们的客户群主要是年轻的白领群体。只要你在网上下订单，每隔三四个月就能收到袜子。

到2011年的时候，他们已经有了3万多名会员，收入可以达到400多万元。这种模式，现金流很好，先收钱再根据订单提前安排生产和仓储，再通过供应链管理降低库存周期，甚至实现零库存。

而且他们的袜子的性价比非常高。比如，夏天热卖的“女士防脱丝包芯丝连裤袜”，每双大概20元，至少比商场便宜10元；男士袜子大概15元一双，最大的特点就是穿了不臭，这是男士对袜子的最基本需求。而且承诺在三十天内无条件退款。

大家觉得这个模式怎么样？

就模式而言，维棉、凡客这些公司都是袜管家的直接竞争对手，包括电商渠道，淘宝网、当当网等电商都是竞争对手。但是“袜管家”的差异化在于“付费会员制”。

虽然他在产品品类、供应链渠道乃至销售价钱方面的优势不是十分明显，但在服务和个性化方面，就能拉开距离，使得消费者形成在袜管家消费的习惯，而且它的模式有比较好的延伸性。单身男性和儿童，能够标准化的服装都可以拿到上面去卖，包括个人消耗品、内衣内裤、浴巾、枕巾都可以作为“加码”产品。

从长远来看，这个模式应该是可以获得资本市场青睐的，也是可以做大的。

（7）病友网

病友网这是美国的一家网站，其模式主要是分享病历，寻找疗法。人们去看病，是相信医生，还是更相信病友？患上难治之病的人，特别想了解其他人的有效疗法，可谓是同病相恰。“病友网”就帮患者分享病历，并将病患数据卖给医药公司来赚钱。

该网站创立于2004年，现有12万会员。里面的大部分病友都患有难治之病，如多发性硬化症有2.5万人。虽然希望渺茫，但是这些人都特别渴望尝试其他治疗方法，期望能让病情缓解。

病友注册，先简单填写病历、病史、所服用药物、治疗方法等，然后就可以看到相同患者的疾病资料，并查看他们的病历。网站由此积累了大量的病历信息。病症不同，填写病历侧重点也不同。

这对患者有什么好处？至少可以帮助他们避免不适合的药物和疗法。

那网站主要靠什么盈利？不靠广告，网站上面没有任何广告，虽然是可以靠广告赚钱的。他们的主要收入来源，是将收集到的患者的数据，以匿名方式出售给医药公司等合作伙伴。

这种模式不仅可以成为病友的互动平台，也能成为医疗机构的数据库和病历库。

（8）技能分享网

技能分享网（skillshare）是一个让有点本事的人都能开课当老师的网站。

- 每个人都可能会练就一技之长（如何做菜，如何赚钱，如何“零房租”在纽约生活），他们在线上招生，在线下开课。课程五花八门，学费自己定，但网站要提成15%。
- 最受欢迎的课程几乎都与创业有关。比如如何设计你的商业模式，新创企业如何筹集资金，教你三十种人生变得更有趣、更有激情的秘诀。有一门课《如何为新办网站找到前100万名用户》非常受欢迎，这个课程的老师创办的社交网站badoo现在已经有1.2亿名会员，每年收入达100万美元。他开一次课收取30美元。

如果你想在网上开课或者上课，必须注册成网站的会员，不过也可以直接用Facebook登录，这样做的好处是别人可以通过你在Facebook上的信息了解你的真实情况，增加对你的信任感。

开课的老师决定收多少学费和招多少人，学费通过贝宝（Paypal）支付，在课程结束后转到老师账上。

技能分享网是2011年4月上线的，现在已经有800多人开课，完成课时1.5万小时，目前网站已经在美国74个城市开课。2011年8月该网就获得了第一笔风险投资——310万美元。

以下10种互联网的商业模式获得了巨大成功，你想到了吗？

① patientslikeme.com（病人社区）

商业模式：一个为病人打造的社区平台。

人们在这里分享自己的病历。这家网站已经吸引了数千名病人，在经过病人同意后，该网站可以收集病人的信息，然后卖给医药公司等第三方机构。简单，精彩！

② flattr.com（社交型微支付）

商业模式：为内容提供商提供捐赠服务。

在线读者每个月都要阅读大量内容，读者可以通过点击按钮向喜欢的内容“示爱（flatter）”（类似于Facebook的‘like’按钮）。读者向flattr.com缴纳月费（金额由读者自己定），然后Flattr把你的钱均分给所有内容提供者，然后收取10%的佣金。

③ Groupon.com（团购网站）

商业模式：提供折扣的团购平台。

Groupon采取的是“无效退款”战略。Groupon和商家约定，当顾客数量达到某个最低值时顾客可获得折扣。当顾客人数达到该最低值时，交易就会生效。Groupon可以从促销中获得50%的收入。

④ spotify.com（音乐网站）

商业模式：基于广告的freemium 模式。

免费用户可以免费收听音乐，付费用户可享受高级服务，广告主支付相关费用。

⑤ paywithatweet.com（用推讯买东西）

商业模式：用社交网络的价值支付。

与其说这是一种商业模式，不如说是一种营销工具。用户不用现金买东西，而是用曝光度。活动发起者有望获得病毒式营销的效果，从而获得更大的影响力。发起者可以利用获得的声誉销售更多的产品。

⑥ humblebundle.com（电子商务）

商业模式：成功的自主定价模式。

给多少钱用户说了算。之前的买家出价可以形成一个锚定价格（anchor price），吸引新的买家购买。为了推动销售，该网站让买家控制网站、慈善机构和其他机构之间如何分配收入。

⑦ 免费应用+应用内购买

商业模式：交叉销售。

通过提供免费游戏（应用）吸引用户。如果用户体验引人入胜的话，用户愿意购买更多东西。通过采用中间信用系统来体现所购买虚拟商品的现实价值。

⑧ quirky.com（协作发明）

商业模式：协作发明平台+网店。

发明者支付99美元把自己的想法提交到这个协作平台。经过选择的设计团队将协作开发并完善该产品。供应商设定一个预售最小订单量，如果有足够的人购买该产品，该产品就会进入生产阶段。整个团队分享网店收入，30%利润归发起者，30%按比例分给贡献者。

⑨ airbnb.com（房屋租赁）

商业模式：单方配对平台。

airbnb通过这种由下至上的P2P模式把普通人联系到一起，人们彼此之间可以出租闲置的房间。这是一个民主化的专业服务。airbnb根据出租价格收取12%以内的佣金。

⑩ kickstarter.com（集资平台）

商业模式：筹资者的交易平台。

首先给集资者提供一个展示的机会，这样他们可以和一些愿意投资的出资者建立联系。然后，如果项目成功，出资者根据出资金额获得回报，kickstarter收取5%的佣金。

十二、连锁行业

零售连锁行业很容易标准化，可以去上市；但是服务连锁业却很难上市，比如连锁美容美发、连锁餐饮、连锁洗脚房等。

几乎所有的零售类别都已是全国性连锁商品的天下，包括速食、便利商店、饭店旅馆、药房、鞋店、办公用品、宠物店、书店、电脑、家庭用品、五金、音乐、录影带出租、租车、服饰等。甚至专业的服务业也加入了全国性连锁的行列，像会计师事务所、广告公司、证券经纪、不动产交易、眼镜行、法律事务所和诊所。当然，还是有少数零售业仍然在做最后的挣扎，它们拒绝接受眼前的事实，原地踏步，态度乐观。

长期来看，无所不卖的地方小店是绝对斗不过一个全国性连锁系统的，因为连锁系统焦点集中，能廉价买进、廉价卖出，并可以取得商品类别主导权。因此区域性的零售商品只剩下两个选择，要么加入一个全国性连锁，要么就是自己创建一个全国性连锁。

未来的企业竞争，不会再是一个企业和一个企业的竞争，而是一个企业参与组建了一条产业价值链，和另外一个企业参与组建的一条产业价值链的竞争。

成败与否，不单单取决于这个企业是否健康，还取决于产业链是否健康。所以只有两条路可以走，要么打造一条产业价值链，要么参与一条产业价值链。

今天的竞争已经上升到商业模式的竞争。要么你创造一个模式，要么你颠覆一个传统模式。所以，企业需要整合资源形成自己的产业价值链，形成自己的竞争优势。

连锁行业要成功，首先要聚集。聚集一个品类，然后广泛进货，形成规模经济。形成规模经济以后，就可以廉价买进，又廉价卖出，这样可以超越竞争对手。如果不聚集，要想连锁几乎不可能。

如果希望加快成长速度，就应该紧缩产品线，减少你的产品种类。有时候，多就是少，少就是多。如果你希望能够高速成长，你就必须凝聚你的经营焦点。也就是你贩卖的产品的范围要比竞争对手更加集中。

一般圣诞节前，百货公司可能会进3000种左右的玩具，但是玩具反斗城每周进货类别则在18000种左右。这是玩具反斗城得以占五分之一玩具市场的原因之一。

Bed Bath & Beyond的贩卖焦点集中在床上用品上。它提供了3万种不同的商品选择，但价钱只有百货公司的6～8成，该公司的年营业额每年增长30%。

广泛进货是一种重要的概念，但在实施这个步骤之前，必须要凝聚企业的经营焦点，才能产生广泛进货的结果。因为如果焦点过于广泛，根本做不到广泛进货。

即使一家百货公司的规模再大，也处理不了18000种玩具，以及30000多种床上用品。广泛进货是后起之秀，这也是玩具反斗城、Bed Bath之所以能后来居上，成为产品类别中佼佼者的原因。

如果你想致富，就到零售店逛逛，看看货架上出现了什么新货色。你不妨问自己，如果你选定这种商品，广泛进货，然后建立全国专业连锁体系，扮演整个类别的主导角色，也就是做这个细分市场的龙头老大，会是什么局面？肯定是不可思议。

过去，要买电视机就去百货公司，但今天，像国美、苏宁电器这样的专卖店才是一般人购买电视机的去处。

过去，你买面包会去杂货店买，但今天，你会去好利来、味多美等面包店。

专业店之所以能够成功，多半是采取广泛进货的策略。

普通杂货店会贩卖几种不同的面包，但是面包店会贩卖超过50种口味、形式各异的面包。

一般西餐厅只卖十几种咖啡：拿铁、美式、意大利等，但是星巴克的咖啡多达30多种。

同样的咖啡店里所贩卖的冰激凌也不过三口味：草莓、巧克力、香草。而哈根达斯的冰激凌的口味则超过50种。

普通商店里面的梳子只有十几种，而谭木匠的梳子却高达80多种。

普通商店里面的锁只有几十种，而李文锁城的锁类高达上百种。李文锁城，聚焦锁类，广泛进货，获得成功，一年的销售额3亿多元。夕阳行业竞争少，锁具虽小，看起来也不起眼，但从古到今，哪个家庭不用锁？

北京时尚新世界女子百货只聚集女装生意，很快就脱颖而出。

“一伍一拾”，聚焦5元钱、10元钱的千万生意，年收入近亿元。

美国赛百味聚集三明治，然后在全球连锁，成为美国连锁行业第一名，销售额超过了麦当劳。

创业邦
July 2012

2012中国高成长连锁50强

行业	细分行业	企业	品牌	产品服务内容	截至2011年底加盟店数量/直营店数量	成立时间	融资背景
服务	汽车服务	驰加（上海）汽车用品贸易有限公司	驰加	轮胎、机油与制动的汽车快修服务	700/5	2003	未披露
		福州市二七三汽车经纪有限公司	273二手车	“不赚差价”的二手车交易服务	108/20	2003	未披露
		瑞致（广州）租车有限公司	瑞卡租车	华南地区同城及城郊的经济型租车	0/33	2009	富达亚洲;红杉资本
		上海一嗨汽车租赁有限公司	一嗨租车	同城及城际经济型租车	0/400	2006	鼎晖创投;高盛集团;集富创投;启明创投;汉辐投资;Ignition
	早教	北京红黄蓝儿童教育科技发展有限公司	红黄蓝	0-6岁一体化早期教育	423/80	1998	賽格基金;和通国际;纪源资本;银瑞达
		北京红缨时光科技发展有限公司	红缨教育	幼儿园连锁	总计800余家	2001	未披露
		北京市东方爱婴咨询有限公司	东方爱婴	0-3岁婴幼儿早期教育	351/68	1998	联讯创投;祥峰投资;华威国际;联讯创投;普凯投资基金
		金宝贝（天津）教育信息咨询有限公司	金宝贝	0-5岁婴幼儿早期教育，童装品牌	220/6	2003	未披露
	保健休闲	北京朱国凡良子健身技术发展有限公司	朱国凡良子	足疗保健及休闲	44/30	1997	未披露
		扬州陆琴脚艺三把刀发展有限公司	陆琴脚艺	修脚及足疗保健为一体的脚艺中心	200/7	2002	未披露
	美容美体	克缇（中国）日用品有限公司	克丽缇娜	美容美体养生馆	2990/3	1997	普凯投资基金
		唯美度科技（北京）有限公司	唯美度	美容美体养生馆	3287/90	2007	扬子资本;达晨创投;松禾资本
	酒店	格林豪泰酒店（上海）有限公司	格林豪泰	经济商务型连锁酒店	833/55	2004	未披露
		杭州住友酒店管理有限公司	布丁酒店	倡导快乐自由时尚的新概念酒店	84/84	2006	建信资本;君联资本;KTB;摩根凯瑞资本;Fidelity
	洗衣改衣	北京玛妮拉服饰修改有限公司	玛妮拉	快速专业的改衣服务	总计71家	2007	未披露
		上海象王洗衣有限公司	象王洗衣	专业洗衣连锁店	478/35	1998	未披露
	装饰装修	北京业之峰装饰连锁有限公司	业之峰	住宅及大型公用建筑的设计和施工	110/90	1997	未披露
		广州尚品宅配家居用品有限公司	尚品宅配	结合云应用的全屋家具数码定制	400/20	2004	达晨创投
	家政护理	上海爱君家庭服务有限公司	爱君家政	家政护理保姆育婴等家庭服务	172/30	2000	未披露
	教育培训	上海精锐教育信息咨询有限公司	精锐教育	中小学1对1教育	未披露	2007	成为资本;贝恩资本
	儿童摄影	小鬼当佳国际贸易（北京）有限公司	小鬼当佳	0-12岁儿童摄影摄像服务	26/28	2007	鼎晖创投
零售	食品零售	北京味多美餐饮管理有限责任公司	味多美	烘焙食品零售	0/260	1996	未披露
		湖北良品铺子食品有限公司	良品铺子	休闲食品零售	总计近700家	2006	今日资本
		上海艾丝碧西食品有限公司	巴黎贝甜	面包甜品店	未披露	2003	未披露
		上海快乐柠檬餐饮管理有限公司	快乐柠檬	新鲜休闲饮品零售	62/80	2006	未披露
		上海元祖梦果子有限公司	元祖食品	精致甜点和时令果品	200/300	1993	兰馨亚洲
		四川廖排骨餐饮管理有限公司	廖排骨	独特卤制食品零售	395/25	1989	未披露
		五谷磨房食品集团有限公司	五谷磨房	现磨膳食养生食品联营专柜	0/1000	2006	赛富投资基金
	饰品零售	广东哎呀呀饰品连锁股份有限公司	哎呀呀	女孩潮流时尚平价饰品零售	4000/0	2005	达晨创投
	化妆品零售	上海歌诗玛化妆品有限公司	歌诗玛	热门化妆品零售+电子商务	50/110	2008	东方富海
	门窗零售	安徽美沃窗业有限公司	美沃门窗	中高端新型功能门窗销售及安装	110/0	2009	未披露
	家电零售	浙江多方达商务有限公司	多方达	中国农村市场家电连锁	3200/2	2009	未披露
	药店	北京开心人在线电子商务有限公司	开心人	实体药店+网上药店	未披露	2002	未披露
	宠物相关	北京乐宠科技有限公司	乐宠	宠物食品用品零售+电子商务，宠物服务	未披露	2008	君联资本;清科创投
	母婴用品零售	北京乐友达康科技有限公司	乐友孕婴童	孕婴童用品零售+电子商务	0/130	1999	德银中国;永威投资
	家居零售	北京伊力诺依投资有限公司	伊力诺依	“新古典，后现代”风格的家居品牌馆	未披露	1995	未披露
	文具零售	上海晨光文具礼品有限公司	晨光文具	综合文具供应和销售	1675/135	1997	未披露
	生活品零售	上海生态家天然日用品有限公司	生态家	有机与天然生活品零售	总计300家	2006	达晨创投
餐饮	中餐	北京黄记煌餐饮管理有限责任公司	黄记煌	三汁焖锅	250/30	2003	未披露
		北京西贝餐饮管理有限公司	西贝莜面村	西北五谷杂粮等特色面食餐厅	0/48	2001	未披露
		北京新辣道餐饮管理有限公司	新辣道	鱼火锅餐厅	未披露	2004	未披露
		上海小南国餐饮有限公司	小南国	上海本帮菜餐厅	0/57	2002	未披露
		望湘园（上海）餐饮管理有限公司	望湘园	本地化的中端精品湘菜餐厅	0/42	2002	复星谱润
		浙江外婆家餐饮有限公司	外婆家	“居家消费”型的中式餐厅	0/51	1998	未披露
	快餐	赛百味（中国）有限公司	赛百味	潜水艇三明治快餐店	318/0	1995	未披露
		心品印象（上海）餐饮管理有限公司	吞云小蔚	“轻公司，快服务”的台湾风味休闲餐饮	0/10	2010	和通国际;三井物产;环球投资;启明创投
		永和食品（中国）有限公司	永和豆浆	“永和豆浆”中式快餐连锁	500/30	2000	未披露
	西餐	上海巴贝拉意舟餐饮管理有限公司	巴贝拉	高性价比的意式休闲餐厅	83/45	2005	联宇投资;凯雷投资集团
		上海萨莉亚餐饮有限公司	萨莉亚	平价意式休闲餐厅	0/80	2003	未披露
	咖啡馆	浙江两岸食品连锁有限公司	两岸咖啡	台湾品牌咖啡馆连锁	476/122	2003	华生资本;高盛集团

美国全食食品，聚集有机食品，成为美国最大的有机超市，成为继微软、苹果之后能够改变世界的公司。包括北京的乐活城也是相同的模式。

周大福聚集黄金首饰，然后广泛进货，在全国进行连锁。

每克拉美聚集钻石，然后广泛进货，靠价格取胜，它2010年销售额3亿元，2011年销售额5亿元，2012年线上、线下同时运行。

美国曲美健身，聚集女性健身，在全美疯狂连锁。

所以企业聚集，将会产生高额利润。

讲到这里，大家难免会问，为什么还是有一些企业没有聚集，乱搞多元化同样成功了呢？比如英国的维珍集团，比如李嘉诚的和记黄埔，比如娃哈哈，比如康师傅，比如通用电气。

大家分析这些企业的时候千万不能只分析这一个企业，而要分析一个行业，因为这些公司的竞争对手全部是类似的多元化公司。在一个市场中，大家都搞多元化，那么成功的也一定是多元化的公司。如果市场中一旦出现专业化的公司，天平就会倒向专业化的公司。

1. 吉峰农机如何在农村搞连锁，一定要靠收购？

吉峰农机是一家现代农业装备及相关农村机电产品的农机销售企业，主营业务为传统农机、载货汽车、工程机械、通用机电产品等。

在广阔的农村搞连锁，完全不同于城市。在农村，亲戚朋友的推荐比什么都重要，一个店铺通常有固定的客户群，如果没有特别大的价格差异，很少有人会改变消费习惯。

吉峰农机在农村开设连锁店，销售农业机械，三年内收入增长了8倍，并成功在创业板上市。它高速成长的原因在于了解农村市场，采取了并购的扩张模式。

吉峰农机的模式是，在市县一级的地方，与排在前三的经销商谈判，与哪家谈判成功，就与哪家成立合资公司。合资公司中，吉峰农机的股份占51%以上，达到绝对控股的水平。然后以合资公司为据点，发展乡镇销售代理。

吉峰农机2004年从四川市场开始实行收购模式，到2009年已经有89家直营连锁店和592家代理经销商，销售收入达到16亿元，并在创业板上市。至2011年3月，创始人王新明个人身家达到13亿元。

同时，早期加入的经销商也获得了巨大收益。据《创业家》报道，吉峰农机上市时有85个自然人股东，其中有29个是整合进来的经销商。

在农村新建销售渠道真的就那么难吗？

以已经倒闭的“德农农资连锁超市”为例，它基本采用直营模式，通过自建或租赁，来开农资连锁超市。2004年，德农在山东建了800家店，并计划到2006年在全国建立各级连锁超市1万家，实现收入180亿元。可惜没有成功。

当时，多数农资产品在一个区域有固定的销售渠道。当地的夫妻店和小经销商，担心德农抢他们的饭碗，想出种种办法和德农竞争。生产商也担心，大的零售商会控制供应商的命运，所以在采购方面并未给德农多少优惠。这些使德农超市的盈利能力很差，从建立那天开始，一直在赔钱。

然而，吉峰农机这种通过收购来整合渠道的方式，不仅原来的客户不会流失，而且当采购规模扩大使产品成本降低后，还可以吸引更多新的购买者。

2. 汽车维修业的高利润点在哪里

发达国家的经验表明，当汽车保有量达到一定规模后，汽车服务是汽车产业链上最大的利润奶酪——占整个汽车产业利润的50%～60%，其中，汽车维修服务又是获利的主要部分。在国外，汽车服务市场一直以连锁经营为主，美国连锁500强里面，有20多家汽车维修连锁品牌。

在中国，截至2010年年底，民用汽车保有量已超过9000万辆，比2009年年底增长近20%，其中私人汽车保有量为6000多万辆。面对这一巨大市场，希望做大、做强的企业，都知道要采用“连锁加盟模式”才能迅速扩张。

汽车维修领域比较宽，如果定位不同，现金流结构差异很大。

例如，你可以定位为一站式全方位服务，维修保养、美容装饰和汽车用品销等都做。这自然就要兴建大型的“汽车服务广场”，以降低车主的购买成本和交易成本，创造客户价值。

这在商业逻辑上没有错，但“全方位服务”的定位，服务内容太多，需要场地大，固定资产投入多，固定成本高，运营现金流出规模大，而且增加了管理的复杂性和组织成本。同时对选址的要求也很高，例如要选在经济发达地区的中等规模以上城市，否则容易出现单个服务的购买率不高，不能形成规模经济。最终难以覆盖服务成本，净现金流也容易陷入枯竭的困境。

这种定位带来的现金流结构，难以通过直投、直营或者加盟模式快速发展。

另一种选择，也可以定位于投入和运营成本较低的细分市场。杭州的一家汽车服务公司——“小拇指”，成立于2004年，创始人是汽车技术员出身，掌握了汽车玻璃及国际先进的汽车表面微创伤的快速修复技术。

公司聚集于“汽车表面微创伤修复”，包括车身表面微创伤修复、局部补漆、保险杠修复以及前挡风玻璃修复。这些业务，高端4S店不愿意做，路边店又缺乏技术和规范经营理念，维修质量不过关。

其单店投入规模小（50万元左右），但客户消费频率高，收益比较稳定，可以形成规模经济。据统计，每辆轿车平均每年擦碰次数超过3次，汽车表面微创修复市场规模超过500亿元，年增长速度在20%。

这种定位，降低了各利益相关者的交易成本。公司现金流充裕，以“品牌加盟连锁模式”在全国110多个城市发展了400多家连锁店，平均日修复2000多台汽车，累计有近百万的修理车次。而且顾客满意率高达97%。

3. 乔氏商店

乔氏商店（Trader Joe’s）是美国的一家连锁超市集团。如果按单位面积营业额计算，它的销售额是同行的两倍。其奥秘在于老板Joe很早就认识到一个道理：消费者喜欢选择，但并不喜欢太多的选择。于是公司只挑选最棒的产品，以减少顾客选择的烦恼。这使乔氏商店的商品种类很少，只有沃尔玛的十分之一，从而让每种商品卖得更多、更便宜，有些商品比别处便宜2～3成。

乔氏商店不打折，不做广告促销，没有噱头，没有会员制俱乐部，也没有特殊的购物卡，你能想到的很多奇特的办法，它都没有。

但它却是目前美国最受欢迎的连锁超市之一，许多明星及社会名流都是它的忠实顾客。目前在美国的25个州拥有344家连锁店，年销售额约80亿美元，可以排在“财富500强”第300名左右。

在乔氏商店低调而神秘的外衣背后，到底是什么样的商业模式在驱动它的成功呢？

原来，Joe认识到一个道理：消费者喜欢选择，但并不喜欢太多的选择。于是它集中全部注意力，为顾客选择出最棒的产品，而且保证价格也很实惠。

因此，乔氏商店里的每种商品，都是经过精心挑选的，以节省顾客选择的时间。其最大的一笔研发支出，就是让四名采购主管去世界各地搜罗精致的商品。

所以，在乔氏商店，你能买到在其他超市很难买到的东西。比如充满异域情调但又平价的奢侈食品，像比利时黄油华夫饼干、泰国辣椒腰果，还有一些健康的有机食品，如山鸡生的鸡蛋、手工精酿啤酒等。

费尽心思找来这些独特的东西，那一定很贵吧？网友波可诺·里科德也曾这么想，他在博客中写道，“原以为在乔氏商店这样时尚而独特的地方，普通商品都会被卖出精品店那样的高价，结果发现，像鸡蛋、牛奶等普通商品，甚至比附近一些全国性连锁超市还要低2～3成。”

原来，精挑细选的另一个结果，就是乔氏的商品种类更少。据《财富》杂志报道，美国的大型卖场一般可陈列5万种商品，而乔氏商店一家店则只卖4000种。

这样，乔氏就有可能从供应商那里获得更低的价格。

举例来说，一般超市卖40种花生酱，但乔氏只挑选10种最好的来卖。如果同样是在一个星期卖出40罐，那么其他超市每种花生酱平均只卖出1罐，而乔氏却可以卖出4罐，因此每种商品可以更大量地进货。同时，更少的商品种类，使得运输、上架等运作环节也更简单。

乔氏还尽一切可能从供应商那里直接采购，并提前签订合同，以获得最低价格。

而且它也尽可能少花钱，它既不会在广告上花费一毛钱，也不像美国大部分超市那样，向制造商收取上架费、广告费等费用，它认为这将导致更高的价格。

另外，对于一些食品大厂生产的高档食品，还会劝说这些厂商推出“平价版”。

这些办法，既节约了成本，又为顾客省了钱。

有一件非常重要的事情，就是所有乔氏销售的这些难以发现的美味食品等，几乎都被打上了乔氏的自有品牌——“乔氏”（Trader

Joe's)，而且供应商还要签订保密协议（估计这样，就很难让竞争对手找到进货渠道了）。乔氏商店销售的商品中，"自有品牌"超过80%，而其他超市通常只占16%。

总之乔氏很酷，在那里找不到"大路货"。据《商业周刊》报道，乔氏不卖可口可乐、百威啤酒或宝洁帮宝适等。而这些大众品牌，在其他超市则必不可少。

4. "美元树"

"美元树"商店（Dollar Tree）总是在沃尔玛附近开店，店里每件商品都只卖1美元！吃的、用的和玩的应有尽有。它有一半的连锁店离沃尔玛不到3千米，号称商品比沃尔玛还便宜。一旦经济萧条，它的日子就更好过了，过去五年股价涨了3倍。它早期通过采购清仓产品来降低采购价，现在不仅会采购非名牌商品（比如中国制造），连宝洁也专门为它订制一些小容量的包装。

2008年它荣登财富500强，2010年的收入为59亿美元，利润为4亿美元。

沃尔玛赖以起家的本钱，就是"天天平价"。然而这家美国连锁零售商，特意把很多门店开在沃尔玛旁边，并宣称商品比沃尔玛便宜。

在沃尔玛的店里，几乎什么商品都有。但在美元树，对于"卖什么或不卖什么"却非常讲究，这不只因为它的单店面积只有沃尔玛的十分之一。

事实上，无论是毛利润率还是净利润率，美元树都比沃尔玛高出很多。这和它对产品的选择很有关系。

美元树在年报中，将所有商品分为三类。

- 其中销售最多的一类，称之为"基本消费品"，约占50%，包括糖果食品、保健美容用品等。这类商品也许并不怎么赚钱，但维持大量这类商品的供应，是为了让顾客经常光顾门店。

- 可以猜想，公司主要靠后两类产品赚钱。另一类被称为“多样化产品”，如玩具和礼品等，约占 45% 。
- 最后一类是“季节性商品”，如复活节和圣诞节用品，占5%。

美元树靠销售清仓产品起家，但是现在，清仓商品只占到美元树采购量的10%左右。

公司的三位创始人曾一起管理K&K玩具公司，1986年共同开设一家连锁的“工厂直营店”，主要销售过季清仓产品。这就是美元树公司的前身。

直到现在，美元树还非常重视采购清仓产品。这是因为，许多厂商都会在购物季过后清仓处理尾货。而且还可能碰到更糟的情况——已大量生产，结果订单却被取消了，这时，美元树则会趁势吃进。据说，美元树有大约上百名不为人知的“秘密采购员”游走于各处，寻求此类商机。

但依靠这样的意外惊喜，不可能支撑今天的规模。

目前，美元树大约六成的商品在国内采购，四成从国外进口，特别是从中国、越南、墨西哥等低成本地区大批量采购商品。

为控制成本，美元树在采购商品时，根据不同的产品种类，严格执行“目标利润率”。而且没有任何一个供应商其所占比例超过了10%。

1美元的定价带着强大的采购优势。随着规模扩大，美元树得到了另一个好处，那就是很多供应商，包括宝洁，愿意为它定制独特包装的产品，以适合卖1美元。

比如，宝洁有一款“佳洁士”薄荷增白牙膏。沃尔玛的网上商店是两支装（每支6.2盎司）一起卖，需要4.79美元。美元树的网店则是 3.5盎司一支，卖1美元。美元树的价格，每盎司比沃尔玛便宜四分之一。

美元树有个奇怪的观念：沃尔玛的顾客就是他们需要争取的顾

客，沃尔玛的效率就是他们需要达到的效率。

因此，它特意把很多门店开在沃尔玛、凯马特（Kmart）和塔吉特（Target）这些零售巨头附近。这样开店，就是要让消费者很方便地对比价格，从而选择美元树。

沃尔玛是物流高手，美元树也不差。美元树现在有9个配送中心，可以支撑80亿美元的销售额，而且95%的商品是通过配送中心送到门店（沃尔玛的这一比例为80%）。这不仅节约了物流成本，同时也加快了存货周转。

2010年，美元树公司的毛利润率和净利润率分别为35.5%和6.7%，而沃尔玛则分别为24.8%和3.9%。

一元店，除了美元树，还有大乐公司（Dollar General）和家庭美元店（Family Dollar Stores）。这三家“一元连锁店”被认为是沃尔玛在美国的主要竞争对手。

据美国《商业周刊》报道，进入2010年，在这三家连锁店周边经常可以看到交通拥挤的情况，与此同时，沃尔玛的顾客数量却在下降。

这是一个通过红海战略成功的案例，“一元连锁店”、10元店、尾货店，中国人早有发明。美元树的成功，在于它将这种低端模式以连锁方式规模化了，从而提高了这一业态的信誉度，并通过规模化的运营降低了采购和运营成本。

但美元树的模式并不容易复制，因为规模化过程中，如何控制加盟店的商品品质，如何完善物流配送体系，如何降低存货的资金占用，这些都需要更精细化的管理。

十三、商鞅为秦国设计的军功制商业模式

秦孝公依靠商鞅建立起来的商业模式，使秦国走上了强盛之路。即使后来商鞅被杀，他所建立的模式也仍然在用。一百多年后统一中

国的嬴政，也是靠了“商鞅模式”百多年积累的家底。

张居正被万历皇帝干掉，但是张居正所推行的考成法也同样在用。什么是水平？这就是水平。

秦孝公真的是一个好老板，一个有远见、有魄力的老板，在他的任期内，依靠商鞅建立起来的商业模式，使秦国走上了强盛之路。

在分析“商鞅模式”前，我们先来分析一下战国时期竞技场上的利益相关方各自的利益诉求。

首先是号称战国七雄的七大家族集团。

参加决赛的选手，都是竞技场上的优胜者，是从几百年的兼并争霸战中存活下来的，期间他们吞并了不计其数的小国。

现在，各国的目标，都是兼并对方而不被对方兼并。要达成这个目标，就需要有一支强大的军队。

怎样才能拥有一支强大的军队？拥有至少一位名将好像是一个很大的优势。如当初吴国拥有孙武子，打得兵多将广、地域辽阔的楚国几近灭亡；后来的吴起，在魏则魏军无敌，在楚则楚军强大；再后来的乐毅，率领燕军伐齐，几乎将这个数百年的东方老大连根拔起。

强将还需有精兵可带，精兵越多越好。精兵需要训练，训练就需要精壮的劳动力脱离社会生产活动。精兵需要吃饭穿衣，需要武器盔甲和其他装备。

开矿冶铁、制造战具、修建防御设施也都需要大批的劳动力，这些人也都需要吃饭穿衣。所以，国家生产粮食和纺织品的能力，成了国力强弱的重要因素。

农业生产也需要大批的劳动力，所以，军队，尤其是常备军的数量，受到一定的限制。

获取土地和人口，可以扩大农业生产，可以增加军队数量，本身也是兼并战争的目标。

商鞅重构大秦集团内部交易模式的方案，最终获得了大老板的坚决支持，从而得以实施。

这个方案，首先就是整合内部资源。既然暂时无法从外部获得更多的土地和人口等资源，那就先把自己内部现有的资源最大限度地整合利用起来吧。

1. 堵住体制外发展空间，开辟体制内上升通道

加强内部控制的第一条措施，是对普通百姓的控制，即所谓"禁奸"。

严格控制人口流动，将百姓按什伍编组，实行连坐制度，相互监视揭发。揭发者有功，揭发一名犯罪分子与在战场上杀敌一名的功劳相等；知情不报者腰斩；藏匿罪犯者按投降敌人论罪，"诛其身，没其家"。

严刑峻法，为的是不给体制外发展者留存空间。

既然不给体制外发展留存空间，就要在体制内给牛人们留出"上升通道"，否则会出大乱子。

商鞅模式中给出的方案是：奖励军功，即所谓"劝战"。有军功

者受上爵，杀敌一名得爵一级，累计20级就可以享受“彻侯”的待遇了，军功之赏重到极端。

根据爵位的高低，确定个人的社会地位。穿什么样的衣服，住什么样的房子，仆人奴婢的数量，使用什么样的车马，无不由军功爵位所决定。

无功者就算有钱，也不准从事与其身份不相称的高消费活动，再富也只能穿布衣、坐牛车。

那些敢在体制外发展的家伙们，都是些有能力、有野心、有勇力和有胆色的家伙，与其冒险在体制外为匪为盗，倒不如在体制内从军杀敌、升官发财。如此一来，普通百姓从军作战的积极性也就大大提高了。

2. 重农抑商，增加产量，兑现军功奖励

要兑现军功奖励就必须有物质基础。所以商鞅极其重视农业，耕织为本，工商为末。鼓励农耕，表彰劳动模范，对多生产粮食、纺织品者，设立多种激励措施。

例如，原本是奴隶的，可以因此成为自由民。生产粮食和纺织品最多的人家，将获得“良民”称号，可以免一家之役。因从事末业以及因为懒惰而贫穷的，全家将被官方强行变卖为奴婢，即所谓“本富”。

劳动模范也要有劳动的条件才行啊，农业生产最重要的，是要有土地。

新法规定，凡郊外荒地以及田间阡陌，责令附近居民开垦成田；废除井田制，把所有新旧田地一律统一丈量，按统一核定的标准缴纳赋税；土地完全国有，私人只有使用权。即所谓的“辟土”和“定赋”。

百姓家如果有两个成年男子而不分家另立门户者，赋税加倍。

这条措施倒不是为了促进房地产行业的发展、增加GDP，主要还是鼓励开垦荒地、增加农业生产，同时防止出现有能力对抗基层政权的大家族。

这种“重农抑商”的措施之所以在当时可行，有其客观条件。首先，秦国的农业社会大体可以自给自足，手工业和少量的商业交换活动在官方的控制下进行，完全可以办得到（这情形与古希腊大不相同，那里离开了商业交换活动就无法生存）。

3. 官方限制人口流动，保证农业生产必要的、稳定的劳动力，可以保证财富的稳定来源，还可以保证兵员和徭役人员的供应

试想，如果临时大举征兵，大批人口有的正在齐国贩盐，有的跑到楚国卖茶，还有的虽然在本国境内，但不在户籍所在地，一时不知所踪，或者知道他在宝鸡一带，但一时通知不到，这可如何使得？

4. 统治者设立的模式，当然要以模式设计者利益最大化为根本，“重农抑商”是必然的、必需的措施

生产领域的主意打完了，那就接着打分配领域的主意，该对秦国的“吃饭财政制度”下手了。

商鞅重构分配模式的原则就一条：无军功不受禄。

贵族子弟不能仅仅凭着世袭身份领取俸禄，如果在各级官府或军队中任职，则可根据职务领取岗位工资。可岗位也不多，商鞅为了节省开支要实行机构改革，撤并机构，裁减大批冗员。

不做事而领取红利的唯一凭据，就是军功。世袭贵族如果三代没有军功，俸禄就会大大减少；五代世袭无功，俸禄免谈，连荣誉称号都不能世袭了。这个可是个很得罪人的事情，吴起就栽在这方面。

世袭贵族按说都有些家底，不领世袭的俸禄也应该凭借积攒的财产、田庄之类的过得下去。他们不必从事生产劳动，大有条件习文练武，以便为官为将。如果研习兵书战策，加上自身身份人脉的优势，进阶的路途比平民百姓要平坦得多。

商鞅模式至少为秦国创造了产生名将的气候和土壤。那些在极其优越的条件下仍然竞争失败的家伙，本来就应该从贵族的行列中淘汰掉，这符合贵族整体的、长远的利益。

但又有谁愿意自己眼前的既得利益受损呢？贵族们大多反对商鞅的新模式。但反对也没用，大老板的权威难以抗拒，他可是全力支持这个卫地来的改革者的。

商鞅变法后第十九年，秦国兴师伐楚，不仅夺回了西南方向的商、於之地，而且在武关之外开拓领土，这大约就是后来张仪用来忽悠楚王的那块地方。

紧接着的一年，齐国的田忌、孙膑在马陵之战中大败魏军，杀魏将庞涓，俘虏了太子申。在战国七雄争霸中第一个展露雄心的魏国元气大伤。

商鞅实在是个尽职尽责的职业经理人，设计的模式完全从老板的利益出发，以至于当后来秦惠王要杀他时，他自己也被自己设计的制度束缚了手脚。兵无常将，将无常兵，即使曾经手握大权，却无法造反作乱。

秦穆公临终之前说，不准杀商鞅，除非白天变成黑夜，黑夜变成白天；可惜那个时候正好出现了日食，天意啊。

5. 商鞅模式让秦国走向巅峰，又走向毁灭

商鞅虽被杀，但他设计的模式在秦国保留了下来。就连聘任外来职业经理人也成了大秦家族企业集团的模式，张仪、范雎、李斯等外来人一个个担任了大秦公司的总经理。商鞅设计的模式，保证了人才的单向流动，秦能用六国之才，而六国无法使用秦国的人才。秦国人出行，必须要组织批准，要有介绍信，否则寸步难行，这个，商鞅自

己就亲身体验过。

任何模式都有其历史局限性。

在商鞅模式下，秦国只能走上对外战争的道路。秦国需要奖励军功的财富总量越来越大，单靠内部增加生产已经难以满足需要，于是秦国不得不发动战争。

而那些杀敌立功太多的将军，实在难以酬功的，就只好安个罪名杀掉了事。比如著名的军事天才、坑杀了四十万赵兵的武安君白起。

一百多年后，秦始皇灭六国统一中国，战争的规模更大，需要酬劳的军功更多。开始还有六国新增的土地及战争中的虏获可以支撑，但日子久了也难以承受。后来南平百越、北击匈奴，经济上都是赔钱的买卖。

没办法，只好拼命压榨原六国地区的百姓。这些地方的百姓名义上已是秦国子民，但事实上直到大秦“破产倒闭”，他们始终是“原六国地区百姓”，无法融入秦国。

北方的匈奴也不能不对付，于是拥有天下最强大军队、一向采取攻势作战的秦始皇，只好玩起了防守，开始增修长城。冰冷的城墙非常耗费人力、物力，但它不会没完没了地来要军功。只要撑过三代，给这些因军功致富的家伙的钱就可以大大削减；过了五代，账就还清了。可大秦帝国终究还是没能撑过三代。

所以企业的改革、变法、转型要想成功，必须获得老板的支持，或者是老板亲自参与，否则只能是水中月、镜中花。

十四、商业模式的创新＝复制＋改良

如何创新商业模式？德鲁克新经验主义管理学派和系统论就提供了非常好的哲学上的方法论。正向思考往往反映的是事物的普遍规律，逆向思考往往反映的是事物的本质规律。如何创新商业模式很难做，越来越难做，这是正向思考；逆向思考就是去复制。

在创新的过程中要注意研究商业模式，要研究商业模式的相关层面，读书也是要读书外的东西，听人讲话也是要听言外之意、弦外之音。也就是要做到于无声处听惊雷、于无字处读经典。

十五、"财富中国"的商业模式

"财富中国"是专门为中国企业提供上市及融资顾问服务的国际金融咨询机构。公司由投资银行、财务、金融、法律等领域实战经验丰富的专家组成。专注于为高成长、富有潜力的国内企业提供专业上市及融资顾问服务和综合解决方案。财富中国可以为客户提供商业模式创新设计、股权改革方案。

1. 财富中国的主要服务

- 上市可行性论证与价值评估；
- 股份制改造方案与执行；
- 商业模式创新设计；
- 上市前私募融资服务；
- 上市募集资金投向咨询；
- 相关市场容量；
- 行业背景分析；
- 董事会秘书外部服务。

2. 财富中国的商业模式

财富中国的商业模式如下图所示。

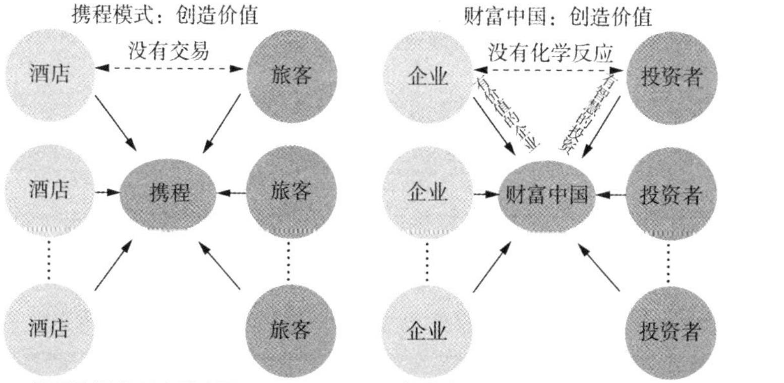

—携程为酒店创造了客源
—携程为旅客提供了优惠

—能做大的企业不是天生的，是需要服务的；通过财富中国成为有价值的企业
—能盈利的资本不是盲目的，通过财富中国可以成为有智慧的资金

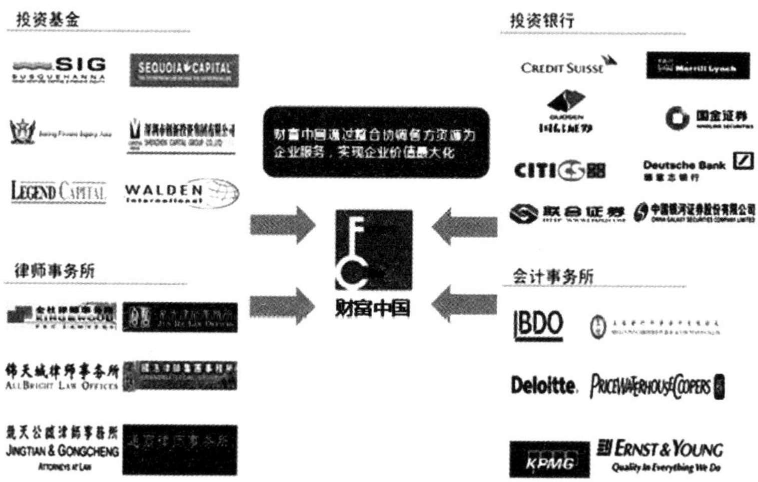

财富中国帮助下表中的企业成功融资上市。

企业名称	上市地点	融资数量
山东新博润	美国纽约交易所首发上市	IPO 融资 7200 万美元
中宇卫浴	德意志交易所主板首发上市	IPO 融资 1.05 亿欧元
数字政通	深圳交易所创业板首发上市	IPO 融资 7.56 亿人民币

续表

企业名称	上市地点	融资数量
匹克体育	香港交易所创业板首发上市	IPO 融资 2.3 亿美元
七星购物	香港交易所主板首发上市	增发融资 3.5 亿港元
御银科技	深圳交易所中小板首发上市	IPO 融资 2.3 亿人民币
雷士照明	香港交易所主板首发上市	IPO 融资 15.6 亿人民币
易居（中国）	美国纽约交易所首发上市	IPO 融资 2.01 亿美元
保利博纳	美国纳斯达克首发上市	IPO 融资 9945 万美元
麦考林	美国纳斯达克首发上市	IPO 融资 1.29 亿美元
碧水源	深圳交易所创业板首发上市	IPO 融资 5.66 亿人民币
利农国际	美国纳斯达克首发上市	IPO 融资 8740 万美元
明阳风电	美国纽约证券交易所首发上市	IPO 融资 3.5 亿美元
优源国际	香港交易所主板首发上市	IPO 融资 6.78 亿人民币
泓淋科技	香港交易所主板首发上市	IPO 融资 6.6 亿人民币

3. 财富中国的盈利点

（1）商业模式或股权激励咨询

财富中国开设各种咨询和培训班。主要包括商业模式方案班、股权激励与机制创新方案班。这些课程和其他课程有什么区别？不仅仅是专家们在讲，更重要的是学员在做。每个方案班里每位学员至少要拿出几套方案来，后期还会陆续地跟踪方案效果。每一个方案班只招收15人，终身免费复训，不满意则全额退款。

财富中国的目标客户群，主要是针对很多成长型中小企业的老板和股东，以及一些创业者，还有一些去北大、清华读了MBA，觉得不过瘾的人。

（2）帮助企业融资，其中会有所融到资金的3% ~ 5%的收益

财富中国帮助潜在的、成长型的中小型企业进行融资。如果他们帮助一家企业融资5000万元，有3%左右的现金收益。保证融到资才收费，没有融到，不收费。他们每年只帮助10 ～ 15家企业融资。

（3）帮助企业IPO上市，靠股权退出盈利

今天在中国投资什么东西最赚钱？答案是：投资成长型中小企业的股权最赚钱。那么，问题的关键是什么样的成长型中小企业值得去投资？这个就需要筛选了。在这10 ～ 15家融资的企业之中，财富中国会占2%的股权，1 ～ 2年以后上市，进行股权退出盈利。例如，他们帮助一个3个亿规模的企业市值做到20个亿，那么股权退出时，会有4000万元左右的收入。

（4）资本顶层设计方案以及相关上市咨询

资本顶层设计是一个花钱的过程。如果你的钱不够，他们会向你的企业进行投资。之所以向你投资，是因为你的企业有好的商业模式。但如果你没有好的商业模式，怎么办？他们会替你设计好的商业模式，最终形成一个良性循环。

企业家经常要思考的，不是有多少钱才做多少事，而是想做多少事需要多少钱。心态非常重要，企业是想要做大，还是一定要做大，态度决定一切。

4. 财富中国商业模式咨询

（1）商业模式解决以下问题

商业模式是企业发展的原点，是企业可持续发展的最高思想和意识形态，是企业从出生到成长再到成功的总设计师！商业模式既是打造企业的核心竞争力的关键逻辑，也是迈向资本市场的核心标准。创业板的火热、新三板的开放，将为成千上万优秀企业敞开走向辉煌的大门，而走进这个门槛的前提就是商业模式顶层设计。

★ 通过商业模式创新设计，帮助企业夺取市场份额中的大头。

★ 通过调整新的收费模式，帮助企业迅速发掘新的顾客。

★ 通过金融供应链模式，帮助企业激活账户上的“死”钱。

★ 帮助企业将一锤子买卖做成细水长流的来往生意。

★ 帮助企业以零风险开拓有利可图的新市场，即使对方是当地规模最大的一家公司。

★ 帮助企业设计受资本市场青睐的商业模式。

★ 帮助企业通过战略转型，掌控产业链中的高利润区。

★ 帮助企业壮大商业经营的三种途径：

- 增加客户数量（十五种方法）；
- 加大交易/购买的量（八种方法）；
- 增加每项购买的频率和每位客户的货币价值（六种有力的方法）。

★ 帮助企业更快、更安全、更简单地壮大商业经营的三种先进方法：

- 敏锐地开发新市场（七种途径）；
- 增加新产品/服务（十种途径）；
- 购买竞争者的商业或资产（五种途径）。

（2）商业模式咨询流程

（3）常见问题及诊断

项　　目	常见问题	诊　　断
商业模式设计	● 利润不高； ● 库存积压大； ● 资金紧、收款难； ● 对上、下游控制力差； ● 经营风险大； ● 品牌影响力低； ● 整合资源能力弱； ● 管理层和公司的利益没有真正绑在一起； ● 面对转型非常惶恐	● 没能够在原行业内转变增长模型，控盘上下游，实现高竞争门槛，升级商业模式，提升企业核心竞争力； ● 没能够跳出原有行业，转行到高科技、连锁业、服务业等新兴领域； ● 没能够在原行业内将着重点从外贸出口转向持续增长的庞大内需，从制造批发转向研发与品牌、零售与服务
盈利模式设计	● 盈利渠道太单一； ● 想以低价格、高品质占领市场，却事与愿违； ● 自己的盈利模式虽然赚钱，却违反商业发展规律而一直不知道； ● 想要低成本打造品牌，却无从下手	● 没有计算客户一生的价值，编辑资产净值和合理的成本； ● 没有区分，重新配置并突出你的商业、产品和服务； ● 没有发现试验在倍增效果中的作用； ● 没有使用零风险承诺策略； ● 没有意识到大字标题和提案的重要性； ● 没有应用 135 种被证明最好的大字标题 / 提案； ● 没有找到强势品牌发展的规律，只注意到品牌的现状
投融资模式设计	● 企业融资成本太高，摊薄了利润； ● 企业现金流短缺； ● 企业没有任何抵押，贷不到款项； ● 企业想吸引风险投资，却没有吸引投资机构的模式和方案	● 没有使用金融供应链模式； ● 没有使用金融仓储模式； ● 没有稳定现金流带来的好处； ● 没有吸引风险投资的卖点和模式
商业模式高端培训	● 管理层对商业模式的设计难以达成共识； ● 管理层虽然有很好的想法，但不确定是否符合商业发展的规律； ● 管理层对行业和行业外的优秀模式了解很少	● 没有正确的培训需求分析； ● 听了其他商业模式的课程，觉得不过如此； ● 没有掌握模式创新 = 复制 + 改良的秘诀

（4）解决方案

模块一：商业模式设计

咨询内容

1. 目标客户定位与隐性核心需求；
2. 收入快速增长方案；
3. 自我复制的建议；
4. 构筑竞争门槛的建议；
5. 上下游价值链整合或合作的建议；
6. 本企业在该行业中发展趋势的建议；
7. 既没品牌、又无资金实力的企业低成本招商的建议。

→

咨询价值

- 帮助企业锁定具有潜力并能提供长期利润增长的消费群；
- 帮助企业找到低成本、高收益的最佳盈利模式；
- 建立关键资源能力，保护你的利润额；
- 帮助企业把重资产变轻，增强未来产生现金流的能力；
- 帮助企业以金融手段改善现金流结构，最终在资本市场实现企业价值最大化；
- 帮助企业设计好的商业模式增加利润，再通过高利润设计有吸引力的薪酬体系，再由高薪酬吸引高端人才。

模块二：盈利模式设计

咨询内容

1. 壮大商业经营的三中途径：
- 增加客户数量（十五种方法）；
- 加大交易/购买的量（八种方法）；
- 增加每项购买的频率和每位客户的货币价值（六种有力的方法）。

2. 更快、更安全、更简单地壮大商业经营的三中现金方法：
- 敏锐地开发新市场（七种途径）；
- 增加新产品/服务（十种途径）；
- 购买竞争者的商业或资产（五种途径）。

→

咨询价值

- 帮助企业设计21种盈利模式；
- 帮助企业的商业模式与品牌营销模式相匹配；
- 帮助发现企业发展的规律；
- 帮助找出行业中的2个高利润区；
- 帮助企业设计97个“勾”和“饵”模式，总有2个适合你；
- 帮助建立转介绍模式和“以物易物”模式；
- 帮助企业对接直邮模式与逆转风险模式；
- 帮助分析直营与加盟分别对应零售业中哪些产业；
- 帮助设计直销与分销模式的关键点。

模块三：投融资模式设计

咨询内容

1. 几何式商业增长的动力；
2. 战略性商业模式增长的9个支柱；
3. 最优化&力量乘数效应的概念；
4. 金融供应链模式设计；
5. 金融仓储模式设计；
6. 企业融资的28种模式。

咨询价值

- 帮助企业获得资本市场（VC、上市）的青睐；
- 帮助企业大幅度降低成本；
- 帮助企业各分公司降低成本；
- 帮助企业通过合理避税降低成本。

模块四：商业模式高端培训

培训内容

- 《商业模式创新设计【综合篇】》2天；
- 《商业模式创新设计【零售连锁篇】》2天；
- 《商业模式创新设计【制造业篇】》2天；
- 《商业模式创新设计【房地产篇】》1天；
- 《商业模式创新设计【金融模式篇】》1天；
- 《商业模式创新设计【互联网IT篇】》1天；
- 《商业模式创新设计【汽车产业篇】》1天；
- 《新商业模式创新设计【综合篇】》2天。

培训价值

- 帮助企业管理层认识商业模式的力量与价值；
- 帮助企业管理层了解各个行业的商业模式；
- 帮助企业管理层创新设计自己的商业模式；
- 帮助企业管理层了解商业模式创新设计的规律。

（5）工作模式

① 商业模式咨询的顶层设计

深入分析企业运营发展的业务链和价值链，进行商业模式诊断，为企业提供完整的商业模式创新方案。

② 商业模式咨询的路径设计

为企业的商业模式创新提供专项解决方案、商业模式创新计划以及各阶段需要达到的目标，并形成商业模式创新时间表。

③ 商业模式咨询的资源整合

整合外部专业团队，为企业商业模式创新实施提供外部资源和协助。

④ 商业模式咨询的导航伴驾

为企业建立商业模式创新的合作互动模式和机制，并进行商业模式创新全过程的指导和后续跟踪服务。

（6）成功案例

★ 帮助匹克运动鞋设计商业模式，投资回报率高达150倍。

★ 帮助中宇卫浴设计商业模式，从行业第四到行业第一。

★ 帮助雷士照明整合渠道，从短期的技术领先到可持续的品牌市场领先。

★ 帮助数字政通设计商业模式，成功融资7.56亿元人民币。

★ 帮助御银科技设计商业模式，成功融资2.3亿元人民币。

★ 帮助利农国际延伸产业链，成功融资8749万美元。

★ 帮助北大荒米业集团设计商业模式，迅速扭亏为盈。

★ 帮助雅戈尔西服制定战略规划，成为西服领域第一品牌。

★ 帮助塞飞亚食品设计模式，成功融资2.2亿元人民币。

★ 帮助三江源设计模式，成功融资上亿元人民币。

★ 帮助中交科技进行战略转型，成功融资5000万元人民币。

（7）理论模型

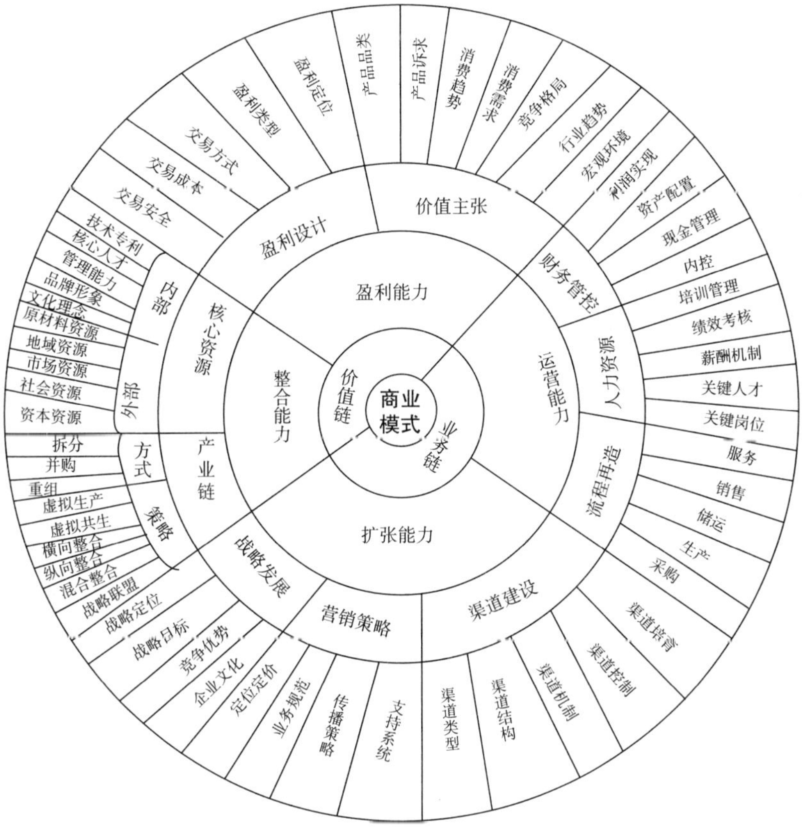

十六、商业模式创新与易经的关系

什么叫易？变易，不易，也就是讲变与不变的道理。如果你能懂得这个道理，就变得非常简易了。

易就是讲事物之间对立的关系，一个日一个月，就是易。

易经的作者究竟是谁，已无从考究。最开始有个伏羲氏，伏羲氏发展了八卦；到了神龙氏的时候，就变成了连山易；到了黄帝的时候，就变成了归藏易；到了周文王手里，就变成了周易；到了孔子手里，孔子对它进行注解，又叫作易传；“周易+易传”就变成了一门学科，叫易学。

河南巩义就是伏羲发现八卦的地方，巩义是两河的交界处，一条叫作浊河，就是黄河，另外一条是清水，就是洛水。两河有落差，一浊一清之间就形成了一个漩涡，相传伏羲当年就在那里看到了一个清跟浊的漩涡，所以就有了八卦的概念。八卦其实就是自然界的八种自然现象，所谓太极生两仪，两仪生四象，四象生八卦，八卦定吉凶，吉凶创大业。

那么，我们如何把易经用在商业上呢？

失卦讲作战的时机；谋卦就是讲教育；屯挂就是讲困境；乾卦是讲领导；坤卦讲配合。易经包罗万象，无所不有。

1．百货行业

西尔斯百货是美国最大、盈利最多的零售商，但这个具有122年历史的公司如今麻烦不断，早已风光不再。

聚焦低端的沃尔玛利润非常大，Target的总收入是西尔斯的2倍，沃尔玛更是超过其10倍之多。

聚焦高端精品百货的诺斯通、萨克斯第五大道、Target也发展迅速。而既做高端又做低端的Kmart却破产了。西尔斯也是濒临破产。西尔斯百货应该怎么走？西尔斯应该缩小焦点，成为专家。要么聚焦高端，要么聚焦低端。

在中国情况也是一样：聚焦低端的沃尔玛、家乐福、国美、苏宁都不错；聚焦高端的Ole、黄埔旗下的Taste、韩国C-mart、北京华联旗下的BHC很快都脱颖而出，而且利润率都非常高。

只举一个例子，Ole是一个高毛利零售战场，2004年1月成立，是国内首家高端超市。

高端超市大多以进口商品、高档食品、高品质生鲜肉为主，Ole里半斤澳洲进口牛肉的售价高达498元，相当于普通工薪族一个月的伙食费。

这种高价格背后带来的是高利润（平均毛利率在12%左右），是普通超市的2～3倍。而作为最大卖点的进口食品及高品质生鲜类商品，更是周转快且利润高。

如今要做零售，建议大家聚焦在高端。

2. 航空业

聚焦低端的美国西南航空、中国春秋航空、欧洲爱尔兰航空和亚洲航空盈利都很高。

航空公司的管理层显然非常喜欢“为人人服务”的概念，因为它能将市场份额最大化，至少理论上是这样。

航空公司要决定到达地的问题：飞商务城市还是度假胜地？这次不约而同的说法是：“两个都飞吧！”下一个是经营范围的抉择：飞国内还是飞国际？答案也许你已经猜出来了：“老规矩，两个都拿下！”服务是提供头等舱还是经济舱？又一次不约而同地：“两个都要，一个都不能少！”

我们来看看秉行“聚集”战略的美国西南航空：只飞商务城市，不飞度假地；只有经济舱，不提供头等舱；只飞国内，不飞国际。结果，美国西南航空，成立30年，赚了28年，世界上哪个航空公司做得到？

聚焦高端的私人包机市场行情也在上涨，而且很多航线表示有兴趣只做头等舱。长期来看，肯定会有高端的航空公司或私人航空公司品牌出现，这是很合理的营销思维方式。风险投资可以关注高端的航空公司。

走中间路线的美利坚航空、联合航空、大陆航空、达美航空基本上都亏损。

3. “中间地带”的错误层出不穷

在餐饮业中，聚焦低端的真功夫、麦当劳、肯德基、小天鹅、必胜客、乡村基都不错；聚焦高端的外滩18号、厉家私房菜、雍福会、俏江南、陆唯轩、全聚德、上海黄浦会也很受青睐；走中间路线的利润率反而不高。

在服装行业中，聚焦低端的美特斯邦威、柒牌、达芙妮、佐丹奴都卖得很火；聚焦高端的香奈儿、阿玛尼、爱马仕也都很受欢迎；走中间路线的服装品牌的利润却非常低。

在酒店行业中，聚焦低端的99旅馆、如家经济酒店，Motel 168、七斗星利润都不错，入住率也很高；聚焦高端的喜来登、凯宾斯基、希尔顿同样入住率也很高；走中间路线，什么都做的宾馆却面临很大的危机。

红葡萄酒很畅销，白葡萄酒也卖得很好，但玫瑰红酒就无路可走。很多葡萄酒消费者会轮着喝红葡萄酒和白葡萄酒，这并不意味着红白两色中间的玫瑰红酒也能成功。

在手表行业，Swatch、浪琴这类低端时尚手表市场很大；高端的昂贵手表如劳力士、江诗丹顿、百达翡丽深受青睐；两者之间的市场却不大。

万宝路是高焦油香烟的领导品牌，口味较淡的烟也同样好卖。万宝路因此希望在中间插上一脚，推出万宝路中等焦油（Marlboro Medium）香烟。牛仔会去抽任何带“中等”字眼的烟吗？

数码相机市场中，低端的傻瓜型相机卖得不错，重达几磅、大而复杂的单反相机也卖得非常好，中间路线几乎没有市场。

今天中国绝大多数企业都在便宜和昂贵之间、时尚和耐用之间、边缘和主流之间、年轻与年老之间准备做抉择。他们的座右铭是：集中两者之精华，取众人之长。我的提醒是：成功的产品一般都跟完美不沾边，集中两者之精华、试图取悦所有人往往都会步入模糊的中间地带，最后会以失败告终。

记住，中国的企业理想状况是：要么走高端路线，要么走低端路线，这也符合道法自然的定律；走中间路线利润会非常低，或者根本没有利润。

如果你是做健身俱乐部，要么聚焦高端客户，要么聚焦低端客户；如果你做培训，要么定位高层，要么定位基层；如果你做租赁，要么做大客户，要么做小客户；如果你做厨房用品，要么做顶级的，要么做大众的。

十七、余额宝二号助力阿里小贷，马云金融帝国的商业模式

1. 余额宝横空出世

阿里巴巴控制天弘基金，占据51%的股份，这件事情对基金业来说，可以说是石破天惊。那么为什么阿里巴巴一定要控股天弘基金，他背后的余额宝到底是怎么回事呢？

余额宝对金融业的震撼可以由一只名不见经传的小股票“内蒙君正”看出来。2013年10月，内蒙君正发布公告显示，阿里巴巴将出资11.8亿元认购天弘基金2.623亿元的注册资本，完成后占其股本的51%。内蒙君正这只原来名不见经传的股票，也因这一消息而股价暴涨，2013年国庆之后10月8日开盘，从9.38元，涨到13.93元，涨幅高达49%。

注册地位于天津的天弘基金成立于2004年，在与支付宝合作之前，他的业绩规模都乏善可陈，2012年亏损1536万元，2013年上半年利润853万元，管理的公募基金份额200多亿元。内蒙君正2013年6月与阿里巴巴旗下的支付宝合作推出余额宝基金进行直销业务，由于与支付宝无缝对接，购买赎回便捷，市场反响异常强烈。到2013年10月，余额宝开户用户超过1600万，货币基金累计申购超过1300亿元。

于是天弘基金超越华夏基金，成为中国最大的公募基金和货币基金。华夏基金做到这样的规模花了10年的时间，而余额宝只用了3个月。

余额宝使用方便，余额宝几乎能够完成支付宝的所有功能，你可以用余额宝在网上买东西、缴纳水电费，也可以把钱转入到你的银行卡里，而且它的收益比较高，达到5%。而目前我们的活期存款利率只有0.3%～0.4%，所以余额宝的收益率是银行活期存款的十几倍。这样余额宝成了所有银行储蓄业务的头号敌人。

余额宝对接的是货币基金。那么什么是货币基金？会亏钱的基金是股票型基金，它是一种风险收益基金。而货币型基金和债券型基金属于比较稳健的基金，几乎没有风险。货币基金是“准储蓄”，它是由基金管理人运作、基金托管人保管资金的一种开放式基金，具有高安全性、高流动性、稳定收益性的特征。货币基金主要投资于短期货币工具、国债、央行票据、商业票据、银行定期存单、政府短债、同业存款等。

2. 货币基金的投资方案

方案一：国债逆回购。传统的逆回购是央行向市场释放流动性的操作。比如工商银行缺钱了，找谁去借呢？就找央行去借，去借至少要有抵押，那么一般来说用有价证券来进行抵押，主要以债券为主，把债券抵押出去，央行借钱给工商银行。后来这种方式就扩展到更多机构之间。银行与银行之间短期拆借，这种方式叫作逆回购。其实现在很多普通的散户也是可以做逆回购的，只要你去证券公司开一个账户就可以了。比如周四，也是逆回购收益最高的时候，有时候年化率能够做到15%以上，遇到钱荒的时候，逆回购的收益可以达到年化率40%～60%。换句话说，就是银行向普通老百姓借高利贷。

方案二：协议存款。我们普通散户去银行存钱，就是排队，银行也不会搭理你。当我们买成货币基金，这个货币基金规模是50亿元、

100亿元，特别是向天弘基金目前达到500亿元的时候，你说你去银行存款还会排队吗？

方案三：购买债券。主要是以国债和高等级的信用债为主，我们知道我们普通人买债券至少要1000万元，否则很难进入银行之间的债券市场。普通散户根本玩不了。

余额宝收益为什么这么高，因为它背后是货币基金，而货币基金本质上是一个存款团购的概念。这就是余额宝的收益为什么要比活期存款高得多的原因。

而余额宝的真正竞争对手是银行的活期存款业务。中国的活期存款大概超过了将近14万亿元，而整体的货币基金市场规模大概只有8000多亿元，这个发展空间还是很大的。假如14万亿元的活期存款有三分之一转变成货币基金，就是将近5万亿元，也就是说中国的货币基金市场还有6倍的成长空间。

那么很多行业都会出现一个余额宝。

3. 余额宝有风险吗

风险一：投资风险。这种投资风险是很低的，它的风险取决于银行之间的风险。比如逆回购、银行的大额存单、协议存款、国债等。其实这种风险几乎没有，除非发生战争。

风险二：T＋0机制风险，赎回机制风险，这也是余额宝真正的风险所在。就是我们往余额宝放钱很容易，要把钱拿出来也很容易。余额宝在它前面加了一个缓存池的方式，就是有人申购这个货币基金，这个钱先进入缓存池，然后再去买这种票据或存单等。如果有人要赎回，先从缓存池里面赎回，也就是说，你赎回的钱，不是你自己的钱，而是别人的钱。那么要保持T+0的流动性，就在于这个缓存池的大小。如果缓存池过小，要是客户赎回不了钱怎么办；但是如果缓存池过大，又会影响收益，因为缓存池里面的这个现金是没有收益的。

也就是说，缓存池规模的调整就非常重要了。比如早上有人赎回，下午没有人申购的话，那么它触及缓存池这个上限之后，就意味着当天后面这个人就有可能赎回不了了，也就是缓存池的水被抽干了，这是一件很恐怖的事情。

但是现在全民都在叫好余额宝、叫好阿里金融的时候，我们必须还要给余额宝泼冷水。比如银行出现钱荒的时候，银行的理财产品的收益率达到7%、8%了，那么就会有人把余额宝的钱赎回买其他理财产品。一旦出现大量赎回的时候，余额宝的风险就来了。一旦有人在余额宝里面取钱取不出来，就会造成恐慌。那么怎么来解决这个问题呢？水涨船高。当理财产品收益率涨的时候，余额宝的收益率也跟着涨。

这种风险已经有了先例：根据Wind数据显示，从2013年7月26日开始，工银瑞信旗下安心增利B类货币基金的万份收益和7日年化收益都赫然显示为0。而工银瑞信的官方网站上，已经不再公布此基金的收益信息，这意味着，刚刚成立不到半年的工银瑞信安心增利B类正在陷入被赎回殆尽的境地。因为只要有一次出现赎回失败，就可能产生雪崩效应。

我都能看到的风险，难道马云会看不到？所以马云非要控股天弘基金。天弘基金傍上支付宝，大家都说是天弘基金傍上了高富帅。那么天弘基金又能给支付宝带来什么？支付宝有必要花费这么多钱购买基金公司的控股权吗？

马云最终是要做一个阿里金融的帝国，而余额宝是阿里金融的基石。支付宝控股天弘基金之后，还可以发行一只债券基金，它跟货币基金的原理是一样的。你的规模越大价格就越好，有了债券基金以后，还可以做资产证券化。

前一段时间阿里巴巴和东方证券搞了一个资产证券化的项目，它的优先端的收益率是6%。完全可以通过基金子公司的方式去做。那么阿里小贷直接变成天弘基金的一个产品就可以了，然后在这个余额宝里面卖这种优先级产品，年化率6%。所以支付宝为什么要控股天弘基金，其实就是以此打开所有金融产业链。

百度旗下的百度金融理财产品平台上线，和它联手的居然是中国最有实力的公募基金华夏，推出年化收益率高达8%的理财产品。公开叫板阿里天弘的5%。最具杀伤力的是，投资门槛降到1元钱，并打出零风险的旗号，更由中国投资担保公司担保。他们通过加杠杆的方式，去做高收益债和息差套利。但是这种模式下，流动性将成为很大的问题，需要持续净申购的支持，如果真是这个模式，中投保敢去做担保，这是艺高人胆大。因为美国版余额宝——贝宝在运营了12年之后，在次贷危机的压力下最终主动解散。

4．余额宝二号——挑战银行的定期存款

余额宝抢夺的是银行的活期存款，但是还有更大的一款业务，就是定期存款。那么余额宝怎么去抢夺银行的定期存款呢？余额宝二号出炉了。

在2013年11月月底，有关支付宝联合南方基金、德邦基金、易方达基金、道富基金、工银瑞信基金等五家基金公司推出余额宝二代，即短期理财产品——定期宝。

其实阿里小贷和东方证券所开发的一个理财产品就是余额宝二号的雏形。也就是一款资产证券化产品，它本质上其实就是揽储。由于阿里小贷是没有揽储能力的，阿里小贷收益率很高，但是它只有十几亿的资本金，它几乎把它的资本金用到极限了。为了获得更多的收益，它必须扩大资本金规模，也就是通过资产证券化的形式实现。

于是阿里小贷和东方证券联合推出了这样一个资产证券化产品。有很多合格的投资者就会买这个资产证券化产品，由它帮忙去买阿里小贷，这样就实现了一个变相的揽储功能。

早在2013年7月，东证资管—阿里巴巴专项资产管理计划获证监

会批文，这意味着阿里巴巴小额贷款公司可以在未来三年内将旗下小贷公司的优质贷款组合出售给东证资管的专项资产管理计划，以资产证券化的方式补充自身的贷款额度，扩大业务量。

什么是资产证券化？资产证券化是以特定资产组合或特定现金流为支持，发行可交易证券的一种融资形式；也就是将缺乏流动性的资产转换为金融市场上可以自由买卖的证券，使其具有流动性。例如：企业上市，就相当于把自己的公司证券化。除此之外，做得更多的是信贷资产证券化，就是说，我发一个债权，我要去募集资金，1个亿，如果要一个人出1个亿，是很难的一件事，但是我把它变成一份一份的，几万元就能买一份，这就叫作信贷资产证券化。

资产证券化的三个条件：

- 有预期现金流；
- 缺钱但要保留股份；
- 资产前景好。

5. 阿里小贷证券化产品的两个特点

（1）结构化增信

一个产品可以分为三级：优先级、次优先级、次级。其中优先级和次优先级是向机构投资者发售的，前两个产品，我们普通的投资者没有办法参与其中。次级由阿里小贷所持有，它出5亿元，前面两个出45亿元，做成一个1∶10的杠杆。也就是说，如果这个产品亏钱，先亏次级的5亿元，亏完之后再亏前面的优先级和次优先级。优先端是6%的年化收益，这个收益比银行的定期存款高，银行的一年定期存款利率也才3.5%，五年期利率才5%。

（2）循环购买

这个资产证券化产品是一年期的，买完之后还可以循环购买，买下一个小额产品，这样实现快速的周转。

那么资产证券化的风险在哪里呢？

它的风险就在于它的这种杠杆设计，阿里出5亿元，优先级出45亿元，做成1∶10的杠杆。假如这个50亿元的贷款中，有10%变成坏账了，就是5个亿收不回来了，那么这5个亿谁先陪，肯定是阿里小贷。赔完之后，剩下的投资者拿回本金，项目清盘。它成功的关键点就在于阿里小贷的不良贷款率，或者说是坏账率。根据目前的数据，阿里小贷的坏账率只有0.84%，远远没有到10%。

6. 余额宝二号的商业模式

储户存款→余额宝→资产证券化→阿里小贷。

从这个商业模式可以看出，阿里金融间接地完成了一个银行的功能，通过余额宝吸收大量的资金，然后通过资产证券化打包成一个合法的产品，然后通过去购买阿里小贷资产的方式放出去。

因此，阿里金融已经完成了一个银行的构架，只是不叫银行而已。如果他做银行，还要接收银监局的监管，很麻烦，所以马云说他不想做银行，我相信他说的是真心话。

阿里小贷是阿里巴巴集团旗下阿里小微金融服务集团推出的小额贷款业务，主要向淘宝、天猫等业主提供贷款，整个过程无须任何抵押。开网店超过3个月就可以申请，截至2013年12月30日，阿里小贷累计发放贷款总额超过1500亿元，客户超过64万，而坏账率不到1%，其年化贷款利率大致为18%，毛利率在15%左右，这就让阿里小贷单日利息收入就超过百万元，被业内称为最赚钱的小额贷款公司。与市场上众多的小额贷款公司30%左右的年化率相比，阿里小贷的贷款利率非常低，被称为“业界良心”。2012年阿里的利润为3.6亿元，2013年远远超过这个利润。

阿里巴巴金融总注册资本16亿元，分为阿里浙江小贷注册资本6亿元，阿里重庆小贷注册资本10亿元。目前，国内约有3000多家小贷公司，贷款规模远远不能满足小微企业的融资需求，由于各地政策不同，除了浙江、重庆、山东等少部分地区，融资比例最高可达资本净额的230%之外，大多数小贷公司的融资比例只能达到资本净额的50%。这就是为什么阿里小贷要在重庆和浙江等地来注册。

那么阿里小贷为什么如此赚钱呢？这个要从阿里巴巴集团的整个产业链来分析。

（1）无须抵押担保的信用贷款；

（2）放款审核速度快；

（3）贷款利率相对较低；

（4）周转率快，平均每个人只有7～10天左右。

普通银行的商业模式是：存款→贷款→获取利息；盈利来源：存贷差。

绝大多数银行的客户都是大客户，一般放贷给这些大客户，因为大客户可靠，中小企业不可靠。所以说：银行追着大企业跑，中小企业追着银行跑。也就是说，真正需要钱的是中小企业，而大企业是根本不缺钱的。

中小企业融资难，是一个世界性的难题，难就难在它很少有连续三年的会计审计报告，难在它没有可抵押的资产。而阿里小贷通过数据挖掘解决了这个问题，为它的客户建立了这个信用体系。

7. 阿里金融扩大资金规模的三个方案

那么下一步阿里金融应该怎么走呢？

我为阿里金融给出了扩大资金规模的三个方法。

方法一：发行专户产品通过天弘基金发行一个债券基金的专户产品，用这个专户产品去购买资产证券化的优先端，普通的债券基金受监管比较严格，但是债券的专户产品是可以这样做的。

方法二：分级发行。直接通过基金子公司分级的优先劣后的产品，优先端保证6%的收益，就在余额宝里面卖优先端产品，后面分级的阿里小贷出一部分次级，让别人也出一部分次级。

方法三：直接对接私募债。目前很多做私募债卖不掉，但是阿里小贷可以卖得掉，因为有阿里小贷做信用背书，金融的本质是在于信用。支付宝没有控股天弘基金的时候，它是没有办法去做私募债这些产品的。阿里小贷直接发行一个私募债，用天弘基金做一个债券基金，直接一对一买这个私募债，然后就可以给它换个名字，叫作余额宝二号，放在余额宝里面卖就可以了。那么这个东西可以锁定期限，比如锁三个月给你5%，锁半年给你5.5%，锁一年给你6%，锁两年给你7%。就是可以做成一系列的定期存款。

余额宝是天弘的货币基金，马云并没有赚到多少钱，他只赚了那么一点点的发行费。但是如果把它做成一个固定存款，赚息差，这个利润就不得了。因为阿里小贷的平均贷款利率是18%，那么在余额宝二号里面，6%作为募集资金的成本，剩下赚12%的息差，这才是高利润区，也是最大收益的来源。

阿里金融的大手笔备受关注，余额宝上线3个月，变成600多亿元了。他再弄一个余额宝二号，把银行的定期存款也抢了，那银行还怎么活呢？其实阿里金融没有想象的那么恐怖。原因很简单，大象跑不快，那是因为它太大了，兔子跑得快，那是因为它小。当兔子长得像大象一样大时，它一样也跑不快。

问题又来了，那么为什么阿里小贷能够做成这个18%的收益率呢？原因在于它有大数据的支撑，它通过大数据分析其淘宝的客户、天猫的店，然后分析他们的借款情况，了解他们的信用和还款能力。然后无须抵押给合格的商户贷款。阿里小贷成功的关键点在于什么？在于大数据分析。也就是为很多网店店主建立好了一个信用系统。

大数据的覆盖面是多大？目前只有淘宝系，也就是只有在淘宝和天猫上面开店的商家才能获得贷款。

所以阿里金融真正冲击的是中小型股份制商业银行，五大国有银行基本上不太可能受到冲击。

十八、房地产企业战略转型，未来可以转向8个高利润区

1. 地产＋园区，微笑曲线的价值延伸

代表开发商：华夏幸福，张江高科

商业模式：园区＋地产

利润回报：★★★★★

开发难度：★★★★★

前景展望：★★★★★

园区，也即产业地产，是工业地产的升级与换代，是围绕着微笑曲线构建的产业价值链一体化平台，以产业为依托，地产为载体，实现土地的整体开发与运营。

华夏幸福基业股份有限公司是其中的典型代表。这家创立于1998年的公司，创造了园区开发运营与城镇开发建设相互促进的“产业新城模式”，也成就了其近年来的飞速发展。

其“园区+地产”模式，成为业界样本。华夏幸福基业在北京周边郊区县市打造的固安产业新城，被业界视为未来中国城镇发展的样本之一。固安在华夏幸福基业的投资带动下，逐步建成福朋酒店、中央公园、幸福天街、创业大厦、固安规划馆等多个项目。这个县也从2003年，财政收入不足亿元，位居全市后两名，发展到2011年，财政收入突破10亿元，2013年，突破25亿元，连续六年财政收入增幅居全市之首。

对房地产企业而言，产业地产建设与传统房地产开发具有部分替代性。而当前国家对传统房地产项目不断地进行调控，作为替代性的建设项目，这也客观上为产业地产建设创造了更大的经营空间，客观

上减少了产业地产的投资风险，提高了运营的稳定性和可控性。产业地产融合产业经济发展和房地产发展两个概念，突出地产作为产业经济发展平台的功能作用，也将得到了更多人的认可和关注，具有稳定的发展空间。

2. 地产＋旅游，稀缺资源价值最大化

代表开发商：华侨城，雅居乐，新华联

商业模式：旅游资源＋地产

利润回报：★★★★★

开发难度：★★★★

前景展望：★★★★★

依托周边丰富的旅游资源而建的、有别于传统住宅项目的融旅游、休闲、度假、居住为一体的置业项目，可称为旅游房地产。较之一般的住宅，旅游房地产的特点和优势在于它是旅游业和房地产业的无缝嫁接，具有更好的自然景观、建筑景观，同时拥有完善的配套功能和极高的投资价值。

以旅游地产的“鼻祖”华侨城为例，华侨城是国内从事“旅游”＋“地产”开发的先驱者，其属下的四大主题公园是国内最为成熟的，规模更是全国之最。

华侨城的主题公园包括锦绣中华、中国民俗文化村、世界之窗和欢乐谷。

华侨城的房地产项目都是围绕主题公园来做的。旅游地产项目一般选址为城市周边地区，而这些地方的楼面价格普遍较低。华侨城主题公园的成功，对周边房价产生的影响很大，这便是旅游地产的魅力所在。低价拿地、高价出售便是华侨城的秘诀之一。

与普通住宅、商业地产（专题阅读）不同的是，旅游地产高度依附于旅游业的发展水平，具有科学的规划、功能复合、附加值较高和宜于投资等特征。这些特征使旅游地产在居住品质、投资价值和发展前景方面，比单一的住宅或商业地产项目具有更多的优势，因而备受开发商和购房者的关注和青睐。投资规模之大、拿地数目之多、进驻领地速度之快，从一组组惊人的数字中，我们可以看到房地产龙头企业正随着市场创新的步伐，在旅游地产领域里进行着观念创新和战略创新。

3. 地产+物流，电商时代的线下商机

代表开发商：中粮集团，绿地集团，沃尔玛，阿里巴巴，娃哈哈

商业模式：仓储+租金

利润回报：★★★★

开发难度：★★★★★

前景展望：★★★★★

地产＋物流的模式，自电子商务盛行后，也一直备受关注。所谓“物流地产”，指的是由企业选地建成相关物流设施后，再转租给制造商、零售商、物流公司等客户，并组织资产管理队伍进行物业管理，提供物业相关服务。

据业内测算，仅有10%的投资回报率。值得注意的是物流仓储设施的空置率必须在5%以下才能保持10%的回报率，如果空置率达到15%，利润就会被挤压。但是冷链物流地产利润会非常高。

阿里巴巴创始人马云发起的菜鸟网络，先后在天津、上海、广州、武汉布局物流地产，共涉及9个核心城市，二十几个中转城市，2000多个城市网点，总投资规模超过3000亿元。然而电商、房企物流公司大规模且超出实际需要的圈地方法，大多都是因工业用地的价格较为便宜而去囤积，再以物流的名义去实行，而这样吞噬掉的巨额资金，对企业的现金流和财务安全提出了严峻的考验。

根据《2013～2017年中国物流地产行业发展模式与投资前景分

析报告》数据显示，2011年北京、广州、济南等城市的仓储价格同比增长了20%～30%，而上海的不少大型仓储的租金更是上涨了近50%。专家预计，在未来3～5年内，中国将成为全世界最大的物流合同市场，其最大推动力来自电商的发展。

4. 地产＋文化，为不动产插上想象的翅膀

代表开发商：万达，恒大，世茂，华侨城，碧桂园等

商业模式：仓储+租金

利润回报：★★★★★

开发难度：★★★★★

前景展望：★★★★

什么是文化地产？文化地产是把“死建筑”变成“活建筑”的系统工程，其最佳模式是“用文化提升固化建筑价值”。作为地标，文化与旅游业密不可分。

提到文化产业，万达集团的土豪式布局引发关注。近年来万达对于文化旅游产业的大手笔投入，正一步一步靠近王健林“到2020年进入世界文化企业前十强”的愿景。其次当然是恒大，足球、音乐等发展得有声有色，近期又高调宣布，将在哈尔滨斥资160亿元打造内地规模最大的旅游综合体。事实上，目前房地产百强企业中，已有超过三分之二的房企介入了文化旅游领域。

值得肯定的是，地产在文化产业的引导和推动下，可以更好地丰富项目的内涵，创新推广模式，使项目升值。而城市文化的发展也需要空间载体。伴随文化产业的推动，地产与文化艺术相互交融的发展趋向将更加明显。在商业地产领域，文化与Mall的结合也越来越普遍。文化产业以Mall的方式进行整合，并与购物、休闲、娱乐、饮食等有机结合，是一种新型的以文化产业为主的跨行业商业业态。各个商业组织纷纷将建设文化Mall作为其未来的商业业态。至于前景，套用王健林

的说法："文化旅游在目前看来，是一个没有天花板的行业"。

财富中国金融控股有限公司成立了文化地产基金，专业投资文化地产类似小万达的模式。万达广场是在大中城市做，他们主要聚焦三四线城市做。利润点：① 金融服务费用；② 地产利润；③ 文化产业利润。

5. 地产＋养老，老龄社会的铂金商机

代表开发商：万科，保利，绿地，首创，华润，中大，远洋

商业模式：住宅＋养老系统配套

利润回报：★★★★

开发难度：★★★★★

前景展望：★★★★★

养老地产炙手可热。近年来，万科、保利、绿地等多家房地产企业都相继步入养老地产项目，并有许多项目都已竣工且进入运营期。

据中国社科院老年研究所测算，目前我国养老市场的商机大约为4万亿元，这个数字在17年后可能会达到13万亿元。养老地产的开发者们都在盘算着这样一笔账，在总量巨大的老年人口中，只要有10%入住养老社区，就有可能在未来三年产生至少4500个养老地产项目需求。

养老地产既不是简单的房地产开发，也不是纯粹的医疗保健，而是整合投资、开发、建设、运营、医疗、保险（放心保）、服务等各个层面资源的系统工程。

来自世联地产的调查表明，当前中国养老地产的开发模式主要分为三种：隔代亲情模式，即实现养老公寓与普通亲情住宅相辅相成的共融性设计，适合两代人居住；会员制医养综合体，即针对自理老人和护理老人群体，养老项目产权自持，采取分等级的会员制的盈利模式；养生目的地，即在风景资源特色区，开发具备养生、旅游、观光的度假式、候鸟式养老居住模式。

目前，养老地产的收费模式多样化，会员制、抵押制、租金制、月费制等五花八门的方式，都算不上盈利模式。

尽管行业目前还是较为混乱，但随着中国老龄化提速，养老产业方兴未艾。

财富中国金融控股有限公司与瑞慈体检共同成立了养老医疗基金，专业投资养老医疗地产。利润点：① 金融服务费用；② 地产利润；③ 健康产业利润。

6. 地产＋医疗，潜力巨大的医疗市场

代表开发商：力通集团，绿城集团，珠江地产

商业模式：多元模式

利润回报：★★★★

开发难度：★★★★★

前景展望：★★★★★

医疗地产起源于美国，在美国是以医疗办公产业为主，并且多为租赁的方式。到了中国，一些开发商将其改变为中国式的医疗地产，且发展模式多样化，较为普遍的是打造成医药城的方式，而也有开发商以独特且先进的服务与设施作为卖点，提升医疗产业项目的价值。

万通控股董事长冯仑表示，万通集团把目光投向医疗地产，是因为医疗业就业系数大、需求弹性大，且是高增长行业，如果地产和医疗结合，发展中高档医院，应是个能赚钱的出路。

近年来，房地产与医疗界的结合，在各地已有不少实践，早在2010年珠江地产与从化市政府签约，打造一个集医疗、养生、教育、休闲、养老、总部经济于一体的项目。

浙江绿城医院则是房地产与医疗结合的另一种模式的代表，通过提供理想的医疗服务来提升房产品质。

这是一个极具前景的细分行业。摩根大通中国投资银行副主席

龚方雄曾表示，未来十年医疗服务行业可能重复过去房地产十年的奇迹，医疗服务在中国只占GDP比重的3%，在美国发达国家一般占15%～20%。中国的人口结构、国民收入和城市化发展趋势都非常支持这个板块在整个经济比重当中的扩张。

7. 地产＋教育，学区房神话的号召力

代表开发商：碧桂园，凯德置地，盘古地产

商业模式：仓储+租金

利润回报：★★★★

开发难度：★★★★

前景展望：★★★★

学区房成为不败神话背后，“地产＋教育”受到开发商的重视。

教育地产的模式已经经历了一段时间的发展，模式也较为成熟。上海盘古房地产有限公司总经理宋海指出，在以往的房地产项目开发过程中，有一些较大面积的成片开发项目。如果项目超过一定规模，开发商要为政府代建教育配套，根据规模的大小，需要代建幼儿园、小学、中学。不同区域根据教育规划的要求，这些代建的学校大多属于公办教育资源，也有一些可以作为民办教育资源。学校建造之后可以交还给政府教育部门进行办学，也可以由开发商取得政府教育部门批准后引起合适的学校进行办学。作为地产商来说，如果可以通过投资、合作等各种方式引进一所高质量的学校，可以更好地为自己所开发项目的居民提供高水平的教育，提升开发商的品牌，有助于房地产项目的开发工作。

地产是现金流快速周转的行业，而教育本身是一次性投资很大、收获期较长的一个适合长线投资的行业。宋海认为，“地产＋教育”的开发模式，更多的是用教育提升地产的价值，尤其是地产的品牌价值。

财富中国金融控股有限公司与上海光华高中学校专门成立了光华

教育基金，专业投资教育地产。利润点：(1) 金融服务费用；(2) 地产利润；(3) 教育产业利润。

8. 地产＋城市配套，人与城市的服务机会

代表开发商：万科，绿地等

商业模式：仓储+租金

利润回报：★★★★

开发难度：★★★★

前景展望：★★★★

“做城市的配套服务商”，万科的这一转型，被冠以城市运营商的角色。事实上，所有为城市配套做贡献的开发商都可称之为城市运营商。城市运营商的具体解释为“围绕城市的总体发展目标和发展规划，充分运用市场化的机制和手段，通过发挥企业产业优势和资源优势，结合城市发展的特殊机遇，在满足城市居民需求的同时，使自己的开发项目能够成为城市发展建设的有机组成部分的经营开发商。”不过，只有拥有丰富开发经验以及精准开发模式的开发商，才能担任开发重任，以及承载城市运营商的角色。

对于角色转换，万科阐述了这样的思路：“提出城市服务配套商的概念，不是狭义的转型商业地产（专题阅读），而是基于不同城市发展阶段以及人们的不同需求而衍生出的新的价值取向。比如仍处于住宅发展阶段的城市，重要的是基础配套设施。而处在需要发展产业化阶段的城市，需要拉动投资、人量的开拓园区。对于更高级一点的城市，发展到以金融为主的阶段，再下去会转到文化、娱乐、会展等方面，然后人们对于休闲有了要求，而随着人的变老，整个城市又会给老人提供配套服务。简单而言，城市配套里的所有内容需以服务城市及城市居民为基础。”

第三章 股权改革——让企业自动运转

在一个企业中，有一个人不说真话，是性格有问题；有一群人不说真话，那是领导力有问题；如果所有人都不说真话，那是制度有问题。比尔·盖茨其实是制度设计高手，他的最大发明不是发明了Windows，而是发明了期权制度。

记得小时候我们的语文教科书中关于列宁的故事，列宁有一次没戴胸牌，一个士兵就把列宁挡在门外不让列宁进门，因为那位士兵不认识列宁，旁边一个认识列宁的长官看到了，就过来批评这位士兵，说这是列宁同志，列宁反而表扬了那位士兵，因为他按照规定办事。

IBM的总裁，大家都认识，但是如果他没有戴胸卡，门卫就不让他进去。即使你是IBM的总裁，但是你不符合公司的规定，就不准进门。如果IBM的总裁开除那位门卫，那么哈佛商学院就会把这个案例收集到哈佛案例库，让全世界都知道IBM的总裁不按制度办事。

一个员工今天把这件事情做错了，是一个悲剧，如果明天还把这件事情做错，就是一个喜剧了。

海尔董事长张瑞敏说，优秀领导人不在于不犯错误，关键在于不犯同样的错误。今天这个地方出了问题，说出来要改，如果明天这个问题还出现，这就是要重点抓的，说明是制度或根结上有问题。

沃尔玛很多的人才制度是很细化的，他们招聘新员工的时候，要求招聘者的职位比应聘者的职位至少要高两级。如果只高一级，招聘人就会想我招的这个家伙比我还厉害，将来会不会把我替代掉？

戴明博士在日本是反对招标的，他认为招标只能招价格，却无法招质量。经常竞投标投的都是价格，无法对质量做出保证。他要求日本企业最多招一次标，要对这个厂家进行了解，大家建立一种互信合作关系，要他的零配件完全按照你的标准来做，这样才能保证质量。后来沃尔玛就学了他这种思想，沃尔玛基本上不招标，最多招一次，招完了，如果你没问题，那么就长期供货。所以，现在世界上许多大企业都不招标了，最多招一次。摩托罗拉公司就是这样，他们会派工程师、管理人员去零配件厂，要求厂家按照他们的标准来生产。达到标准后，会发给厂家一个铭牌——摩托罗拉供货商，这个铭牌往往比什么ISO 9000认证还有效。

所以，中国的企业一定要打造制度文化。中国人的制度观念很薄弱，比如中国人闯了红灯，警察没有惩罚，还很骄傲，而在国外这是不能接受的。

现在伟大的企业家应该是“造钟”，而不是“报时”。在古代，如果有人能够根据太阳和星星的位置准确地报出当时的时间，我们就会觉得这个人很厉害，但是如果这个人能造一个钟，随时可以报时，而且百年之后那个钟还可以报时，那这个人才是最厉害的。所以，一个优秀的企业家，不是当政的时候让这个企业经营得好，更重要的是，要为这个企业打造一个制度、一种文化，让这个企业按照这种方式运行，能够成就百年基业。

从长远来看，太强势的领导者对公司来说不一定是好事。比如杜邦公司，杜邦公司一直亏损，后来有个家族成员叫亨利的，从部队复员以后接管杜邦公司。亨利非常强势，铁腕人物，而且精力充沛，到了70多岁都不用秘书，无论大小事他都要管，而且完全是他一个人说了算。在他领导杜邦公司期间，杜邦公司得到了非常大的发展，由巨额亏损一直做到行业第一名。亨利去世以后，他的家族成员接替了他的位置。因为亨利太强势了，没有注重建设企业的制度，没有靠制度来管理，只是靠他个人的权威，接替者没有经验，想学亨利的管理方式，又没有他的权威，结果新任接班人上任不到四年，公司就差点破产。

亨利是一个人非常成功的企业家，但是我觉得他还够不上伟大。因为他没有为杜邦打造一个完善的制度，让公司生生世世地发展下去。

艾柯卡先生曾经是福特汽车公司的总裁，他当时去日本，日本人像对待摇滚歌星一样，几万人找他签名。以前我也很崇拜他，但是现在反思，他还算不上最伟大的企业家。他原来在福特汽车公司，把福特汽车公司经营得很好，然后功高震主，福特二世就让他走人了。离开福特公司以后，他就去了一直亏损的克莱斯勒汽车公司，他到了克莱斯勒公司没几年，公司就扭亏为盈，成为美国第三大汽车公司。他打造克莱斯勒，完全靠的是个人能力、个人魅力，所以，他一退下来，继任者就很难经营，结果不到四年，克莱斯勒就被德国汽车公司收购了。

在3M公司，你找不出一个非常厉害的领导人，麦当劳的全球总经理是谁，没有几个人知道。因为他们都在默默地打造自己的制度。美国人都不要非常强势的领导人。

通用公司的斯隆说，如果有一个大方案提出来，在会议上如果大家全部一致通过，那么这个事情可以停止讨论。他认为一致通过是最危险的，大家应该回去思考，过一个星期再针对这个问题表态。有不同意见才会把方案做得更完善。

美国经济学家泰勒最先提出企业管理标准化。后来福特汽车第一个采用了这种标准化，当时汽车很贵，福特的目标就是要把汽车的价格降到美国的中产阶级都能买得起的程度。于是全部零件组装都标准化，标准化之后，美国汽车价格大幅下降，全美国人都买得起汽车了。所以，德鲁克都说，泰勒的贡献让工人富裕了。流水线让工人的工作时间变短了，工资提高了，福特汽车工人工资是美国当时工人工资标准的3倍。正是泰勒的理论，瓦解了马克思关于资本主义基本矛盾的理念——资本家越来越富，工人越来越穷。泰勒让工人也富起来了。

企业一定要培养一个出人才的环境。任何企业、任何社会都不缺人才，缺的是人才出来的机会。

优秀的公司强调危机，平庸的公司才歌舞升平。

在古代中国，抢劫又杀人的处凌迟，其他抢劫则只处徒刑。由于有这个区别，在中国，抢劫的不常杀人；但在古代俄国，抢劫和杀人的惩罚都是死刑，抢劫者经常杀人，因为只有死人才不会指控一个人犯抢劫罪。

不合理的制度，执行力越强，企业倒闭得越快。

一、机制的力量

企业做大的关键是什么？有人说是战略，有人说是品牌，有人说是策划，有人说是管理，这些问题都重要，但是又都不重要。

做大企业，最重要的两个关键点，一个是模式，一个是机制。模式是向外扩张，机制是向内扩张，有一个好的模式可以让公司持续性盈利，有一个好的机制，就可以把笨人变得聪明，把懒人变得勤劳。而一个腐朽的制度，会把好人变坏，会把品德高尚的人变得道德败坏。

企业要变大，家族企业一定要有能力创造一个符合企业高速发展的机制。这样的机制，创造成功了，你就成功了，创造不了，你就失败。

所有的战略要靠人去执行，所有的执行力要有人的积极性。

有了好的机制，没有人才可以吸引人才，没有资金可以吸引资金，没有战略可以指定战略。但是，有的国有企业不缺资金、不缺人才，为什么它却失败了呢？因为它的制度落后。

民营企业的制度主要分为两类，一类叫作激励制度，另一类叫作管理制度。激励制度指的是财富的分配规则，挣来的钱该怎么分；管理制度是指，如何把小型企业的管理方法，变成大型企业的管理方法，从管看得见的人，变成管看不见的人。激励制度是发挥人的积极性，而管理制度，是让同样的积极性拥有更好的产出。

今天的老板有两类，一类是创业的老板，最怕自己的人分出去做自己的公司，还有一类老板，就是从别人那里分出来自己做的老板。

如果老是不断地分出去做老板，企业能做大吗？中国就永远不会产生像微软和IBM那样的公司。

很多高科技企业把30%～40%的利润，用于分红。用于分红的利润当中，股东只拿30%，剩下70%的分红分给企业那些不持股的员工。

资本制度强调的是谁投资，谁受益，谁承担风险；而知识经济的制度，强调的是投资的人和投进知识与能力的人共同承担风险。对于收益，干活的人占大部分，投资的人占小部分。这已经成为了一种潮流。

公司要做大，必须要留住人。怎样才能留住人呢？过年送个蛋糕，过生日送一个贺卡，留得住人吗？留不住人。这是雕虫小技，虽然这样的雕虫小技还是会有作用。那么怎样留住人？留住人一定要靠一个伟大的制度，留得他心服口服。

我们要用一种制度，让和我们没有血缘关系的人成为百万富翁。做大企业的关键就是让那些和我们没有血缘关系的人，不是亲人胜似亲人。

很多公司想进行股权分配，但老板总觉得给予股份不一定能解决问题。关键是要让老板觉得合理，员工也觉得公平。但世界上没有绝对的公平，唯有相对的公正。

很多老板对员工说，好好干，干好了给你股份；那么员工心里会想：你给我股份，我才好好干。那么，该如何解决这样的博弈呢？答案是股权对赌。

二、企业分钱到底分谁的钱

通过增加人数，团队将蛋糕做大，分的是增值部分的钱！不是以减少老板的利润来分给员工，而是用明天的利润激励今天的员工，不是以增加企业的成本来挽留员工，而是用社会的财富激励自己的员工。

星巴克就是用资本市场上面的钱作为激励，来降低劳动力成本。而这个钱不是公司给的，而是资本市场给的。

那么我们进行股份制改造的目的是什么？让员工自动自发地工作！因为自动运转的企业才是好的企业。老板不要做火车头，而是要复制火车头，创造企业利益共同体。股权对内是进行激励，对外是进行融资的。

一个科学的股份制结果，还可以避免决策的风险，尤其是上了2个亿的企业。很多人会认为，如果企业实行民主决策，会让效率降低，执行力减弱。我要提醒各位，民主决策的本质是什么？民主决策的不是要最好，而是要避免最坏。小企业要做对事，大企业不能做错事，因为做错事的成本太高了。

家族企业产权的社会化与分散化：大型企业产权不可能过分集中——产权分散可以延长家族企业的寿命。例如，丰田集团、沃尔玛集团、福特集团……

对于股权激励来说，往往是一次性激励很容易，持续性激励很困难。为什么？因为一次性给股份，员工在一年半载之内会焕发出精神。那么过了一年以后会不会衰减？所以，股权激励难就难在这一点，难就难在你给与不给都有问题。你不给吧，留不住人家；你给了吧，两种情况，给得不足，他没有积极性，人走了，给足了，他赚钱了，他小富即安了，或者被竞争对手挖走了，或者这时候他又有了资本，又有了能力，他可以去创业了。

有些员工在上市之前有股权，上市之后一兑现，然后马上卖掉股票，就开始去创业了。

很多企业家往往想到的是给员工多少股份，但是没有想到如果员工离职，怎么回购。也就是只想到了怎么给，没有想到怎么收的问题。所以，我们要设计一个心理契约，设计的时候需要很多技巧。

三、蒙牛的“财聚人散、财散人聚”的结果如何？

蒙牛有四个大：太阳光大，父母恩大，君子量大，小人气大。

蒙牛有四个98%：品牌的98%是文化，经营的98%是人性，资源的98%是整合，矛盾的98%是误会。

蒙牛的文化：大胜靠德，大智靠学，大牌靠创。

蒙牛的用人理念：有德有才，破格重用；有德无才，培养使用；有才无德，限制录用；无德无才，坚决不用。

蒙牛的商业模式：蒙牛一头牛也不养，政府出面，农民到信用社贷款买牛，蒙牛品牌做担保，所有农民生产出来的牛奶蒙牛包销。这样北方300万农民都在为蒙牛养牛。这最少就是300万头牛啊，通常一个农民会养5头牛。所以蒙牛和伊利不一样，伊利养牛，但是蒙牛不养牛。不养牛的比养牛的赚得还多。

但是如今牛根生几乎从主流媒体销声匿迹了，民营企业蒙牛被中粮收购了。蒙牛的股散人聚，股聚人散，已经变成了股散人散，散到最后牛根生被迫辞掉了蒙牛的董事长职务。蒙牛的股权对赌没有完全站住脚。而且牛根生的股份还抵押在摩根士坦利手上，他的股份和员工的股份加起来不到20%。

收益是可以分享的，但是决策是不能分享的；绝大多数员工可以共富贵，但不可以共决策。员工往往都是短视的，真理永远掌握在少数人手里。

三鹿被查，蒙牛幸免于难，为什么？因为蒙牛是上市公司，三鹿是非上市公司。在危机面前，上市公司和非上市公司的价值完全不一样。你可以把三鹿关了，把他的员工管理好就行了，地方政府付得起；但是你要把伊利、光明、蒙牛关了，那社会还稳定不稳定？那后面有多少客户、多少股民、多少投资人，那怎么得了！所以，维持稳定也是资本市场最重要的任务。

蒙牛的股权结构有问题，缺乏系统化的设计。但没有这么简单，股权要出问题，那是企业的所有权的问题。就像两个人结婚一样，结婚容易，离婚的时候是需要财产分割的。

很多地方的上市规则当中都有一条：股权激励的股份总量不能

超过10%。就是你给一个人9.99%的股份和10.1%的股份不是一个概念。按照法律：持股10%以上的股东，有权去法院提请解散公司的请求权。就是哪一天不对劲了，你不给我看财务报表，你侵犯小股东利益，他就可以去人民法院提请解散公司。能不能够解散，要看证据，但是也会带来许多的麻烦。

四、华为的股权激励

股权激励的典范就是华为公司。华为就是通过很不规范的股权激励做成功的，华为没有上市，但是华为有6万多个股东。

华为总共有10万名员工，那么谁能获得股份，谁不能获得股份，是公司定的还是个人定的？不是公司定的，是个人的态度定的。给谁股份，是由公司人力资源部定的，但是要不要股份，是由个人的态度定的。华为让员工自己选，也就是你是愿意做一名劳动型员工，还是愿意做一名奋斗型员工。如果你要做劳动型员工，那么对不起，就不用给你股份了，因为你是劳动型的，大家严格按照劳动法办，加班就付加班费，大家公事公办。如果你要想享受额外的股权权益，怎么办呢？你就选择奋斗型员工。这个时候，你就要自觉加班加点，自觉把公司事业当成自己的事业，不计较个人私利。你的精神境界要比普通劳动型员工高。

为什么华为这么有活力，而且这种活力能够保持20年，是因为6万名员工都有股权，股权让员工升华了。很多企业到华为去考察，研发型企业应该怎么管理？这种企业光靠流程是不够的，必须要靠内在的推动力。

一个股权激励制度，如果不能触动灵魂是不能长远的。

真正的股改是把一个人的公司，把夫妻店、兄弟会，变成一个股份制企业。

很多人有个误区，认为在工商局登记下的股权就100%是这个人的。

很多公司注册登记的时候，很多时候用的都不是自己的名字，而是别人的名字，这就是代持股现象。用别人的名字登记的股权，有没有法律效力呢？答案是，有的。但是会有瑕疵，代持股的法律效力有多强，是一个问题。如果代持双方打了官司，一般情况下代持人是胜利方。你把你的股份弄在你同学名下，你同学未经你同意，把这个股份卖给王先生，那么法院对这种情况能不能判你同学卖股份的合同无效？不能！因为这个王先生现在是善意第三人，王先生没有责任。

五、土豆网的股权纠纷

上海土豆网的总裁叫王威，今日资本投资给他。王威结婚一年以后就离婚，这个时候财产问题就成了关键，经过法院调解，王威赔给他太太1000万元人民币，但是王威不同意。按照《婚姻法》的司法解释，夫妻双方投资收益的增值部分，仍然属于夫妻双方。比如，房屋的婚后增值部分不属于双方，但是投资收益包括股权的收益是属于双方的。王威认为，这个股权是结婚以前的，也就是婚前股权不应该被分割，但是他太太提出，婚前股权在婚后的增值部分，应当一人一半。

问题就来了。王威的土豆网，几乎是天天在烧钱，他就没赚过钱，他的报表上面还是亏损的。王威以为，这么一讲，他老婆就分不到钱了？（到现在为止，三大视频网站，还没有找到一个真正的盈利模式）。但是王威的太太不是一般人，是上海台纠纷节目的主持人，他太太认为，你现在没有增值，但是你上市以后就会增值。那怎么办？结果就托着，然后，竞争对手都上市了，优酷都上市了，他们还没有上市。于是王威急了，要赶紧上市，就必须在上市前和解，那么和解以后又有一个问题。因为土豆网是红筹架构，到海外上市，员工的股份不便于员工本人直接持股，因为中国公民不能合法买卖境外纳斯达克的股票，中国资本市场的项目没有放开，要去申报商务部特批才行，于是土豆员工的股份都挂在王威名下。现在董事长离婚了，他太太的股份怎么办？这时王威的太太就是善意第三方，她完全不知情，所以王威的股份，不管怎么样，必须划出一半。最后王威没有办法，赔了他太太700万美金，当然大部分都是上市后的股票抵押过去的。

所以王威离婚，最后损失的是他的投资人，因为王威离婚，土豆网上市推迟了半年，如果是第一家在美国上市的，其市值估计要大得多。这次把今日资本搞得特别狼狈。今日资本徐新投了三家企业，三家都离婚，真功夫蔡达标离婚，赶集网董事长老婆起诉，土豆网王威离婚。

所以，在投资一个项目时，在对项目做净值调查的时候，还需要对董事长的个人情史做一个简单的了解。

六、百丽如何用股权激活上游、下游

百丽集团把股权用得很好。百丽的股权激励给的是经销商股东，当时百丽在全国有55家核心经销商。他们是根据销量、每年完成计划的情况来给股份。那时候百丽还没有上市，而且给经销商的股份都是原始股。这个原始股是按照大家的绩效来给的。百丽的经销商卖一双鞋，不仅能赚一笔差价，而且还能赚到一份期权，如果百丽一上市，这个期权就可以兑现。所以，当时百丽的成功是把55家核心经销商激活了。

如果经销商销量上去了，但是产能如果跟不上怎么办？于是百丽一口气从全国兼并了10多个企业工厂，兼并这些企业的时候，并不是用钱去兼并，而是用股份去换。只要产品质量好、团队稳定就可以了。很多制鞋厂也觉得，被并购然后打包去上市，这样企业和自己的身价也不一样。如果只是自己做的话，既做不大，又无法继承。股票是可以继承的，而实业要是继承，必须要你子女对这个行业有兴趣才行。

百丽的股权包括三方：核心骨干，外面的经销商，置换的生产商。

企业都是从充分竞争走向寡头垄断。只要市场充分竞争，利润率就会下滑。如何才能避免这样的结果呢？那就是要成为一个细分市场里面的领导品牌。但是如何成为细分市场里面的领导品牌？只能上市，因为上市以后可以去并购人家。

中国为什么要改革？就是要让那些既有管理权、又有企业家精神的人也拥有公司的产权。只有这样，他们才拥有企业家地位。没有企业家地位的支持，只有企业家精神，是不可能存在真正的企业家的。

七、晋商的核心竞争力——“财股与身股结合、身股为大”

1.“财股”的意义

第一，财股使产权人格化，使经营可以一代一代持续下去。财股可以继承转让，所以老板必须关心企业中长期的利益。这个公司要做好，到我儿子、孙子那辈还要做好。血浓于水，我就要把家业传给自己的后代，这就是一心一意做好企业的老板们的永恒动力。

第二，以分红受益和继承财股为动力。财股拥有者总是努力聘用能者出任掌柜，并尽力留住他们，支持他们的运营，同时做好监控工作，防止掌柜的短期行为。

第三，传承财股使东家更注重诚信、买卖公平等，使之成为长期受益的生意规则，维系了晋商的商业文明，也促成了众多晋商的百年品牌。诚信是传承的要求，不是一般生意的要求。只有诚信才能挣大钱，但诚信也未必能挣到大钱，这是最基本的商业逻辑。

2. “身股”的意义

第一，身股因能力而设置，使有能力的人稳定、忠诚。东家有财股，但如果东家的后代无能，无法管理公司，怎么办？这种情况下，只能找能人来管理，而聘请来的能人不满足于仅仅挣工资，于是就有了身股。

第二，身股不能转让和继承，但使晋商聘请的管理者代代相似，多为精英，也使他们解聘庸者、新聘能人有了商业规则和文化基础。这是很科学的。如果身股可以继承，那掌柜的后代也可以一直当掌柜，就很可能会演变成庸人或小人执政。

- 企业初创期，股权就是稳定团队，达成心理契约的利器。（工资发不出来，现金流紧张，这个时候的拼搏精神很重要。）
- 快速发展期，股权可以推动高管团队新老更替，顺利完成二次创业。
- 上市前，股权可以推动公司治理结构优化，同时增强投资者的信心。
- 上市后，股权是吸纳和稳定人才的工具，可以提升上市公司竞争力。

八、麦当劳的股权解析

麦当劳目前在世界各地总共有4万家分店，这些分店可以分为两大类，分别是自营餐厅和特许经营餐厅。在过去几年中，麦当劳自营餐厅数量不断下降，而特许经营和附属的餐厅数量则持续上升。

	2005年	2010年	增长率
自营餐厅	8173家	6016家	-26%
特许经营	22593家	29275家	+30%

1. 麦当劳总部与分店的关系

麦当劳的总部负责品牌、品质和配送。例如，总部开汉堡大学，人才、产品培训是集中的。总部收取的是品牌特许费和年度管理费，大约5%，减轻了分店的负担；始终坚持让利原则，把采购中得到的优惠直接转给各分店。

2．麦当劳的股权关系特征

麦当劳给了分店店长比较大的股份份额，麦当劳总部高管的比例较低，其余的多数为公众股。例如，店长股份比例为15%，麦当劳总部高管1%，公众股84%。麦当劳的店主形成店主委员会，对公司的境遇决策具有较大的影响。例如开饭店的地址选择不能侵害老店利益；每个店长根据业绩最多开3家分店，目的就是不要超出管理半径。

3．麦当劳的效率分析

麦当劳采用分权管理方式，分店拥有了部分所有权，连锁体系总部拥有分店的部分经营权，但是各分店的所有权相对独立。

这种体系有利于总部节省资金，加快体系扩张。总部与分店所有权和经营权适当分离，分店店长是分店利润的最大受益者，从而经营积极性很高，效率也很高。

4．分店效率举例说明

麦当劳的新产品设计的98%是小店创造的，总店的创新90%都失败了，原因在于：

- 分店创新成果是因为有银股（即财股），创新的最大收益都归自己，店是自己的，有创新就有收益，因此有了创新的动力；
- 分店的店长是老板，天生是企业家，都在一起工作，接触客户，有市场竞争力，具备了创新的基础条件。

5. 麦当劳模式的实质

麦当劳实质是中小企业的联盟，麦当劳精神是总部消失了的企业家精神。

6. 总结

在这样的模式下，麦当劳从创业到10亿美金只用了22年，而IBM做到同样的规模用了46年，目前麦当劳以近700亿美元的市值排在世界餐饮业的第二位。

九、股权的概念

1. 实股(财股)

实股给的对象，就是在公司相当长的一段时间的人。大家知根知底，因为实股在退出的时候，需要法律来界定，如果双方不服的话，要用法律去解决。所以给实股一般是承认他的历史贡献。股票，可以进行流通，今天上市企业的股票，都属于实股。企业可以将实股进行合同转价，合同是可以进行买卖的。

2. 期股

期股是一种虚拟的股份，就是在一定的期限内，可以转换成公司的实股。如果一个人的才与德还看不清楚，还要观察一段时间，这时给期股比较合适。他可以先享受股份的分红权，但是他不能享受产权上面的股份。期股可以在1 ～ 2年以后过户，变成实股。

3. 期权

像微软、Facebook这样的公司给的都是期权。期权和干股有什么区别呢？干股是马上可以分红的；期权不是这样，如果约定期权是两年以后行权，那么两年内，这个期权不能参与任何形式的分红。中国式的激励往往是干股多，硅谷式的激励往往是期权多。

清朝的票号分红往往是4年才分一次，4年一个账期，账期结束的时候才分。如果不到4年，你走人的话，那么就没有分红。在票号里，是典型的岗位股，人跟着岗位走，股在人在。

企业的管理核心就是人才的管理。人才管理的核心就是欲望的管理。企业家如何合理地引导欲望很重要。

票号的消亡不在于票号，而在于他们做了一件愚蠢的政治投资。当慈禧仓皇逃到山西的时候，山西的所有东家和掌柜，误以为找到了巴结太后的最佳时机。慈禧回北京之后一开始还是很感激的，说家贫出孝子、国乱显忠臣；隔一段时间，慈禧对李莲英说，为什么朝廷这么没钱，票号这么有钱？最后慈禧把很多票号全部收回国有，这是清朝金融史上的一次大改革。票号要做银行，只能做户部银行。户部银行也就是清朝的中国人民银行，所有票号只能做户部银行的小股东。

4. 干股（身股）

干股是没有出钱拥有的股份。

特殊岗位、人物，不需要股金投资，算他入股，可以分红。

例如一个店投资是100万元，你拿5万元占实股，你再占10万元的干股，那么你占企业总股份的15%。如果在5年内或10年内，要求你退出，将按照企业15%的总投资来进行折价。这就是企业干股和实股的组合。

5. 增值权

增值权指的是只给股份的差价。像星巴克在中国的员工享受的就是增值权，因为他的员工还不能享受美国公司的股票。干股和增值权的成本比较高，都需要用现金支付增值成本。

复兴集团最上层的公司是不搞股权激励的。郭广昌（董事长）怎么搞股权激励呢？是他的板块公司搞股权激励。做矿业的就在矿业这个板块搞股权激励，做地产的就在地产这个板块搞股权激励。他持有每个板块50% ～ 51%的股份。

激励工具	分　红	增　值	决　策　权	退　出
实股	√	√	√	复杂
期股	√	√	×	较复杂
期权	×	√	×	简单
干股	√	×	×	简单
增值权	×	√	×	简单

适合搞股权激励的一定是大行业中的小公司。一个伟大的领袖一定诞生在一个伟大的行业里。股权激励是解决共患难，还是解决共富贵？首先是共患难。

很多企业都遇到过这样的情况：给员工多开工资，他不好好干，少开工资，他不想干，每天都在抱怨和发牢骚。按照企业的发展思路，它从原始资本积累创业，走向了企业的复制规模创业，再走向企业的品牌创业，又走向了企业的文化创业；人在企业当中就做了两件事，被人激励和激励别人。

6. 股权激励导论

（1）绩效激励。

（2）优胜劣汰。

（3）竞争上岗。

（4）公平就是不平均，平均就是世界上最大的不公平。

（5）每个公司都有五常员工：常有理，常抱怨，常发脾气，常发牢骚，常浪费；猪八戒就是五常员工。

（6）在所有的纯利润当中又拿出一部分来作为奖励，这就是所谓的业绩股份。

（7）人的一生最难划分的：分名，分利，分权；谁把这个分明白了，我们的企业必然成功。

（8）早分股，早成功；晚分股，晚成功；不分股，难成功。

（9）股权划分可以理解为机制改革。

（10）必须要让员工成为：今天是打工者、明天是合作者、后天是分股者。

十、机制可以让企业做大，体系可以让企业快速发展

体系的建立分为以下几个内容。

（1）绩效考核体系；

（2）服务流程体系；

（3）产品质量稳定体系；

（4）企业营销体系（每周有计划，每月有变化，年年求发展）；

（5）人力资源规划体系（包括员工职业生涯规划，愿景组合）；

（6）企业品牌维护塑造体系；

（7）复制体系（企业不发展，员工很难发展）；

（8）财务体系。

对于连锁企业来说，主要分为以下几个体系。

（1）分的体系；

（2）激励体系；

（3）八大组织体系；

（4）培训体系；

（5）督导体系；

（6）评估。

有的企业不缺投资方，也不缺管理方，但是为什么企业总是做不大呢？就缺以上6个环节。

连锁体系不是产品对产品的竞争，也不是店对店的竞争，而是系统与系统之间的竞争。

1. 中诚伟业股份改造方案

中诚伟业和公司员工的合作方案（合同范本）如下所示。

甲方：中诚伟业集团

乙方：公司员工

为提升企业整体形象，尽快实现规范化、品牌化、形象化，赢得未来竞争优势，根据国家有关法律、法规，甲乙双方以股份制合作经协商一致达成如下协议。

一、参股金额与方式

1. 参股金额1万元人民币，占1%股份，每月从工资中扣除，两年内扣完。（一个月大概扣400元，那么我问大家入股吗？大家说，不入，为啥？没钱。不要钱入吗？入！刚刚开始入股的只有4个人，这4个人最忠诚。不入股的，一不培养，二不升职，三不涨薪水，每周开一个股东大会，不是股东的不能参加。）

2. 在签订合同时乙方多次性支付甲方参股费1万元整，享受五年股份权。五年后根据乙方的意愿可以选择退股或续参股。

二、股权划分

1. 乙方投资1万元占甲方中诚伟业集团分公司每年纯利润1%的股份。（格局大的公司要签订一个格局大的合同。）

2. 甲方投资包括人力资源、品牌、知识产权、办公和设施设备及培训软件资源，共占分公司每年纯利润99%的股份。

三、结算方式

1. 每季度月底进行透明度签字结算，存档作为年底分红依据。（把你的客户拉进来做你的股东，企业永远不会垮。创业阶段有两种情况让员工入股，第一种情况是员工没有钱，让投资人投钱，保证我们企业运营；第二种方式，就是如果企业在创业阶段，不稳定，让员工入股。财务账单必须向股东公开，一个企业要长久发展，财务必须公开，没有必要作假。）

2. 每年年底甲乙双方进行透明度结算，甲乙双方年终分红必须是扣除分公司保障金纯利润10%与员工年终奖，剩余纯利润部分为次年二月底进行股。

四、甲方的责任与权利

1. 甲方向乙方定期（每季度）出示经营报账单；由乙方签字认可，保存作为年终分红的依据。

2. 甲方有权利不采纳乙方的不合理建议。

3. 甲方要维护乙方的参股利益。（如果出现亏损，必须向股东进行通报。）

4. 如果甲方有重大决策，影响到乙方利益的变革应及时通知乙方，便于乙方合理地做出决策安排。

五、乙方的责任与权利

1. 乙方具有对甲方的经营定期采购进行审核与监督的权利。

2. 乙方有责任按照甲方的合理要求协助经营。

3. 乙方可进行甲方的人员调配、计划、决策、经营、管理建议等，但甲方有权利不采纳。（这叫作股不参政。）

4. 乙方有责任保守甲方的商业机密，不得向第三方透露甲方所有知识产权。

六、特殊约定事项

1. 如果乙方提出退出股金，需要在年底核算后方可退回，其他任何时间段提出，甲方都不退还股金和分红。中途退股不享受分红，但享受亏损。

2. 由于甲方的经营不利及人力不可抗拒的自然因素导致公司亏损，致使无法运营，甲方无能力进行股金回笼或分红，甲方不承担乙方的任何损失。

3. 如果乙方违反法律法规、违反企业规章制度，造成企业资产或无形资产亏损，成本加大，则企业将其劝退或开除，股金应对企业做出相应赔偿，剩余部分退回乙方。

4. 双方之间发生争议，应当进行友好协商，在无法协商的情况下，任何一方均可向当地人民法院起诉，诉讼费由败方支付。

5. 本协议未尽事宜，甲乙双方可签订补充协议。

6. 本协议书履行完毕自动终止。

7. 本协议书正本一式两份，甲乙双方各持一份，具有同等法律效力。

8. 本协议有效期三年，自2011年1月1日起至2015年12月31日止，协议期满后，本协议自动终止。

2. 某高科技公司的劳动股份制（创业型）

身股又称岗位股，无须去工商注册，在企业中就按持有比例分红，离开就取消。这是一个没有钱就给希望的方案，具体方案如下。

（1）定量：40%～50%用于分红，在分红中70%分给公司不持股的员工，股东分红不超过30%，任何人的分红不超过总额的10%。

（2）定类：均为身股（不能转让，不能继承，离开公司就失效）。

（3）定价：员工不出钱即可享有此权利，价格为零。

（4）定人：全员劳动股份制，入公司转正一年以上的人员。

级　　别	副总裁/事业部总经理	部门经理	主管	员工
可购股数（万）	4	3	2	1
送股数（万）	8	6	4	2

（5）定时：从员工转正后开始算起。

（6）定变：当时他们没有身股变为银股的变化。

（7）定规：分红严格保密。

该方案共实行了8年，给员工带来希望，有力保证了公司的稳定发展。

1998年该公司引入风险投资，为保证激励方案的科学性，进行了创业股（银股：通过工商注册，可继承转让）改革。此方案属于“老板有钱分给员工”的方案，具体如下。

（1）定量：身股分红继续保留，公司净资产2000万元，按每股1元钱计算，共2000万股，拿出15%～20%（有些资产算不清楚）进行银股改革，以适应后面的引入风投和上市。

（2）定类：均为银股，可参加公司分红总额中30%的银股分红，有条件地继承转让。100万元的利润，劳动分红70万元，30万元是银股分红；现在员工入了20%的银股，30万元的20%是6万元。

（3）定价：1元一股，有条件地买一赠二。

（4）定人：在公司工作转正3年以上的人员均可参加，分为四级。

（5）定时：2个月内付款完成，过期不候。

（6）定变（行权条件）：

① 股改后三年内离开公司，公司无条件原价收回。

② 股改后三年后离开公司，公司无条件按3倍价格收回。

③ 公司上市之日起，银股转成上市公司股票，公司回收条件取消。

（7）定规：银股主要按照职位定量，自愿认购，可少不可多，认购权不可转让，每人买多少严格保密。

从历史的角度总结，此次股改有以下特点：

（1）保持劳动股份制不变而进行的银股改革，使团队和企业文化更加稳定，信任感情增加，满足了多层次、多方面的需求。

（2）自愿+严格保密，使大家均无压力。

（3）一年后红杉资本入资，公司价值大幅提升，买股转为经理级以上的有关人员，但买入价格上调三次：

- 第一次，2元/股，送2；
- 第二次，3元/股，送2；
- 第三次，4元/股，送2。

（4）此次股改的问题在于，一般员工也可以认购银股，有大锅饭的味道，使得股改效果不佳。另外，对后几次银股升值事先设有规定，红杉资本入股才提出，使人在得益的同时，有不舒服的感觉。

刚开始，是1元/股，红杉入资后是15元/股，上市的时候，每一元又变成了17元，也就是255元/股。

员工如果当年买1万元的股票，上市的时候就是255万元。

高管如果买10万元的股票，上市的时候就是2500万元。

所以他们的很多员工都很后悔，对革命意志不坚定的人，就是挣不到钱。长征之前加入的，和长征之后加入的完全不一样。

股改其实就是身股、银股和期权的组合，但是在定人、定岗、定量、定类不同的情况下，不同的阶段都充满了千变万化，所以看似有招，实则无招。

3. 天津文光集团的股改方案，利润增加了10倍

天津文光集团是一家拥有三十多家分公司的五金经营企业。其老板高文光是中国五金协会副会长、政协文员、天津市劳动模范。之前公司经营不好，但是进行股改之后，完全变样了。

天津文光是一家重资产公司，他们在天津火车站旁边有一个文光大厦，还有十几个门面房，如果都要把这些房子都分给员工，那是不对的。高文光也是在这一点上犹豫，但是他不知道该怎么办？我们的建议是，文光集团不动，建立一个重资产的公司，剥离出来建立一个文光商贸公司来租用文光集团的房子。然后用这个公司实际产生的利润进行股改。

第一：去年公司如果亏损，今年必须盈利。他们关了几家分公

司，关完之后还剩下26家分公司。

第二：分公司的利润指标就是去年的利润，去年赚30万元，那么这30万元就是指标基数，超额的部分，公司拿4成，这个分公司留6成。这6成中，4成分给分公司总经理，2成由分公司总经理决定奖励给优秀员工。

第三，这个改革，两年基数不变，均为身股，干就有，不干就没有。

2011年股改，2011年每个分公司交给公司的4成收益，是2010年的10倍。

天津文光案例的“艺术”理解：

（1）分公司身股改革效果明显；

（2）文光2011年初股改；

（3）重资产与经营性公司的二层股改方案；

（4）26家分公司比2010年增长了10倍；

（5）文光未来可能遇到的问题。

这种身股的改革，两年没有问题，但是两三年以后，如果没有银股改革作为支撑，那么这一轮改革的动力将会逐渐变弱。

关于股改艺术的再总结：

掌控思想，转变观念，才可能制定出全面有效的股改方案，并使自己拥有在执行中完善发展的能力。在形成方案的过程中，过多过早关注细节和技巧，往往会使企业家在旧有制度逻辑中徘徊，增加股改的难度。股改方案不是用细节凑出来的，更不是用巧劲推出来的，而是企业家财富观的转变，思想升华之后的自然结果。

股改：重塑薪酬与绩效体系。

（1）工资与职务挂钩：职位说明书、工资说明、补充条款，受劳动法保护，总裁与个人签。

（2）股权与聘用挂钩：职务说明、股权说明、补充条款等，受公司法保护，董事长与个人签。

（3）分红与股权利益挂钩，有三种挂钩的方法：

① 核心层与整个公司利润挂钩；

② 运营层和自己领导的机构的利润挂钩；

③ 前两者相结合。

4.典型案例评析：A公司股改方案

方案分为以下几个部分：

- 企业简介；
- 企业战略；
- 公司未来五年规划；
- 组织；
- 股东人际关系网；
- 分店身股分配方案（烤鸭中餐店）；
- 分店身股分配方案（中式快餐店）；
- 总部激励方案；
- 股改规定；
- 方案收益。

（1）企业简介

公司成立于2008年7月份，经历2年的发展，现有员工160人，年营业额2000万元左右，利润总额约450万元；企业保持30%的增长速度。

经营范围：中餐（烤鸭北京店）、中式快餐（京味面和京城小吃）。

公司愿景：成为中国一流的餐饮企业。

公司使命：真情回报社会，弘扬中国传统文化。

办店宗旨：创造并留住每一位顾客，将企业的每一位员工培养成有用之才。

道德准则：以德治企，诚信待客。

七项行为准则：对顾客要真诚，对企业要忠诚，对员工要负责，对工作要执着，对上级要服从，对下级要培养。

（2）企业战略

三年后达到10家烤鸭店、15家中式快餐店、营业额突破亿元、利润不低于2000万元；本着“立足北京，发展在全国，放眼全球”的发展理念，扩展北京全国市场，引进专门技术人才和管理人才用于企业发展。

（3）公司未来5年营业利润预测

公司未来5年营业利润预测如下表所示。

单位：万元

年份	营业收入	利润率	利润	留存发展	分红额	股东分红	身股分红
2009	4200	11%	462	277	154	73	111
2010	6400	11%	764	422	281	112	164
2011	9000	12%	1080	658	432	172	259
2012	13000	12%	1560	736	624	249	374
2013	17000	12%	2040	1224	816	224	489

（4）股东人际关系图

股东人际关系图如下表所示。

股东	持股比例	关　　系
JHS	90%	
公司高管	10%	JHS的部下

（5）分店身股分配方案（烤鸭中餐店）

烤鸭中餐分店净利润额的30%作为该店团队身股分红。具体分红比例如下表所示。

以2011年净利润150万元的单店为例进行分配，预计年利润率增长率为15%。

职　　位	身股分红比例
店长	30%
厨师长	20%
烤鸭师傅	10%
主管1	5%
主管2	5%
骨干优秀员工	10%
合计	100%

（6）分店身股分配方案（中式快餐店）

中式快餐店净利润的30%作为该店团队身股分红，70%上交总部。具体分红比例如下表所示。

以2011年净利润70万元的单店为例进行分配，预计年利润增长15%。

职　　位	身股分红比例
店长	35%
厨师长	25%
骨干员工	40%
合计	100%

（7）总部激励方案

① 公司净利润60%用于公司发展积累，40%可以给予员工分红。

② 分红部分60%用于团队激励（身股），40%用于股东分红（银股）。

③ 团队激励的分股比例：90%用于团队重点激励，10%用于激励其他业绩突出的员工及弹性处理。

④ 此10%由总经理具体负责，无须激励时，则退回公司用于发展。

（8）股改规定

① 该劳动分红为期5年，凡在公司规定岗位上工作满一年者皆享

此分红。

② 分红实施时间为每年除夕前15天落实到人。

③ 员工无论任何原因未到分红期离开公司的视为自动放弃分红；到期而且经过公司批准离职并办理完毕交接手续的，同样可以得到分红，升职和降职的，调整后级别分红，从调整之日算起。

④ 分红属于公司重大机密，任何人一旦泄露，属于严重违规行为，一经查实，立即开除，取消分红权利，如被发现同事之间相互打探对方分红比例，立即取消该员工分红权。

⑤ 身股不允许买卖和转让，离开公司之日起，身股股权自动作废。

（9）方案收益

① 营业额王府井店每月提升10万元，公司总体营业额每月提升15%左右，利润提升25%左右。

② 收益是其次，最重要的是店长自我管理提高了，管理起来容易多了。

（10）方案评价与建议

① 方案中规定，员工年薪每年增长10%，这一条可以在方案中体现，根据市场情况决定员工年薪增长比例。

② 店长工资根据每个分店的利润来确定工资档次。

③ 每一个方案都给员工分了30%～40%（烤鸭店30%，快餐店40%）。建议：员工部分，分员工就意味着店长和主管的分红没有起到作用，店长要分50%～60%，分出老板的地位和感觉，才能有老板的心理和行为，这点做不到，肯定会失败。

④ 股东分红总额降到30%（方案中40%），小股东的10%分红不变，也就是说，给员工的所有身股分红都由大股东自己做出。

⑤ 劳动分红的期限三年足够，而且第二、三年要有身股转银股的计划，一定要通过有效的机制把身股模拟的老板变成真正的老板。

5. 案例：一家养生品公司——“北京时间”

时间=生命，生命要有质量，而健康是有质量的标准。

北京时间生物科技有限公司成立于2003年，是一家保健品机构，专注于老年人保健品，其生产、物流都是外包，是一家营销型的公司。

企业文化：敬天爱人，思利及人，慈悲为怀。

企业愿景：做中国最优秀的健康企业。

企业人才观：忠诚、勤奋、学习。

该公司2009年6月股改前比例如下表所示。

姓　　名	职　　位	持股比例
GHY	董事长	51%
Z	总经理	9%
R	副总	9%
X	董事	31%

2008年公司亏损1080万元，GHY用平均50%的现金收回其他股东的全部股份。GHY持股100%。

2009年6月股改后的比例状况如下表所示。

姓　　名	职　　务	持股比例
GHY	董事长	75%
ZW	副总	20%
ZMD	副总	5%

（1）股改背景及股改目标

① 通过股改激励方案让中层真正为自己干，而为公司负担起责任，并形成真正团结有力、有共同目标的团队。

② 让有激情、有动力、有魄力的员工能在“北京时间”的平台上创业。

③ 让大股东一步步事先自己做教育并参悟人生。

（2）未来商业模式规则

① 建立以呼叫为基础的电子商务平台；

- 加大广告发布，扩大数据量；
- 用新的分账系统，以网络为平台，建立新的营销模式。

② 建立以专卖店为结算单位的员工内部创业平台。

（3）股权方案

1）定量：银股，公司注册资金1200万元，每股1元，共1200万股。其中的20%以期权的方式，转让给一位副总，该副总从2010年4月份开始，用年薪60万元中的36万元，以及每年20%的分红所得的现金进行行权，直到行权完毕；另外送5%给另外一位副总（完全赠送，因为跟随多年）；但这两位副总只享受利益权，不享受公司决策权。

2）定类：均为身股，公司拿出每年利润的70%用于发展，另外的30%用于分红；30%中的30%作为董事长奖励基金，用于有突出贡献的员工。

3）定时：股权方案自2010年3月开始实施，至2011年2月成为第一阶段，2011年2月后根据现实的情况，另行改造。

4）定规

① 该分红方案实施期为一年。

② 分红实施时间：每年4月1日前发放50%，8月1日前发放剩余的50%。

③ 无论因何原因未到分红期间离开公司，视为自动放弃分红，到期且经过公司批准离职并办理完毕交接手续的，可以得到分红，升值和降职时，按调整后级别分红，自调职之日起计算。

④ 分红属于公司重大机密，一旦泄露，属于严重违规行为，公司有权开除；如被发现同事之间相互打探对方分红比例，立即取消员工分红权。

⑤ 身股不允许买卖和转让，离开公司之日起身股股权自动作废。

公司暂无上市考虑，所以不考虑身股转银股问题。

2010年净利润400万元，可分配利润120万元。具体分配如下表所示。

职　　位	年薪/万元	身股比例	身股分红	年总收入/万元
财务经理	6.6	8%	9.6	16.2
行政人事经理	6.6	8%	9.6	16.2
首席医学专家	6	8%	9.6	15.6
生产经理	4.2	3%	3.6	7.8
品牌规划经理	18	15%	18	36
营销总监	18	15%	18	36
产品研发总监	6.6	8%	9.6	16.2
其他（业务骨干）		35%	42	

（4）分公司股改方案

① 分公司属于二级单核算单位；

② 公司以全国统一供货价向其供货，做结算后不再参与分红。

业务员收入：

收入1：当月销售提成20%(含基本工资1000元/月)；

收入2：全年销售额达30万元以上奖励提成2%。

业务部长收入：

收入1：本人的销售同业务员；

收入2：团队业绩的5%（不含本人业绩）。

③ 分公司身股规定如下：

- 总经理占35%；
- 其他人员共占65%。

（5）专卖店股改方案

① 专卖店属于公司三级单核算机构；

② 公司以全国统一供货价为其供货，并做出核算；

③ 分公司向其收取销售额的15%的管理费后，不再参与其利润分配。

④ 专卖店身股规定如下：

- 店长占30%；
- 业务员（包括店长）按其销售额比例分配另外的70%。

（6）建议

① 时间定的是一年，员工可能会想，如果今年分多了，那么明年是不是会改？员工会不放心。

② 公司留下70%用于发展，主要用于哪些发展？（用于电子商务发展和引进人才。）

6. 博文科技股权对赌案例

下面介绍2010年博文科技股权对赌的案例。

（1）在每年的利润的30%中分配，在2010年拿15万元出来分配，这15万元中，50%进行股权分配（原则上为两年以上的员工，三年加权考核分数在平均考核分数以上的员工通过购买股权的形式分配），50%分发给所有员工（根据三年加权考核分数决定分发的多少）。

2011年分配原则为：拿出利润的40%进行分配，其中70%用于股权分配，30%分发给所有员工。

（2）股权激励对象：当年业绩超过平均考核分数者（2010年度的分配根据2008、2009、2010年度三年的考核加权决定，考核比例：2008年占30%，2009年占30%，2010年占40%）。

第一批进行股权分配的员工按照三年的加权考核分数决定，第二批股权分配的员工（第一批已经分配过的）则按照当年的考核分数决定，第二批股权分配的员工（第一批没有享受分配的）按照三年的加权考核分数决定。

（3）股权购买数量：符合股权激励对象的员工，自行决定购买数量，公司同时奖励同等数量的分红权。员工在购买股权的当年不可以回购，但如果此员工每年都有购买，在第二年也有购买，则可回购。员工购买的股权金额，为保证员工的利益，其中的70%公司原则上不动用。

（4）股权购买价格：与员工当年的业绩表现挂钩，业绩越好，可购买的股权金额越多，股权购买价格越低。

2011年假如利润为50万元，拿其中40%出来分配，也就是20万元。那么股权分配占70%，根据2011年分配的原则：拿出利润的40%进行分配，其中70%用于股权分配，30%分发给所有员工。最终也就是拿10万元分配股权给考核平均分数以上的。10万元分发给所有员工。考核指标以《技术部、售后部、销售部、行政部考核标准》为主。假如2011年利润为负数，则不进行分红。

A员工应该分发的金额＝10万元×（A员工的考核分数/每个员工考核分数的总和）

A员工最多可购买得股权金额＝

10万元×（A员工的考核分数/平均考核分数以上的所有员工的总和）

A员工购买股权的价格＝A员工最多可购买得股权金额×

［1－（A员工的考核分数－考核平均分数）%］

A员工第二年分红金额＝A员工可购买的股权金额

比如，A员工的考核分数为95分，考核平均分数为91分，那么

A员工购买股权的价格＝A员工最多可购买的股权金额×96%×（1－4%）

假如A员工最多可购买的股权金额为2万元，那么A员工购买股权的价格为1.92万，也就是说，A员工以1.92万元购买了2万元的股权金额，第二年分红，就给A员工2万元的分红。

A员工的股份＝A员工可购买的股权数量/公司总资产（净资产＋固定资产＋无形资产）

员工购买的股权数量在增加，同时公司的总资产也在增加，而无形资产是由博文科技管理层综合评定的。

（5）股权对赌回购

获得股权激励的员工，如果当年的业绩低于平均考核分数者，公司强制回购，数量为其持股数的一半；两年连续如此，回购全部，分红权亦做相应调整；业绩越差，股权回购价格越低。即：

股权回购价格＝

（A员工可购买得股权数量/2）×［1－（A员工的考核分数－考核平均分数）%］

（6）A员工的业绩，不低于平均考核分数，则平安无事。但在此机制下，平均水平是一年比一年慢慢上升的。连续两年业绩水平都超过每年平均考核分数以上，则正式成为公司股东。一旦正式成为公司股东，每年享受分红，占股比例由前两年购买的股份决定。如果员工要继续增加持股比例，则还需要连续几年的考核期。在连续两年中，员工考核分数超过平均数，在此期间回购（部分）股权，则不能成为正式股东。

（7）员工离职，所持股份数由公司按股权回购价格回购。

（8）员工最终持股总份额不超过49%，员工私下不准转让股权份额。

（9）博文科技决策层对本方案保留最终解释权。

7. 星巴克的股权案例

在星巴克公司，员工不叫“员工”，而是被称作“合伙人”（Partners）。这不是一种文字游戏，而是有着实在、实惠而又丰富多彩的股票期权计划为支撑的战略安排。在这种安排之下，每一个员工都有机会成为星巴克的股东，因此被称为“合伙人”并不为过。

（1）股票投资计划（S.I.P.）

根据该计划，星巴克员工在每个季度都有机会以抵扣部分薪水的方式，以一定的折扣价格购买公司的股票。

申购者需具备的条件：在申购季开始之前，被星巴克连续雇佣90天以上，且每周的工作时间不少于20小时。在申购即将开始前，公司会将申购资料邮寄到雇员家里，每个员工的申购资金限额为其基础薪酬的1% ～ 10%。

折扣及交易方式：在每个季度结束后，在该季度第一个和最后一个工作日（Business Day）中，选择一个较低的星巴克股票公开市场价格（应该是这两天的“收盘价”中较低的一个），将员工所抵扣的工资以低于市场价15%的折扣购买，即我们通常所说的“八五折”。

（2）“咖啡豆”（Bean Stock）期权计划

该计划赋予了更多员工购买并拥有星巴克股票的权利，目的是使员工充分分享公司的经营成果。

申购者需具备的条件：自每年4月1日起至财政年度结束，或者自每个财政年度开始（一般为10月1日左右）至次年的3月31日，或者自4月1日开始至该计划当年被正式执行之前，连续被星巴克雇佣且被支付了不少于500个小时的工资。

主管（Director）及以上职位的人员不参加“咖啡豆”期权计划，但可以参加专门针对“关键员工”（Key Employee）的股票期权计划。

（3）股票期权奖励（Stock Option Award）

在综合考虑公司年度业绩的基础上，公司董事会每年会考虑给予符合条件的人员一定的股票期权作为奖励。员工个人应获得的股票期权数量由以下三个主要因素决定：当年（财政年度）的经营状况及收益率；个人在该财政年度的基础薪酬；股票的预购价格（Exercise

Price）或公司允诺的价格（Grant Price）。

丰富多彩的股票期权计划，既是对员工基础薪酬的有益补充，也是对长期为公司服务并做出相应成绩的员工的奖励，又巧妙地将员工的利益和企业的利益结合在了一起。其背后的潜台词是：如果想发财，那就好好干吧！

事实证明，星巴克这种通过主动与员工建立“利益共同体”，从而激发员工充满激情地为顾客服务的做法，要比我国一些企业单纯强调员工对企业的“无私奉献”和“任劳任怨”，要人性得多、有效得多、快乐得多，也持久得多。

用以下方式激励最有效果：

- 负责运营的副总→股权；
- 销售部的销售精英→提成；
- 跟随公司多年的忠诚员工→福利；
- 经常加班的优秀员工→奖金。

8. 期权的学问：创业公司如何公平分配股权

（1）硅谷的股权原则

① 外聘CEO：5% ～ 8%；

② 副总0.8% ～ 1.3%；

③ 一线管理人员0.25%；

④ 普通员工0.1%；

⑤ 外聘董事会董事0.25%；

⑥ 期权总共占公司股份的15% ～ 20%。

期权在工作1年后开始兑现，4年完毕。利益分配公平，才能形成有战斗力的创业团队。

（2）Joel Spolsky对于创业公司股权分配设想

最重要的（股权分配）原则是：公平，而且让人可感知到的公平，比真正拥有大的股份更有价值。在一个创业公司，几乎所有可能会出错的地方都会出错，而且会出错的问题当中最大的问题是创始人之间巨大的、令人气愤的、吵到面红耳赤的关于“谁更努力工作”的争论、谁拥有更多股份、谁提出的想法等等。

原则是这样的：随着你们公司的成长，你们将一层一层/一批一批地招入新员工。公司的首批员工就是第一个创始人（或者第一批创始人）。也许有1个、2个、3个或者更多，但你们都同时开始在新公司工作，而且你们要冒一样的风险……例如辞掉你们的工作加入一个未被市场认可的新公司。

第二批进来的人就是首个（批）真正的员工。当你聘任这批人时，你已从某个来源获得现金（投资人或者客户，这个无所谓）。这些人不需要冒多大风险，因为他们从工作的第一天开始就拿了工资。确切地说，他们不是公司的创始人，而是加入公司打工的。

第三批的人是更后来加入进来的员工。他们加入公司时，公司已运作得不错。

对于很多公司而言，每隔大约1年将进来一“批”员工。当公司规模大到可以卖给谷歌或上市或是其他，你的公司员工也许已经有了6批人：创始人1批，员工大约5批。每一批员工人数都比上一批多。也许有2个创始人，第二批当中有5名最早的员工，第三批有25名员工，而第四批有200名员工。越晚加入公司的员工需要冒的风险越低。

你可以这样利用上述信息：创始人应该最终拿整个公司大约50%的股份。首层下面的5层员工的每一层最终都分别分到大约10%的公司股份，每一层的员工都将平分这10%的股份。

例子：

两个创始人启动公司，他们每人拿2500份股份。公司总市值按5000股算，所以每个创始人拿一半。

第一年，他们聘用了4名员工。这4名员工每人拿250份股份，公司总市值按6000股算。

第二年，他们又聘用了20名员工。这些员工每人拿50份股份，他们获得的股份少，因为他们承受的风险少。因为公司给每一批员工派发的股份是1000股，所以他们每人拿到50股。

直到公司员工有了6批，你已给出10000股。每个创始人最终持有公司25%的股份。每个员工“层级”持有10%的股份。所有员工当中，最早进入公司的员工，因为他们与迟来的员工相比承担的风险最大，在所有员工中持有最多股份。

靠谱吗？你不必严格按照这个公式来规划股份，但基本思路是：你设立不同的资历“层”，最高层级中的员工承受最大的风险，最低层层级的员工承担最少的风险，而每个“层”的员工平分公司分配给这个层级的股份，这个规则神奇地让越早加入到员工获得越多的股份。

使用“层级”的一个稍微不同的方式是“资历”。你的顶部层级是公司创始人，再下一层，你需要预留一整层给将来招聘牛哄哄并坚持需要10%股份的CEO；再下一层是给那些早期进来的员工以及顶级经理人，等等。无论你如何组织你的层级，它们应该是设计清晰明了、容易理解、不容易产生纷争。现在，你搞定了一个公平的股份系统，但还有一个重要的原则：你必须执行“股份绑定”（vesting）。股份绑定期最好是4～5年。任何人都必须至少在公司做够1年才可持有股份（包括创始人）。好的股份绑定计划一般是第一年给25%，然后接下来每个月落实2%。否则，你的合作创始人在加入公司3个星期后将跑掉，然后7年后又出现，并声称他拥有公司25%的股份。没有“股份绑定”条款，你派股份给任何人都是不靠谱的！没有执行“股份绑定”的现象极其普遍，后果可能十分严重。你看到有些公司的3个创始人没日没夜地工作了5年，然后你发现有些混蛋加入后2个星期就离开，这混蛋还以为他仍然拥有公司25%的股份，就因为他工作过的那两个星期。

9. 机制设计案例：如何让一家混乱的公司变成精锐部队

当一个公司员工超过1000人后，这家公司不仅产品质量、交期经常出问题，员工还会经常说："这事不归我管！"

有一家专业生产入网设备的企业，近几年发展迅速，员工达到1000多人。但与此同时，由于产品种类日新月异，工艺越来越复杂，客户对速度和品质的要求越来越高，而公司却在质量、交期、成本、售后服务等方面屡屡出现问题。如果不及时解决这些问题，后果将不堪设想。

该企业的主要问题有以下几点：

- 流程不畅通。整个生产进程被分成相互交错的多个子模块，但由于缺乏事前规划和安排，计划往往被打乱，交期基本成为空谈。
- 机构设置过度平行化。部门多且相互牵制、配合度低，协调困难成为推脱责任的最好借口，经常听到的话是"我没有义务帮你做"、"这个事不是我管"。
- 权责不明确。发生事故时很难明确责任主体，各部门都会把自己推得干干净净。
- 考核指标过多。"德勤能绩"样样齐全且以处罚为主，欺上瞒下、敷衍塞责也就成为常态。

他们重新设计了企业内部机制，实施两年后，订单量增加了3倍。

（1）第一步：先理顺流程

企业制度设计的基础是管理流程，因此，为了减少不必要的沟通环节，避免互相扯皮、敷衍塞责等现象的出现，首先需要优化业务流程和管理流程。

① 调整业务部门的职责，使之成为统一的"客户服务中心"。并建立"一对一"的客户服务机制，及时有效地传递客户需求，保证整个企业运行是以客户为导向的。

② 提升PMHC部门的地位（PMC是“生产与物料控制部”，是直接从国外引进来的，但因为增加了“人力资源计划”，所以改为PMHC），使之成为统一的“生产指挥中心”。该部门围绕客户需求，统筹安排信息、技术、物料、仓储、人力等，保证生产高效有序地进行。

③ 强化品质部门的权限，使之成为统一的“品质管控中心”，实现全时、全程的质量控制。

④ 完善财务部门的职能，使之成为统一的“财务监管中心”，实行集中统一的财务管理。

（2）第二步：一个部门一个关键指标

当流程清晰、职责明确之后，对各部门的绩效考核也就变得简单了。各部门围绕“关键指标”进行考核，若该部门能证明其指标未能实现是由另一部门造成的，则其扣罚金额转由另一部门承担。

① PMHC部

关键指标——及时性：一个月未有交期延误，奖励基本工资总额的5%，连续两个月未延误，奖励10%，连续三个月未延误，奖励15%，以此为限；反之则反之。出现延期后，每增加一天加扣0.5%。如果PMHC能证明交期延误主要是由另一部门造成的，则处罚转由另一部门承担。

重要指标——生产成本控制：由财务部举证，如单位综合成本上升由PMHC造成，则处罚转由PMHC承担。反之，以前三个月滚动平均为基准，生产成本比例（当月生产成本 / 当月产品销售价）每下降1%，奖励基本工资总额的5%（以15%为限）。

② 品质部

关键指标——产品合格率：一个月未有质量投诉，奖励基本工资总额的5%，连续两个月，奖励10%，连续三个月，奖励15%，以此为限，反之则相应处罚；当月出现质量投诉，宗数每增加1起，加扣3%。如果品质部能证明产品合格率下降主要是由另一部门造成的，则对品质部的处罚转由另一部门承担。

重要指标——检测及时性：由PMHC举证，如交期延迟主要由品质部造成，则处罚转由品质部承担。

③ 财务部

关键指标——综合成本控制：以前三个月滚动平均为基准（若无则采用预算成本），单位产品综合成本每下降1%，则奖励基本工资总额的5%（以15%为限），反之则相应处罚。如果能证明单位综合成本上升主要是由另一部门造成的，则对财务部的处罚转由另一部门承担。

重要指标——财务测算及时性：由PMHC举证，如交期延迟主要由财务部造成，则处罚转由财务部承担。

其他部门的考核指标和方式设定与之类似。

绩效考核以部门为单位、以部门基本工资总额为基数来进行。即该部门业绩超过考核基准，则按一定的比例予以奖励，反之则扣罚工资。

由于部门经理更了解员工的努力情况，因此部门奖金或罚款交由其部门负责人分配，结果张榜公布。同时为防止部门负责人滥用分配权，若该部门半数以上员工对分配结果不满，可联合向总经办提出异议，如果一年发生两次，则撤销该部门负责人的职务。

另外，为鼓励减员增效，每个部门减少人员，从当月起奖励按未减人员的基本工资总额计算（此后工资总额中所含的被减员工的工资按月递减20%，直至6个月后不再计算在内），扣罚则不计。

比如，部门原工资总额2万元，被减人员工资3000元，则当月奖励仍以2万元为基数在部门内分配。第二个月按1.94万元计，第三个月按1.88万元计，依此类推。

反之，部门增加人员，当月起奖励按未增人员的基本工资总额计算（此后工资总额中所含的新增员工的基本工资按月递增20%，直至

6个月后完全计算在内）。扣罚则全部计算在内。

新的制度实施后，由于责任明确，交期、品质等方面的投诉大幅度下降，客户满意度节节攀升，各项成本稳中有降。实施两年来，企业的订单量就增加了3倍多，企业步入了良性发展轨道。

10. 一家快速扩张的公司如何设计制度

深圳市某皮具公司是一家专门经销中高档真皮皮具的企业。

前两年公司在商业模式上做了一个创新，将原来作为奢侈品销售的真皮皮具，从大型百货商场的豪华专柜中撤出来，并重新将产品定位为快速消费品，价格上也做了合理回归，然后进入各家超市设立专架销售。

商业模式的小小调整，却带来了销售额的急剧增长和企业规模的快速扩大。数年内便覆盖到四百多家超市门店，员工上千人。

然而，随着业务规模的扩大，该企业总经理王总却突然感到业务上越来越不给力，管理上越来越不得劲。

以前，他还能叫得出每个员工的名字，也熟悉其秉性爱好，哪些人该给胡萝卜，哪些人该用大棒，哪些人该提拔，哪些人该涨薪。可现在面对越来越多的生面孔，王总心里一片茫然。

公司存在很多问题：

公司原来的组织架构是按照“连锁销售企业”标准模板来设置的：一店两导购，五店一经理，五片区一总监。导购中谁销售好，谁就当经理，经理中谁的片区销售业绩好，谁就当总监，一级级提拔，一级级晋升。要涨薪，对不起，先晋级。

有问题吗？当然有，照搬照抄害死人！

首先，主体不归位。一店两个导购，每个导购只对自己的销售负责，可谁对门店负责？

其次，利益不内嵌。业绩考核只看销售额，可谁对费用负责？

再次，晋升失偏颇。“销售英雄”就该当官？可销售能力和管理能力毕竟是两回事，业绩好不等于管理能力强。且销售精英都去坐办公室了，一线销售怎么办？

制度设计师戴老师对公司“组织架构”和“考核机制”进行了变革，让企业的上层建筑真正服务于其经济基础。大致思路如下：

（1）主体归位：每个门店设置一名店长。店长也是导购，但是除了自己的销售额外，还必须对门店的店务、销售、成本、费用等负责。

（2）利益内嵌：奖金提成不再只看销售额，而是看新增销售和新增利润。导购考察其个人的新增销售额，店长考察其门店的新增销售利润（扣除门店层面的各项费用），经理考察其片区的新增销售净利润（扣除片区层面的各项费用）。

（3）官财脱钩：晋级和涨薪分开。考核指标不同，晋级考核其管理能力，涨薪则考核新增业绩。能当官的当官，不能或不愿当官的就去发财。

具体来说，首先在实体岗位之间增设“辅职”：导购和店长之间增设助理，店长和经理之间增设副理，经理和总监之间增设襄理。辅职不离开原有岗位，既要承担原有工作，又作为上一级的储备人才，在辅助上级工作中历练，待上一级职位出现空缺时，则予以晋升。

然后，涨薪考核与晋级考核分开。

涨薪，考核的是业绩。任何员工，一年中连续5个月或8个月的“新增销售额”或“新增利润”增长都在10%以上，底薪自动升一级，反之则降一级。

晋级，则是考察管理能力。我们设计的制度，考察的是最基础的“目标管理能力”和“岗位管理能力”，并且依据员工获得多少颗“星星”来进行晋级或降级。

（1）先来看“目标管理”

连锁销售企业中，总部往往是根据各个连锁店的“销售目标”来确定进货数量的。可每家连锁店为了保证货源充足，宁可多报一点，多进一点货。积少成多，最后总部库存量大得惊人。

该公司总部也曾试图通过“信息系统”和“库存管理”来解决这个问题，但效果并不好。

那么，如何让下面准确报出“跳一跳能够得着”的目标？非常简单，我们设定了两个考核目标。

① 目标提出：月初，各级员工按“考核指标”自行报出本月销售目标，增长率每高于加总后公司目标增长率（每位员工的销售目标加总后，再除以上月的总销售额）4%的，加1颗星星。

② 目标达成：月底，各级员工目标达成率（超过104%按104%算）与加总后公司目标达成率相比，每超过公司目标达成率5%加1颗星星，每低于3%减1颗星星。

两方面作用，员工自己就能算出来，报得越准确，所获得的星星数恰恰是最多的。

为使大家容易理解，我们以王二麻子同志为例。他这个月销售了10万元，下个月自觉有把握达到12万元。然后在各种“目标提出”和“目标达成”的情况下，假定公司的目标平均达成率为90%，我们来算算他所获得的星星数究竟有什么不同。

当王二麻子的“目标销售额”分别为10万元和12万元，但最终实际完成的销售额都是8万元时，我们会发现：他的目标报得越高，所获得的星星数则更多。

这不是鼓励多报吗？前文不是说该公司要控制库存吗？为此，我们咨询了戴老师。戴老师回答如下：

我们鼓励员工根据实际的情况，在自己能力范围内尽量多报，这是一种目标激励。但是要防止他们漫天乱报。所以，一旦目标报太高，但最终却没完成时，星星就会被扣很多（-3%可看出其惩罚很重）。

此外，也要防止员工把目标往低报，以获得更多星星，所以我们设定了一个上限（104%）。那为什么不是100%？这是为了让员工在自己达到目标情况下，尽量再多努力点。而且，当公司总目标完成率为99%时，他还是可以多拿一颗星。

（2）再来看“岗位管理”

公司每月组织“岗位管理综合考核”评比（店长考核门店管理能力，经理考核片区管理能力），根据员工在评比范围内的排名，加减星星数。

直属下级有晋级者，每晋升一人也加相应的星星数，反之则反之。

最后，综合两方面，根据每级员工所获星星数进行晋级或降级。导购获20颗星星即晋升助理，负10颗星星则辞退；店长获50颗星星即晋升副理，负20颗星星则降级；经理获150颗星星即晋升襄理，负50颗星星则降级。

另外，当实职出现空缺时，获得星星最多的辅职优先晋升，且核销晋升所需的星星数。譬如某个店长积攒了69颗星星，排第一，则自动升为副理（辅职是虚职，不用核销星星），并辅助其上级经理工作。当另一区域的经理职位出现空缺时，则自动晋升为经理，并核销50颗星星，剩下19颗星星。

不愿晋升的怎么办？没关系，不愿晋升的，以其积攒的星星数兑取年终奖。

公司每年提取上一年销售额的0.5%，存入公共奖金池。每年春节后第一个月，拿出奖金池中的60%。

作为年终奖，按总星星数分配给各级员工，兑换年终奖的核销星星数，不愿兑换的就继续攒星星，以备未来晋级之用。

一句话，发财的发财，当官的当官，晋升或涨薪再也不用看老板的脸色了，而是取决于一套自动自发的机制。自此以后，王总每天可以有大把的时间与朋友品茶闲聊，乐得清闲。

第四章

低成本股权激励及融资上市

一、直接融资的方式——私募

1. 某企业私募融资1.2亿元的商业模式

这是一家做水产的贸易企业，一年的利润4000多万元，公司老总接触了很多投资者，别人都不理他，因为该公司属于贸易型公司，两头不靠，上不靠资源，下不靠客户。

该公司商业模式很简单：就是渔民养了很多大黄鱼，他把这些鱼收购过来，简单加工一下，然后打包销售给国外。也就是出口加工型的贸易企业。10多个券商去考察过这家企业，20多个投资者也去看过这家企业，看完以后再也没有回音。它的老板当时想得很简单，企业每年已经有4000万元的利润，再增加一点就可以上市了。当时我就告诉这个老板：你的企业绝对不可能上市。

为什么？首先这个企业的利润是不可以持续的，它的上游是渔民，如果以后有企业要和它竞争，只要提高一毛钱，渔民就会把鱼卖给它的竞争对手，所以上游资源靠不住。

它的下游是国外的进口商，如果哪些企业卖给这些进口商的鱼更便宜，进口商就会向它的竞争对手采购，所以没有任何的竞争力。今年有一单，但是不能保证明年还有。

这时我们没有像企业投资者和券商一样放弃这家企业，而是花了1年半的时间给它设计可持续的商业模式。

第一，对于上游，必须加强对养殖户（渔民）的控制力，也就是怎么保证养殖户把鱼只卖给你，而不卖给别人。于是和养殖户共同成立了合作社，总共5个合作社，然后在每个合作社里面占20%的股权。每个合作社总共需要投入1000万元，5个总共需要投入5000万元。在资本市场不是有多少钱做多少事，而是想做多大的事去规划需要多少钱。

第二，想办法标准化。必须控制鱼苗，也就是每个鱼的品种必须按照要求来生产。于是收购了一个福建的鱼苗厂，需要资金2000万元。

第三，接下来必须控制饲料来源。如果饲料没有控制住，每个养殖户自己买饲料，最后可能会出问题，所以必须自己建一个饲料厂，大概需要资金2000万元。

第四，企业要想做大就要扩张。鱼的数量资源在于海面的资源，而近海的海面都被那些小渔民承包了，那么就去承包一些岛屿附近的海面资源，而一般的小渔民又投资不起。5平方千米的海面养殖场，20年的租赁期，需要资金1000万元。

第五，就是下游资源。下游以前是出口，现在出口靠不住，以前是靠资金的渠道，现在必须要靠自己的品牌，才能有主导权。需要建设自己国内的内销市场，比如KA市场、专卖市场、礼品市场，总共需要资金2000万元。

我们帮他们设计了上、下游一体化的商业模式，并把商业计划书改成了上市计划书，这样，很多投资者就非常青睐。要上市的企业，投资者都追着投，这就是顶层设计。最后，我们帮该企业融资共1.2亿元。从一个没有价值的企业，变成了一个可持续发展的有价值的企业；从很多投资者都不理睬的企业，变成被国内权威的投资杂志评为2013年最有价值投资企业前10强。

该企业2012年的利润为9000万元，2013年的利润一个亿。如果这家企业上市，市值至少50亿元。从一个价值3个亿的企业达到价值50亿元的企业，也就是3年的时间。

我们帮助这家企业设计了商业模式、股权激励、资本运作一系列的咨询服务。我们在他企业里面占6%的股权，这家企业一旦上市，市值50亿元，我们就赚50亿元的6%。

这也是我们不同于其他的投资基金的模式。其他很多投资基金，遇到不合适的企业，就不管了，而我们反而更愿意培养服务他们一年半载的时间，这也是我们财富中国的“培养＋咨询＋投资”的模式。

2. 私募投资方关注的问题

（1）战略投资者的介入是一个投资方与被投资方相互沟通、了解的过程。

（2）战略投资者投入目标明确，经营和退出方式特殊。

（3）战略投资者考虑一定时期内投资收益的最大化。

（4）在行业内领先、市场前景看好、并且具有成长性的企业。

（5）企业管理团队稳定，对现有管理团队有一个不断改进的整合方案。

（6）在财务方面，既要有现在的数据，又要有今后的预测。例如企业的盈利能力和现金流情况，是投资者最关心的重要指标。

3. 向私募基金融资的企业应关注的问题

（1）做好商业计划书，多方面总结项目亮点

这是类似于亮相的一个作品，一定要在这方面给战略投资者一个良好的印象。多方面总结项目亮点，要把项目的亮点和核心竞争力用最简洁的语言描绘清楚。建议把商业计划书改成上市计划书，两者的不同，呈现在投资者面前也不同。商业计划书是你去求投资者，而上市计划是你给投资者一个赚钱的机会。

（2）确定投资者进入方式，增资扩股或股权转让

在整个过程中，要确定好希望投资者进来的方式，是希望采取增资扩股的方式，还是在现有的存量上进行股权转让，因为不同的方式决定了要寻找不同的投资者。股权转让的方式和增资扩股的方式所面对的投资者要求是有差异的。

（3）通盘考虑公司战略，确定股权出让比例

一定要考虑公司现在的状况和未来要达到的目标，确定整体的股权出让比例。

某企业打算未来在海外上市，根据海外的上市规则，大部分的交易所都要求上市公司必须要有25％以上的股份公开募集才能达到上市的标准。如果企业有一个预期，不希望丧失绝对控股地位的话，那么现在所出让的比例在整个盘子中就不能超过25％，因为一旦超过25％，再加上上市之后的25％的公众股，有可能使总体比例低于50％，从而在未来上市的时候，有可能会丧失绝对控股地位。所以，

通盘考虑公司战略，确定股权出让比例非常重要。

4. 专业投资人在准备投资时，会签署两个文件

第一个文件是对赌协议。你告诉我你的企业会发展得很好，我只要给你投了钱，你就会发展得多么好。如果我给你投资之后，企业没有发展到预期的那么好，那么必须受到惩罚。以蒙牛集团为例，当年蒙牛净资产在7000万元人民币的时候，由摩根士丹利、鼎晖、英联三家职业的投资公司对其进行私募，投资总金额大约2.18亿元人民币，占蒙牛公司32%的股权。蒙牛的净资产是7000万元，7000万元乘以32%是2140万元，而三家投资机构投了2.18亿元，占32%的股权，也就是说一元钱的净资产差不多换了10元钱的投资，蒙牛企业估值6.8亿元人民币。

对赌协议是：如果蒙牛在投资的第二年不能达到100%复合增长，或者连续三年50%的复合增长，则蒙牛公司90%的股权归三家投资机构。

第二个文件是一票否决权。也就是说，既然资金是投资机构给企业的，不能决定企业做什么事情，但是企业要是做什么不好的事情，投资人可以一票否决，不让企业做这件事情。

很多投资机构投资拟上市公司，如果这家公司上市不成功，怎么办？有没有风险规避体系。一般情况是，如果上市不成功，这家公司的大股东拿现金回购投资机构的股权。但问题是这个时候大股东往往没钱了，怎么办？在这种情况下，这个回购协议往往是一份不可能执行的虚假协议。很多投资机构都掉在这种陷阱里面。还有很多企业对外担保太多，比如温州的某些企业。当尽职调查也无法查到对方有没有对外担保的时候怎么办？同时投资机构究竟应该如何来规避这些风险呢？

如果一个投资机构打算给一个公司投资，可以不投资给这个公

司，而让该公司把其资源项目流水线等拿出来，投资机构把资金拿出来，重新注册一个全新的项目公司。所有的财务、章双方都共同管理。在这种情况下，这个公司的大股东有再多的债权也无所谓，大不了更换一个股权合作伙伴。

如果投资机构发现企业有银行贷款，那么一旦投资这家企业，按照债权先于股权的原则，马上就要还款。这个事先可以和银行进行沟通，银行基本上也会同意。

5. 私募股权多种投资工具的选择

（1）优先股

私募股权基金给企业投资一笔钱，但是投资以后需要保护自己，也就是说在有些权利方面，要优先于企业。例如这个公司赚了钱，大家分红的时候，应该是投资机构先分，分完之后，次级和劣后级再分钱。假如这个公司经营得不好，要出售清算的时候，投资机构有优先权，清算的时候先要赔偿投资机构，然后再赔偿其他机构。

投资机构在一个公司里一般不会去控股，但是会拥有一票否决权。

（2）可转换债

投资机构先不成为股东，保持流动性，企业经营得好，就变成股权，企业经营得不好，就是债权。对企业的好处是，不要过早稀释股权。

（3）附购股权债

投资机构先不进入企业，情况转好的时候，投资机构再增加资本。也就是说，当公司经营得比较好的时候，债权会转成股权，而且投资机构还会增加一笔投资，继续占有一部分股权。

（4）夹层债务和夹层股权投资

兼有债权投资和股权投资的双重性质。它是一种次级债，也是一种股权。目前的房地产基金基本上是属于夹层基金。

6. 企业估值方法

企业估值不仅是门科学，更是一门艺术。我们要给一个产品定价往往很容易，但是要给一个企业定价却很难。

我们要分清楚两个概念，一个概念叫值钱，另一个概念叫赚钱。值钱的公司不一定会赚钱，赚钱的公司不一定值钱。世界上最赚钱的公司算是苹果公司了，苹果公司账上现金2000亿美元，但是这个公司不值钱，乔布斯去世了之后，这个公司的股价跌了40%，市盈率降到了6倍，公司价值只相当于现金资产的2倍，就是公司的价值只有3800万美元，公司现金2000万美元，但是市值只有3800万美金，很赚钱，但不值钱，为什么？没有预期。

奇虎360没有赚钱，但是市盈率是100倍，为什么？奇虎360推出360搜索，它认为中国不可能只有一个百度来垄断市场，所以360要成为行业第二名。360有这样一个概念，被投资者认可了。所以赚钱和值钱是两回事，赚钱是现在时，值钱是将来时，投资博弈的就是现在时和将来时的一个时差。

（1）市盈率比较

在现有的资本市场上，选取与将要融资的企业相等的或者架构和营运模型类似的一些企业进行评估。看企业评估规模是否相同，如果规模不同，要分析出百分比，根据整体的市值来评估出企业自身的价值。对于没有上市的公司，要按没有上市的公司的同类型企业的价值，评估出该企业的价值。如果这个企业未来有上市的预期，一定要把这个上市预期加到整个市值比较中。一般是以利润乘以市盈率，市盈率可以是10倍、20倍、30倍，甚至100倍都有可能。

以下表所示两个公司为例，来说说市盈率。

	净资产	销售额	净利润	领域
A公司	1亿元	1亿元	1千万元	生产
B公司	2千万元	2千万元	1千万元	流通

请问A和B谁更值钱？答案是B。

因为B公司每年用更少的钱创造了同样的利润，所以B公司更值钱。

如果用资产负债率的方法估值，应该是A公司更值钱；但是如果用市盈率的方案估值，应该是B公司更值钱。市场上投资机构普遍的做法就是用市盈率估值。

B公司是属于流通领域，A公司属于生产领域。流通领域的企业价值往往更高，也就是渠道商比生产商更值钱。同样的营业额，同样的利润，卖家电的往往比做家电的更值钱，因为产品是有周期的，没有一个产品可以养企业一辈子，而渠道商具备可持续性。

（2）折现现金流

对于折现现金流的方法，财务性的投资者运用得特别多。通常它会折现未来若干年的现金流，然后采用倒推和折现的方式预先推算出整个企业的价值。因为这种方式的技术性比较强，所以一般用于私募的初期阶段。初次私募使用时比较多，而对于已经有一定规模的企业，尤其是已经有了较强盈利能力的企业，则大多会采用市盈率或者市值比较的办法。

风险收益定价模型：CAPM、APM、Multi-Factor Models、Proxy Model等。

期权定价模型：Binomial Model、Black-Scholes Model等。

风险收益定价模型和期权定价模型都是完全技术化的手段，主要用于推测评估已经上市的公司。这些办法对于目前我们企业的参考性不强，中国比较常用的办法还是用市盈利、市值和折现现金流的方法。

（3）公司间比较法

也就是看看其他买家的出价。

国美当年出了36亿元收购了大中电器，那么是怎么估值的呢？苏宁给大中的出价达到30亿元，这也是大中电器的底线。最后黄光裕在监狱里面就说，只要是苏宁出多少钱，他都加20%。最后就是36亿元收购了大中电器，而且没有对大中电器进行尽职调查。那么国美36亿元得到的是什么？ 61家大中电器的门店，一家门店相当于6000万元；而在北京开一家店的成本也就是1000万～ 2000万元，那么这是划算还是不划算？从战略的角度来说，第一，大中电器是战略型筹码，苏宁得到大中会超过国美，国美得到大中可以超过苏宁；第二，大中电器在北方市场占有率很高，如果还要自己开店，势必成为大中电器打击的对手。而且国美收购大中电器的当天，苏宁的股价下跌8.16%，市值缩水了80亿元。

（4）PS估值法

很多互联网、电商企业采用这种估值方法。京东商城4轮融资，融到了将近200亿元。京东大规模的融资，它的价值很高，它有没有利润呢？这个公司到目前为止，是没有任何利润的。它的盈利模式是所有产品的售价和进价都是相同的，就是这个手机我进货价格3000元，我出售价格也是3000元，中间没有任何的差价。它是通过低价来迅速打开电商市场对一个高速成长的企业来说，是收入重要，还是利润重要？收入重要。所以京东商城没有利润，但是有250亿元的营业额，京东商城的估值方式叫作PS，也就是我有1个亿的营业额，我的公司估值就是3个亿元，我有250亿元的营业额，公司就值750亿元。

如果A公司和B公司两家公司在企业估值的问题上产生了分歧，A认为A的企业价值1亿元，但B经过综合分析A企业价值是8000万元，怎么办？

B可以让步，就按照A企业估值，B是让步，但不代表认同，B可以在其他的附加条件上多要一些附加价值。比如B多要一个董事席位；或者首任总经理由B来委派提名；或者B一开始的时候没有控股，甚至股份很少的情况下，B可以要求有否决权；公司法规定要有三分之二的表决通过，但是B可能只有20%的股权，那么B要求重大决策必须在80%以上表决通过，那么B就有否决权了。

7. 私募股权投资退出的方式

（1）公开上市

这是最理想的退出方式。比如投资5个项目，只要有一个企业上市，就赚了，其他几个项目不赚钱也罢。比如用2000万元投资一家企业，上市以后股票涨了10倍，变成2亿元，那相当于赚了1.8亿元。做PE股权基金的基本上靠上市退出。

（2）收购兼并

卖给下一轮投资者。比如给某一企业投资了2000万元，占10%的股权，企业估值就是2亿元。一年以后，随着企业利润越来越大，企业估值也会越来越高。如果企业估值达到3亿元，3亿元里面占10%的股权，就是3000万元。如果把这个3000万元卖给下一轮投资者（可以是财务投资者，也可以是产业投资者），那就相当于赚了1000万元。做VC股权基金的基本上靠收购兼并退出。

2004年，美国凯雷基金给聚众传媒投资了1500万美元，2006年，分众传媒就用3.25亿美元，收购了聚众传媒中凯雷基金的股权；对于凯雷基金来说，它的投资回报率，也达到了22倍左右，赚了3.1亿美元。

2003年软银赛富给盛大网络投资4000万美元，占了一部分股权。2005年，软银赛富把这个股权卖给美国思科，在这两年之中，软银赛富的投资回报率达到了14倍，赚了5.2亿美元。

（3）股份回购

华谊兄弟传媒集团的股权融资之路之所以持续性成功，是因为王中磊、王中军兄弟对股份的控制力一直很强。“华谊兄弟”当时把部分股权给了太合集团，但是后来又不断地回收股份，后来“华谊兄弟”以7000万元人民币收回太合集团45%的股权，以270万美元向TOM传媒出售27%的股权。“华谊兄弟”在上市过程中不断地再引入投资者，又不断地再回收，再引入下一个投资人，其估值也在不断上升。“华谊兄弟”去找投资人时说，两年以后，我两倍价格回购，你卖不卖？那投资人当然要卖，因为没有风险。

（4）清理公司

一般来说，国有投资者最不愿意清理公司。

8. GP和LP的权利责任与利益分配

GP（普通合伙人，即基金管理人）发起私募基金，向LP（有限合伙人，即投资人）募集资金。GP由自然人担任（在美国，GP一般是自然人，在中国，大多数情况是有限责任公司），出资额很低，一般占1%，但承担无限连带责任；LP出资，以其出资额为限，承担有限责任。

私募股权基金收益的分成是这样的，收益在10%之内（一般是8%），由LP全拿；而超出的部分，GP和LP二八分成。不同的基金，这个比例会有一定的微调。

对于限合伙人，在中国的具体运用却有些不同。国内的基金管理人往往不是自然人，而是有限责任公司。这就意味着，作为管理基金自然人，承担的是有限责任。

那么在这种结构下，如何获得投资人的信任呢？

国内私募基金管理人往往自己就是基金的投资者，出资比例非常高，达到15%甚至更高。同时推出一种中国特色的模式——优先和劣后级模式。

首先第一级是，基金管理在保障投资人基准收益后才获得激励，这是一般基金的“劣后级模式”。为了吸引金融机构成为投资者，基金管理人对自己的投资，再做一次收益分配的劣后。也就是说，在保障了金融机构拿回本金及投资基准收益后，基金管理人在基金中的投资才可以分配收益。同时，如果基金经营亏损，要先亏掉基金管理人的投资。

在基金总结算时，具体分配顺序如下（如果基准收益定为10%）：

- 银行及信托本金；
- 发起人本金；
- 银行及信托资金10%的收益；
- 发起人资金10%的收益；
- 管理者的激励分红；
- 发起人资金50%的收益，银行信托资金50%的收益。

以上每一级的分配，都是在上一级分后的剩余部分进行分配。

这种设计了有限合伙人的稳定回报，却是一种脱离了基金风险规律的“对赌”，让GP和LP的利益绑定在一起。

9. 股权融资中的9个细节问题

（1）融资架构问题

融资是融美元还是人民币？以境内架构还是境外架构为好？公司在早期融资时就需要考虑这些问题。公司要有个方向，公司将来上市适合在国内还是国外？如果在国内上市则搭建境内架构，最好接受人民币融资；如果是境外上市，则应该搭建境外架构。互联网企业到目前为止在中国上市还是比较困难（尽管证监会最新的表态不盈利也可以在国内上市，但实际落地还需要时间），大多在境外上市，所以适合搭建境外融资的架构。例如百度、腾讯、360、58同城、唯品会都搭建境外架构。一些生产制造型企业，短期内收入和利润比较好的企业，在国内上市比较好，市盈率高。

（2）估值问题

经常有人在估值上有误区：比如投资人说企业估值1亿元，投资人投资3千万元，占30%的股份，这是不对的。这个概念混淆了投资前还是投资后的估值。投资者说估值1个亿指投资后的估值，那么投资前对公司的估值只有7千万元。如果是单讲估值，应该指投资前估值1亿元，投资者实际所占的股份是1.3亿元中的3千万元，也就是23%的股份。

（3）独家谈判期

一般企业融资时都会接触不同的投资人，可能会有几家给Term Sheet（投资条款清单），每家都进行实质性谈判。投资人怕你在几个投资人之间来回抬价，所以约定独家谈判期，独家期内只能和他谈。这种情况比较常见，可以接受，但是独家谈判期的时间不宜过长，如果太长，最佳投资的时机点可能在独家谈判期错过。

（4）Term Sheet的效力

大家知道，Term Sheet一般都是没有法律效力的，但不出意外的话，一般都会得到遵守，并且成为后面正式协议的基础。所以Term Sheet还是要给予足够的重视，自己这边能想到的需要体现到正式协议的，要尽量在Term Sheet中体现。

（5）对赌

对赌也叫估值调整。大部分接受过投资的公司都面对过这个条款，很常见，企业想完全不赌有比较大的难度。话说回来，投资人提这个要求也有一定道理，因为他对你公司估值的基础是你讲的故事——商业计划，你的商业计划中，估算有未来可能的盈利、用户数、上市的时间等，达到这些指标，你公司就值这么多钱；如果达不到，当然就不值这么多钱，投资人就要对估值金额进行调整。

对赌的条件可能是赌业绩（如净利润），也可能是赌哪一年必须上市，或者赌后续融资的估值，如一年之后融资时估值达到多少。对赌的结果，一是赌股份，一是赌钱。前者是投的钱不变，但是投资者所占的股份要增加；后者是投资者的股份不变，但是投资人要求连本带利退回钱。怎样的赌法需要具体谈，但是有一点提醒大家，还在创始阶段的企业创始人千万要避免赌钱。根据中国的法律判例，股东和公司对赌无效，股东间对赌有效。

如果达不到目标，只能由股东去承担还钱的责任。融钱的时候是给了公司，创始股东个人并没有得着；而赔钱的时候却要创始人承担，要从自己的口袋中掏钱还给投资人，可能因此背上几百万、几千万甚至上亿的债务。公司没有做起来，自己反而欠投资人一屁股债，这对本来就苦逼的创业者来讲是个不可承受的负担。

（6）陈述与保证条款

投资人要求公司陈述的所有内容是真实、完整的，没有隐瞒。如果有一天发现陈述是假的、不完整的，导致公司利益受损，投资人利益受损，投资人会要求你赔钱，承担相应责任。

（7）绑定创始人

投资人投钱给你，很重要的原因是看中了你拉车，所以他会用很多要求来绑定你，让你不能中途跑了、不能自己另造一部新车。由此延伸出竞业禁止协议、不离职条款、不能卖股份条款等，这类条款符合基本原则一，属于诚信的问题，合理的要求是应该答应的。但是可以就竞业限制的范围、不离职的年限等与投资人进行谈判。

（8）公司经营瑕疵的处理

公司经营早期不太可能完全规范，总会有些问题，如员工社保没有缴足、欠税、经营收入两本账问题，甚至经营地址与注册地址不一样也算一个问题。投资人进来之前这些都是小问题，但投资人要进来，就指着你公司将来能上市，就会按照未来要上市的标准来要求你，这些就当作“问题”来对待。投资人会要求原始股东承诺，如果将来某一天因为这些问题造成公司、投资人利益受损，原始股东要承担责任，给予相应的赔偿。

（9）业务合作与资源导入

选择投资人不仅是投资者能给公司钱，还有投资人的人脉资源、业务资源、用户资源。比如阿里、腾讯、百度，如果愿意倾斜，都能给你倒用户、倒流量。这些可以和投资者谈判，虽然不会写在投资协议里，但可以单独签署业务合作协议。

10. 企业引入私募基金的四个步骤

（1）步骤一：私募前期准备工作

成立项目小组包括高级管理层参与操作过程：

① 聘请专业会计顾问公司为公司整理账务，摸清公司家底（如果需要）。

② 确定财务顾问、法律顾问制定投资结构。

③ 接触、筛选会计师、资产评估师中介机构。

④ 进行深度估值测算，以确认估值及确定选择投资者标准。

（2）步骤二：初步选择投资人并确定框架性协议

① 确立1 ～ 2家意向性投资人，签订框架性协议。

② 框架性协议虽然对交易双方并不构成法律约束，但其中包含的主要交易条件是双方进一步谈判的基础。

③ 框架性协议中对交易先决条件、交易结构、估值方法、排他性及后续工作都会做原则性的约定。

④ 从接触投资人到达成框架性协议通常需要2个月左右的时间。

（3）步骤三：尽职调查及商业谈判

双方中介机构进行尽职调查：

① 关于公司的账务审计可由公司自己聘请四大会计师事务所进行审计，投资方的会计师仅对审计结果进行复核。

② 投资方法律顾问对公司自设立以来的法律文件进行全面的法律调查。

③ 资产评估师对公司的资产进行评估，投资方也可能聘请专业评估机构对公司业务涉及的市场进行独立的市场评估预测。

④ 双方财务顾问对涉及各方的工作进行协调与沟通。

⑤ 尽职调查的时间视公司的复杂程度在30 ～ 60天内完成。

（4）步骤四：签订协议及资金到位

谈判达成协议，双方律师着手重组与交易的法律实施：

① 该部分工作的文件起草可在前期提早进行，待谈判结束后即可执行。

② 相关重组、交易的报批工作视不同的公司结构和交易结构需提交不同审批部门：当地或中央一级商务部门、外汇管理部门、税务部门、工商登记部门等。

③ 该部分的时间也视不同交易长短不同。

④ 正常情况下，从启动私募到投资人资金进入，约需5～6个月时间，如有经验的财务顾问协调，可加速私募进程。

11．私募合同的核心条款

私幕合同的核心条款如下表所示。

项　　目	权利与义务内容	策 略 要 点
知情权等股东权利	投资者获得发行人财务报告以及运营信息的权利	根据发行人的公司章程规定处理
股利分配	投资者享有入股前的未分配利润问题	对于该期间的利润划分需在股份认购协议中明确，以明确各方利益，避免日后有纠纷
竞争性	与投资者约定在特定领域方面的排他性竞争协议	在股份认购协议中明确，避免未来不必要的纠纷
排他性	投资者不能再购买与发行人有重大直接竞争关系的任何股东权益	此条款对发行人有利，但是否能达成视谈判情况而定
股份禁售	完成入股后的一定期间内不能出售入股的股份	在满足监管要求的前提下，根据双方的意愿来决定
业绩目标及对赌协议	私募投资者对公司估值常基于公司业绩情况，所占股比或投资额基于业绩实现情况调整	申报上市需废止一切对赌条款；引入私幕投资时点与申报时点较近的私募融资尽量避免业绩对赌

续表

项　　目	权利与义务内容	策略要点
反摊薄权	在法律允许的条件下，授权每位投资者在以后增发，如LPO时以发行价格购买新股以维持其各自的持股比例	先不主动提出，若投资者提出，可根据发行人的实际情况和其他股东的意愿决定是否给予
增持权	未来一定期间内有权提高其在发行人的持有股份比例	不主动提出； 需考虑老股东的意愿
补偿机制	入股后发行人的净资产由于某种原因发生变动，则入股价格需要做出相应调整	给予投资单向保护并不必要，但是如果投资者能够因为该保护而支付较高的估值倍数也可以考虑
董事会提名权	在董事会中提名董事的权利	根据惯例如果投资者入股比例超过5%，可以考虑给予1个董事席位；但仍需视发行人的老股东意愿而定

二、企业直接融资的方式——上市

1．公开上市的益处

企业公开上市有以下益处：

- 摊薄股权，使创业者获得创业收益；
- 筹资与不断筹资；
- 公司资产证券化，方便所有者变现；
- 可以对公司准确估值；
- 可以运用股票期权的激励作用；
- 增加公司的透明度，从而提升公司信誉。

很多企业家对上市不理解，一提到上市，很多企业家都会觉得很难。有的企业家说：我的企业还很小，离上市还很远；也有企业家说：我是做传统行业的，没有什么科技含量，不可能上市；还有企业家说：听说上市要花很多钱，我现在就缺钱。好像听起来上市挺难，真的是这样吗？

一个行业出现一个上市公司，就要消灭100个竞争对手，还要从竞争对手那里挖走100个高管。对于企业上市，我们也常说，会者不难，难者不会。现在企业融资难，有一个问题就是担保业还不够发达。

请问各位企业家，年利润只有103万元的企业能不能上市？营业收入只有417万元的企业能不能上市？能！

如果年利润只有103万元的企业能上市的话，大家猜猜需要花多少年才能上市？

- 宝德股份2006年的利润103万元，2008年却在创业板上市；
- 东方财富2006年的营业收入只有417万元，2009年也在创业板上市。

那么这是偶然还是必然？

2009年在创业板上市的企业，2006年的利润如下表所示。

企业名称	2006年利润（万元）
探路者（300005）	314.51
万邦达（300055）	225.54
三维丝（300056）	203.39
合康变频（300048）	158.66
东方财富（300059）	110.25
宝德股份（300023）	103.98
吉峰农机（300022）	103.86
天龙光电（300029）	33.19
梅泰诺（300038）	29.55

这些企业在3年前规模都很小，但是3年的时间，足以让它们上市，很多企业的利润应该比它们高得多。

传统行业加上新商业模式，就可以在创业板上市，比如吉峰农机；传统行业没有新商业模式，能不能上市？也可以，只是不能在创业板上市，可以在中小企业板上市，在香港联交所、美国纳斯达克等上市。比如全聚德做烤鸭的，涪陵榨菜做榨菜的，洽洽食品做瓜子的，双塔食品做粉丝的，好想你做红枣的，桑乐金做桑拿房的，姚计扑克做扑克牌的，加加食品做酱油的，它们都上市了。

所以我们要高举融资上市的大旗，全面贯彻资本顶层设计的概念，充分落实股权激励的力量。

还有很多企业家说："我上市以后，财务被公开了，股权被摊薄了，做事情都受到投资者的监督，很多事情都不能做了。"

我们看很多企业，马化腾在腾讯的股份只有10%左右，马云在阿里巴巴的股份不到10%，比尔·盖茨在微软的股份只有2%左右，但是他们依然能够掌控整个公司，为什么？他们有股份控制权的设计。

对一个员工来说，股权的价值是什么？多数员工想的是未来发展好了，上市了，这个股份值多少钱？而对一个企业家来说，股份不仅是财富，还是控制权。比如有一天上市以后，你还能不能对这个公司进行有效的管控。在境外上市的时候都是分为A类和B类等好几类股份（B类股份往往是带有表决权的，A类股份往往是不带有表决权的）。为什么马云选择在境外上市呢？为什么马云现在仍然能对公司保持强大的控制力呢？因为他的很多投资人的股份是不带有表决权的。所以，股权激励有一个特别关键的问题，就是你如何在把股权分配出去的同时，不至于弱化自己对公司的控制力。

如果你的股权不分配出去，那么员工没有积极性，投资者、上游、下游的积极性也不强；但是你把股权分配出去以后，如何仍然掌控整个公司，这就是需要设计。很多企业家与投资者产生矛盾，就是因为没有设计好这样的股权激励和股权结构。

还有很多企业家给我说，他做企业的目的不是要上市，而是要成为世界500强。这个话听起来没有错，但是世界500强的企业，97%都是上市企业。基本上现在上市成了成为世界级企业的必经之路。

现在很多企业为什么要争着去上市？有一家企业叫望海信康，是一家做软件医疗的企业，最后被迫要把企业给卖掉，为什么呢？他们的销售经理、项目经理5000元一个月，到了上市公司，就1万多元一个月，从2009年到2010年几个月里，员工离职率达到了20%以上，最后望海信康卖给了上市公司。

有一个企业家，是开连锁糕点店的，大概有200多家分店，每年利润大概有1个亿。当时很多人就劝他上市，他没兴趣，后来后悔了，最后他想上市。

从市场竞争长期角度来看，未来一个细分市场里面只会有两家左右的上市企业半垄断整个市场。所以一个企业未来只有两条路可以走，要么成为一家上市公司，要么被一家上市公司收购，因为别无选择。

举例（市场中的二元定律）：

- 胶卷：柯达、富士；
- 可乐：可口、百事；
- 快餐：麦当劳、肯德基；
- 家电连锁：国美、苏宁；
- 方便面：统一、康师傅；
- 财务软件：金蝶、用友
- 网上书店：亚马逊、当当网；
- 搜索：百度、google；
- 凉茶：王老吉、加多宝；
- 租车：郝兹、安飞士；
- 快递：联邦快递、UPS；
- 酒类：茅台、五粮液；
- 飞机：波音、空客；
- 牛奶：蒙牛、伊利；
- 瓜子：恰恰、真心；
- 速冻食品：思念、三全；

- 肉制品：双汇、雨润；
- 袜业：浪莎、梦娜；
- 墙面漆：立邦、多乐士。

以上的细分市场中基本上都是由两家上市公司垄断了绝大部分的市场份额。

如果你做大了，你能够扛得住别人的嫉妒吗？如果你出事了，别人会来积极地帮助你吗？

所以说，对于中小企业来说，不是你想不想上市，也不是你愿不愿意上市，也不是你能不能上市，而是你一定要上市，因为你别无选择。只有上市才能活下来，只有上市才能做大、做强，只有上市才会让你有安全感。

2. 上市费用

还有很多企业家说，上市会花很多钱；其实比起在国外上市，在国内上市花钱最少。上市所需费用主要包括以下几项。

- 财务顾问费用：几十万元到一百多万元（财富中国金融控股有限公司则是免费的，如果由他们服务的企业，上市成功以后，占2%的股权，上市不成功，2%的股权退还给企业，而且上市之前不参与分红）。
- 会计师费用：120万元左右。
- 律师费：120万元左右。
- 券商保代费：其中保荐费用50万～100万元，承销费用为2000万～5000万元（2012年创业板IPO数据）。

上市最大的一笔费用是上市的承销费用，大概在2000万～5000万元之间。承销费用的40%是在上市之前支付，60%是在上市之后支付。而上市之前的钱是谁在给企业支付？PE基金！上市之后是谁在替企业支付？是中小股民在替企业支付。

什么是券商？证券公司的投资银行部，一旦获得了保荐人的资格，就叫作券商。2个保荐代表人在一个拟上市公司上面签字，在没有完成之前，不能做第二个公司的保荐。

什么样的人能够去做保荐代表人呢？在证券公司的投资银行部工作两年以上，考过5本厚厚的书，就可以是保荐代表人。

在证券公司最有能力的人，都是很闲的，比如保荐人。在证券公司天天看项目、天天出差、天天很忙的人，是没有考过这5本书的人。

在国外，二级市场基金非常发达，就是证券类PE。但是在国内为什么做不起来呢？因为国内的上市公司太少，才3000家，而美国有54000家。而我们做IPO上市的基金，是非证券类基金。像巴菲特做的就是证券类PE，他买的都是二级市场的股票。

3. 中国资本证券市场的特点

- 主板市场：针对国有企业；
- 中小企业板：比较大的民营企业；
- 创业板：比较小的民营企业和高科技企业；
- 新三板：潜力型，初创型企业；
- 柜台交易市场：小企业。

中小企业板定位于为主业突出、具有成长性和科技含量的中小企业提供融资渠道和发展平台，促进中小企业快速成长和发展，是解决中小企业发展瓶颈的重要探索。

中小企业板是现有主板市场的一个组成部分，其发行上市条件与主板相同，但发行规模相对较小，成长较快，而且上市后要遵循更为严格的规定，目的在于提高公司治理结构和规范运作水平，增强信息披露透明度，保护投资者权益。

创业板市场与中小企业板本质上都是为中小企业融资和发展服务的，但是二者之间在发行上市条件、交易机制等方面会存在较大差异，中小企业板将为创业板市场的设立积累监管经验及运作经验，有利于促进创业板市场的推出。

全世界的企业上市都没有利润要求，除了中国和韩国。中国是每年最低500万元的利润，韩国是每年最低200万元的利润。我们慢慢也会向国际标准对齐。

4. 创业板与中小企业板上市条件比较

创业板与中小企业板上市条件比较如下表所示。

<table>
<tr><th>项目</th><th colspan="2">创业板的上市条件</th><th rowspan="2">中小企业板的上市条件</th></tr>
<tr><th></th><th>标准1</th><th>标准2</th></tr>
<tr><td>净利润</td><td>最近两年连续盈利且净利润累计不低于1000万元，且持续增长</td><td>最近一年盈利，且净利润不少于500万元</td><td>净利润最近三年为正，且累计超过3000万元</td></tr>
<tr><td>营业收入或现金流</td><td>无</td><td>最近一年营业收入不低于5000万元，且最近两年营业收入增长不低于30%</td><td>最近三年营业收入累计超过3亿元；
或最近三年经营现金流量净额累计超过5000万元</td></tr>
<tr><td>发行后股本</td><td colspan="2">发行后总股本不低于3000万股</td><td>发行后总股本不低于5000万股</td></tr>
<tr><td>主体资格</td><td colspan="2">依法设立且持续经营三年以上的股份有限公司；
定位服务：成长型创业企业；
重点支持：具有自主创新能力的企业</td><td>依法设立且合法存续三年以上的股份有限公司</td></tr>
<tr><td>董监事、管理层和实际控制人</td><td colspan="2">发行人最近两年内主营业务和董事、高级管理人员均没有发生重大变化，实际控制人没有发生变更；
高管不能最近3年内受到中国证监会行政处罚，或者最近一年内受到证券交易所公开谴责</td><td>发行人最近3年内董事、高级管理人员没有发生重大变化，实际控制人没有发生变更；
高管不能最近36个月内受到中国证监会行政处罚，或者最近12个月内受到证券交易所公开谴责</td></tr>
<tr><td>同业竞争、关联交易</td><td colspan="2">与控股股东、实际控制人及其控制的其他企业间不存在同业竞争，以及严重影响公司独立性或者显失公允的关联交易</td><td>与控股股东、实际控制人及其控制的其他企业间不得有同业竞争，募集资金投资项目实施后，不会产生同业竞争或者对发行人的独立性产生不利影响</td></tr>
</table>

5. 华致酒行被否案例

还有许多企业家对我说："我现在不需要上市，等我的企业做大了，自然就上市了。"2011年12月26日，华致酒行IPO被否。华致酒行2010年净利润3.33亿元，2011年净利润5.5亿元；三大PE：新天域、KKR和中信产业基金（上市前一年投资12亿元，占20.38%）；大股东吴向东除了华致酒行，还有53家与酒相关的公司。

华致酒行上市问题：高管频繁变动（11个董事，换了10个；7个副总，换了6个；总经理换了3个）；华致酒行关联交易和同业竞争：大客户依赖（80%依赖五粮液）；股权不清晰（对赌协议）。结果在12月26日这天，上会的企业有四家，华致酒行的业绩是最好的，其他三家都过会了，结果华致酒行没过。

证监会要求，上市前三年股东不能变更。大客户依赖的问题其实也好解决，一般来说，假如你有5个客户，平均每个客户贡献的业绩是20%更容易上市，如果是其中有一个客户贡献80%的业绩，另外4个客户贡献20%的业绩，形成了二八定律，一般上市就会受阻。五粮液向华致酒行贡献了80%的业绩，那么剩下的20%的业绩不是大客户依赖。如果按照2011年的利润为5.5亿元，乘以20%，就是1.1亿元的利润。如果说大客户依赖里面的80%中的20%，那就不是大客户依赖了，这样也有1.1亿元的利润，加起来就是2.2亿元，这样就不是大客户依赖了。2.2亿元的净利润难道还不能上市吗？创业板的要求是净利润3000万元，中小板5000万元。他们非要把净利润做成5.5亿元，结果被否定掉了。在上市前，对赌协议必须取消，但是华致酒行却没有取消。

6. 证监会眼中的好企业指标

（1）成长性好的企业

许多企业上市被否就是因为利润率增长不足（24类IPO被否原因之一），以下表为例进行说明。

企业	第一年 净利润	第二年 净利润	净利润 增长率	第三年 净利润	净利润 增长率
三维斯2010年2月上市	203.4万元	1008.03万元	395.6%	1265.93万元	25.6%
南京汽能2009年10月被否	2694.60万元（2006年）	3168.32万元（2007年）	17.6%	3102.25万元	-2.09%

3000万元利润的南京汽能被否定掉了，三维斯利润1265万元，却能顺利上市，这是因为南京汽车利润率增长不足。

（2）审批核心：可持续发展的企业

① 不仅仅要看利润，还要看动用了多少资源，资产收益率要高。

A公司3000万元利润，B公司有6000万元利润；

A公司3000万元利润动用了6000万元资产，资产收益率是50%；

B公司6000万元利润动用了20000万元资产，资产收益率是30%；

所以6000万元利润的企业就不如那个3000万元利润的企业。

② 不仅仅看动用了多少资源，还要看动用了多少股东权益资源。

A公司3000万元利润，动用了6000万元资产（净资产），净资产收益率为50%。

B公司6000万元利润，动用了12000万元资产（6000万元净资产，6000万元银行负债），净资产收益率为100%，债务在可控范围之内。

比如某公司今年投入3000万元，一年就赚回了3000万元，这叫作净资产收益率100%；如果今年投入3000万元，两年才赚回了1500万元，这叫作净资产收益率只有50%。

净资产收益率要更高，因为净资产收益率越高，股价越高。

③ 发展空间要大，不仅要今天好，未来也要好。

A公司和B公司资产收益率和净资产收益率都一样；A公司市场占有率为15%，B公司市场占有率为60%。

哪家企业更好？ A更好，因为B的市场空间成长已经不大了。

7. 证监会审核企业的条件

虽然说，企业上市的注册制在中国不久后就会实施，但是我们认为审核制向注册制过渡期间，会有一个特色出现，就是中国的注册制不同于其他国家，而一定是有中国特色的注册制。所以还是有必要把证监会审核企业的条件列出来，如下表所示。

审核要点		详　情
税收问题	总体要求	发行人执行的税种、税率应合法合规，税务征管部门应对发行人依法纳税情况出具证明文件； 发行人最近36个月内不得因违法税收法律行政法规受到行政处罚且情节严重
	审核要点	因税务不规范，导致欠缴、漏缴增值税、企业所得税等税种； 自然人股东未分配利润转增资本和企业整体变更时未代扣代缴个人所得税； 报告期内受到税务部门行政处罚
	解决方案	切实履行纳税义务，依法获得税务机关出具的免税证明或相关税收优惠规定；存在税务不规范问题的，建议以“时间换空间”，重新确定报告期； 未代扣代缴个人所得税的，由自然人股东补缴个人所得税并出具承诺承担企业未履行代扣代缴义务而对应的法律责任，取得政府部门出具自然人股东免缴或缓缴税证明； 对报告期内受到税务部门行政处罚，应由律师发表明确意见是否构成严重形成处罚，最好取得税务主管部门非严重行政处罚的确认书
	案例分析	拓日新能（002218）：2004年、2006年拓日新能以未分配利润转增资本，未履行代扣代缴个人所得税义务，2008年1月，自然人股东陈五奎向深圳市南山地方税务局补缴个人所得税并承诺代发行人承担相应法律责任； 东力传动（002164）：2004年，东传动力因偷税被宁波市国税局税务稽查局处以罚款380.69万元，发行人律师核查后认为发行人已足额缴纳税款、滞纳金及罚金，罚款仅为380.69万元，未对发行人业绩造成实质影响，不属于情节严重的行政处罚
产权合法合规	总体要求	发行人的资产完整；生产型企业合法拥有与生产经营有关的土地、厂房； 募集资金投资项目应当符合国家产业政策及其他法律、法规
	审核要点	未依法取得房地产权证书或租赁未取得房地产权的证书； 募投用地存在不确定性； 地方政府购地优惠未完全支付《土地出让合同》约定的土地出让金

（续表）

审核要点		详　　情
产权合法合规	解决方案	补缴土地出让金，在报告期内补齐相关房地产权证书；确实无法办理相关产权证书的，应说明原因并详细披露由此导致的搬迁成本及其对生产经营的影响，股东或实际控制人承诺承担可能的损失和风险； 募投用地存在不确定性的，应详细披露企业获得该地块的优势及已履行的程序，并获得相关部门出具的说明； 因购地优惠未完全支付土地出让金的，由相关政府部门出具合规说明，股东或实际控制人承诺如将来有权部门追缴该部分土地出让金，其应替发行人承担相关损失
	案例分析	信隆实业（002105）：37 224.44m²房屋因未批先建无法取得房屋权证，详细披露整改措施及被要求拆除的应急措施，同时股东承诺承担相关经济损失，保荐机构和发行人律师认为上述事项不会给发行人带来重大负面影响； 实益达（002137）：无锡实益达与国土局签署的《出让合同》价款为9 388 730元，实际缴付为3 129 600元，为当地政府基于引进外资的优惠措施，公司已依法获得相关土地权证，并将未缴纳的土地出让金挂账，同时实际控制人承诺承担被追缴的连带责任
环保问题	总体要求	发行人生产经营以及募集资金投资项目应符合国家或地方的环保要求； 对于冶金、化工、石化、煤炭、电力、建材、造纸、酿酒、制药、纺织、制革和采矿等重污染行业，需省级环保部门出具证明文件
	审核要点	招股书详细披露发行人生产经营与募集资金投资项目是否符合国家和地方环保要求、最近三年的环保投资和相关费用成本支出情况、环保设施实际运行情况以及未来的环保支出情况； 保荐人和发行人律师对发行人的环保问题进行详细核查，包括是否符合国家和地方环保要求、是否发生环保事故、发行人有关污染处理设施的运转是否正常有效，有关环保投入、环保设施及日常治污费用是否与处理公司生产经营所产生的污染相匹配等问题； 曾发生环保事故或因环保问题受到处罚的，除详细披露相关情况外，保荐人和发行人律师还需要对其是否构成重大违法行为出具意见，并应取得相应环保部门的意见； 对于重污染行业的企业需要提供省级环保部门出具的有关环保问题的文件，对跨省的重污染企业须取得国家环保总局的核查意见
	案例分析	联化科技（002250）：2007年11月，公司控股子公司江苏联化发生爆炸，导致8死5伤，公司在招股中详细披露事故原因并配合相关部门的调查工作，事故后公司处置了江苏联化相关资产及业务，2008年4月，盐城安监局出具说明，确认公司安全生产措施投入到位，安监部门剔除的各项整改措施已落实到位，事故隐患已整改结束，虽然江苏联化因“11.27”爆炸事故受到行政处罚，但经综合判断，该事故不构成情节严重，且未影响公司的持续经营能力

（续表）

审核要点		详　　情
资产重组	总体要求	发行人最近三年内主营业务和董事、高级管理人员没有发生重大变化，实际控制人没有发生变化
	审核要点	剥离与主营业务无关的资产、股权，通过收购股权、资产方式来减少关联交易、消除同业竞争
	解决方案	申报中小企业板上市，业务分散属于“减分”因素；申报创业板上市，业务分散则不符合相关规定，因此要在上市前剥离与主业无关的资产或业务； 通过收购股、资产方式来减少关联交易、消除同业竞争，可以使企业主业更突出，使企业集中精神和资源搞好主业； 在整合资产和业务是要统筹考虑，把握好整合力度和规模与申报时间的整体安排
	案例分析	川润股份（002272）：2004年6月川润股份收购自贡科事发房地产开发有限公司，为集中精力发展主业，2007年10月，公司转让持有的科事发股权。2005年公司收购阿捷珂斯长春电动工具有限公司，2007年10月，公司对外转让持有的阿捷珂斯股权； 合兴包装（002228）：合兴包装招股披露，为解决同业竞争和减少关联交易，公司于2007年3月收购了公司实际控制人许晓光、许晓荣兄妹持有的厦门市荣圣兴工贸有限公司100%上网股权
独立性	总体要求	发行人应当具有完整的业务体系和直接面向市场独立经营的能力； 发行人的资产完整，人员、财务、机构和业务独立
	审核要点	同业竞争； 关联交易； 资金占用
	解决方案	以股权转让方式将同业竞争公司转为拟上市公司的子公司、注销同业竞争公司、拟上市公司收购同业竞争公司的资产和业务、以市场分割协议解决同业竞争等； 详细披露关联交易的成因及其对公司经营的影响，充分分析关联交易的公允性；详细说明减少关联交易的措施如增加子公司或资产，使原依靠关联方的业务转移自拟上市公司；将产生关联交易的公司股权转让给非关联方； 资金占用应在上市前清理完毕；股东占用拟上市公司资金的，可以应付股东的股利直接冲抵或由股东直接偿付；股东及其关联方直接向拟上市公司提供资金的可改为委托贷款
	案例分析	东南网架（002135）：2002年，公司收购集团公司部分与空间钢结构生产经营有关的资产和业务，同年收购杭州东南纺织有限公司资产；2004年收购浙江东立钢结构有限公司资产，同年收购广州五羊钢结构有限公司90%股权； 奥特迅（002227）：公司与欧华实业发生委托采购原材料的关联交易，招股书详细披露了报告期内委托采购的原材料明细及其与市场采购价格的对比；奥特迅于2008年1月4日在香港设立奥特迅（香港），专职为公司提供在香港地区的原材料采购业务

（续表）

审核要点		详　　情
出资瑕疵	总体要求	发行人的注册资本已足额缴纳，发行人或者股东用做出资的资产的财产权转移手续已办理完毕，发行人的主要资产不存在重大权属纠纷
	审核要点	实物出资未经评估； 出资或设立时验资报告存在瑕疵； 出资未及时到位； 无形资产出资超限
	解决方案	无论何种出资瑕疵都应确保出资确实到位，资本确实是充足的，如有必要相关股东应补足出资； 验资报告存在瑕疵或出资不实后补足出资的，应经申报会计师事务所进行复核并出具符合报告； 对出资不到位的，相关责任股东应出具对该出资瑕疵承担相应责任的承诺； 如出资不实问题比较严重，需要运行三年
	案例分析	川润股份（002272）：川润集团成立时各股东的实际出资形式、出资时间与会计师事务所验证的出资情况不符，2007年5月22日，北京兴华会计师事务所为川润集团设立时注册资本实缴情况出具《专项复核报告》； 拓日新能（002218）：公司成立时无形资产出资占注册资本的62.69%，超过当时公司法的规定，但符合当时深圳市地方规定； 证通电子（002197）：1996年增资时，股东以实物资产增资36.8万元，未经评估。发行人律师认为相关资产已转移至公司名下，且金额较低，不构成实质性障碍
国有资产转让	总体要求	国有资产的转让应符合国资管理的相关规定，并取得国资管理部门的批准
	审核要点	国有资产转让未经评估； 协议转让国有资产未履行审批程序； 设立时未申请国有股权管理批复
	解决方案	出现的程序性问题，应请求有权政府部门出文对资产转让事项予以确认或重新履行有关程序； 进行定性或定量分析，论证未评估或未履行审批程序的国有资产转让并未造成国有资产流失或侵害国有股东利益，并不存在导致企业无法存续的因素； 总之，一个损害国有股东利益或造成国有资产流失的企业不可能再走上上市之途
	案例分析	天宝股份（002220）：2004年5月，天宝股份股东大连纺织品进出口有限公司、辽宁省优质稻米开发集团将各自持有的天宝股份65.5068万股股份转让给大连新达纺织品进出口有限公司和大连凯美进出口集团有限公司；2007年12月21日，辽宁省国资委出具意见确认本次股权转让行为符合相关规定，并同意本次股权转让

（续表）

审核要点		详　情
募投项目	总体要求	募集资金应当有明确的使用方向，原则上应当用于主营业务； 募集资金数额和投资项目应当与发行人现有生产规模、财务状况、技术水平和管理能力相适应
	审核要点	市场目前趋于饱和，募投项目达产后产能大幅扩张，而无法提供消化新增产能的措施； 募投项目用于向产业链上下游扩张，但企业无产业链上下游的生产经营和产业化经验； 募集资金项目所使用的技术来源存在不确定性或重大风险
	解决方案	募投项目的合规性：募投项目要达到环保要求，并得到发改委等部门的备案或审批； 募投项目的合理性：募投项目要切合所在行业和企业的发展实际，切实有利于企业提高盈利能力和水平、有利于提高核心竞争力； 确定募投时要时刻提醒自己：产能要一步一步扩大，事情要一点一点做实
	案例分析	上海超日：其募投项目为建设100兆瓦太阳能电池片项目，上海超日现有的电池片产能为20兆瓦，募投后产能将增长5倍，受金融危机影响，自2008年开始太阳能市场持续下滑，至今尚未复苏；发审委认为太阳能产业前景不明朗，最终上海超日也与IPO失之交臂； 黑猫股份（002068）：黑猫股份上市时国内炭黑生产能力已略大于需求，公司确定的募投项目为一个扩产项目和四个技改项目；公司在募投部门详细说明我国目前高档优质炭黑品种仍然供不应求，并将募集资金的77%用于技术改造
股权代持	总体要求	发行人的股权清晰，控股股东和受控股股东、实际控制人支配的股东持有的发行人股份不存在重大权属纠纷
	审核要点	为规避有限责任公司股东不超50人或非上市股份公司股东不超200人的规定而产生的股权代持； 因股权激励而产生的股权代持； 国有企业改制中形成的职工持股会
	解决方案	关于委托持股的，首先应签署《股权代持事宜确认书》，确认股权代持的安排； 量化、落实股份所有权，将原来的隐名股东登记至工商部门，同时以书面形式解除股权代持事项； 隐名股东显名化后股东超200人的，应通过股权转让等方式将股东控制在200人以内； 企业有上市打算，就一定不要做股权代持的安排，在解除股权代持协议时，务必做到彻底

（续表）

审核要点		详　　情
股权代持	案例分析	美邦服饰（002269）：2005年5月和12月，美邦企发公司原自然人股东王剑波等十人将其合计持有的美邦企发公司10%的股权转让予胡佳佳（美邦服饰实际控制人周建成之女），上述自然人均系代周建成持股，相关各方共同签署了《股权代持确认书》； 川大智胜（002253）：2000年7月，四川大学出具《产权界定书》，确认游志胜、聂健苏、杨红雨三人名下的产权份额800万元属于游志胜科研组成员共同拥有；2007年7月，游志胜根据《产权界定书》对相关股份分配并直接登记至科研组成员名下，并在成都市工商局备案
核心竞争力	总体要求	无具体要求，冯小树（第八届发审委委员）在《核准制下股票发行关注要点》一文中指出“发审委主要是在发行股初审报告的基础上，对企业未来发展前景、核心竞争优势、持续经营能力、公司治理等重大事项进行综合分析和判断”
	审核要点	盈利模式：主要看企业的盈利模式是否适应市场环境，是否与其自身的发展阶段相适应以及是否具备扩张的能力； 竞争优势：主要看企业的竞争优势，通过何种途径监理竞争优势以及竞争优势的持续能力； 发展战略：主要看企业是否具有明晰的发展战略，企业管理层对战略的执行力，是否在战略执行中形成了企业的核心竞争优势
	案例分析	北化股份（002246）：北化股份的主要原材料价格在报告期内上涨明显，但公司详细披露了报告期内公司主要产品的销售价格均呈现上升趋势，证明公司作为行业龙头企业，拥有一定的产品价格主导权； 塔牌集团（002233）：塔牌集团在招股中详细披露了其在粤东市场的相对垄断优势及向珠三角周边市场延伸的发展战略；公司最近今年完成了粤东地区的产业布局和产业链整合，并形成了完善的区域营销网络，掌握了一定的区域市场定价地位

8. 上海丰科为什么被否定

会计师报告：公司曾委托个人银行账户代收部分销售货款，2008年～2010年度，个人银行账户代收款金额占年度合计款金额的比例分别为56.61%、69.64%和47.87%。鉴于此，公司有比较大比例的现金收款，存在较大的资金风险。

律师报告：2008年4月23日，上海市工商行政管理局奉贤分局做出沪案处字（2008）第260200810099号《行政处罚决定书》，因丰科食品销售的“易灵胶囊”保健品在包装纸箱和不干胶封贴产品说明书上使用虚假企业名称，违反《上海市不正当竞争条例》的有关规定，以及该保健品说明书上使用易与药品相混淆的用语，违反了《中华人民共和国广告法》有关规定，上述两项合并处罚30330元，没收违法所得184515元。

9. 华谊兄弟传媒集团成功融资上市的案例分析

华谊兄弟传媒集团（华谊兄弟）上市之前让员工买股份，冯小刚也买了他的股份，2007年“华谊兄弟”就在搞股权激励，准备上市了。在2007年还没有创业板。华谊兄弟当年让大家入股的时候，价钱1元钱不到，公司补贴，影星和艺人的价格是5毛钱一股，所以张纪中、冯小刚都花钱买了股份，冯小刚一个人就买了228万股。那么谁不买股份呢？很多明星都不买股份，王中磊一看，周迅也不买，李冰冰也不买，难道这些人都不看好公司吗？他就给这些明星说，如果大家觉得入股有风险的话，我可以兜底，就是如果上市不成功，你们缴纳的入股金，全额退还。这么优厚的条件，还会有人不买么？有！为什么呢？因为华谊兄弟公司完全是轻资产，公司主要就是人力资产。金蝶用友的著作权还有专利价值，而一部电影档期三个月，过去了就不值钱了，这些都是无形资产，无形资产贬值很快。李冰冰想了想，反正都是无风险的事情，那就买了吧；周迅没有买，周迅说，股票我不懂，就不买了，听说是骗小股民的。

第二年临近上市申报了，这个时候又给员工一次入股机会，但是这个时候价格不一样了，价格变成了3元钱一股，因为离上市越近，股票越值钱。这个时候又问周迅买吗？周迅不买。多数人的心理是，我5毛钱没有买，我3元钱去买，我傻啊？因为我曾经便宜地拥有过，事后证明不买更傻。（就像房价一样，5000元一平方米的时候没有人去买，贵了，8000元太贵了，现在2万多，都去买了。）

但是有一个人非常聪明，那就是黄晓明，他买！30万股，3元钱一股，买了；然后问周迅，你不买，能不能把你的股份也让给我，又是30万股；最后黄晓明把其他五个女艺人的股份都划到自己名下。事实证明，黄晓明是最聪明的！最后黄晓明买了180万股，李冰冰才30万股，他来得晚，但是买得多。上市以后，黄晓明的180万股翻了几十倍。上市以后创业板百倍市盈率，什么叫作百倍市盈率？利润1个亿，公司估值100亿元！

最后黄晓明完成了人生的转型，从黄晓明变成了黄老板。事后我们总结规律，演员有一个特点，就是演什么就变成什么。黄晓明演过许文强，上海滩老板，最后就变成老板；张国荣演同性恋，最后成同性恋；周迅演画皮，对感情了解得多，对钱了解得少。

那么，华谊兄弟的股权激励是成功的吗？我认为不够成功。因为周迅、黄晓明当初的价值就是30万股，这30万元不应该可以转让。华谊兄弟的股权激励虽然最后成功见证了股权的巨大价值，但是，最后赚到钱的黄晓明走了，没有赚到钱的周迅也走了，也就是说股权不能过度激励，也不能没有激励。

如果我今天重新再来给华谊兄弟做股权激励与模式的设计，我会设定期权分配。什么是期权？王中磊当时应该告诉周迅，30万股，你不掏钱不要紧，什么时候你愿意掏钱了，我永远按照3元钱一股给你，这就叫期权。期权的最重要因素是锁定价格，不管未来股票怎么变化，你永远可以按照3元钱一股来买，即使有一天80元一股，周迅你也是3元钱来购买。为什么要这样，因为看重周迅这个人的价值。但是这个时候的股权要分批行权，也就是80元一股，今年只能行权1/5，你要走人了，后面就没有了，这也说得通，因为你没有掏钱，就应该分批行权，2年一次，行权总共10年，这才是金手铐。

上市公司行权一般都是1/3 ～ 1/5，华侨城最长，1/10三年行权一次，要行权完总共需要30年。这个方案一出来，很多高管马上绝望了，30年，都当爷爷了。

湘鄂情餐饮有限公司2013年巨额亏损，一方面是八项规定，另一方面是湘鄂情的餐饮人才跑得差不多了。因为股权激励，上市前给了170个人股权激励，包括厨师、店长都有股权。上市之后，一个厨师一夜之间发现自己手上多了500万元，他还会安心炒菜吗？这就是没有进行行权期的规划。

所以，需要上市的企业家朋友，如果你的企业准备在未来3～5年之内上市，应该找人帮助你进行商业模式创新、股权激励设计、融资上市规划。让你的上游赚到钱、下游赚到钱、合伙伙伴赚到钱、员工赚到钱、自己也赚到钱，既有短期利润，又有可持续性利润。财富中国不仅可以提供解决方案，更有解决方案的资金和经验。好的开始是正确的一半，企业发展得好，一开始就不要错，才需要资本顶层设计。

10. 海伦哲成功上市的案例分析

海伦哲专用车辆股份有限公司是一家专业生产以高空作业车为主的专用车辆企业。该企业成功上市主要取决于以下几点：

（1）海伦哲的董事长很厉害，认为投资就是投人。

（2）他们的大部分员工学历都很高。

（3）研发能力很强，其中有一个高空作业车，达到了世界先进水平，比进口的高空作业车便宜了很多，国内需求量很大。这些都是其投资价值。

（4）上市亮点：它有专利，且属于高端制造业，这是全世界都支持的一个行业。

（5）他们首先把他们的融资方案书改成了上市计划书。为什么要改？因为融资方案书是你去求投资者，上市计划书是给投资者赚钱的机会，态势不一样。所以很快他们就融资了2000万元。

（6）重建其销售体系。公司把他们的销售业绩前三名都找来，问他们，给这些要买高空作业车的高管、副总都说了些什么？他们说主要给他说了很多故事、很多细节、很多环节。然后他们把这些销售经验标准化，做成销售培训教材，对后面的业务员进行培训。两个月之后，销售订单大幅度增加。

（7）海伦哲当时还向银行借了很多债，如果当时有基金投资它，钱马上就会被划走。为了解决这个问题，他们成立了一个新公司，有了新公司，追债就追不到它了。

解决了以上问题，海伦哲就顺利上市了。

11. 拟上市的股权持股模式

从中国证监会网站披露的招股说明书来看，上市前进行股权激励的公司均采用实股方式进行激励。激励对象的持股方式主要有两种，一是个人直接持股，二是通过持股平台间接持股，这两种方式在激励对象减持便利性及限售期上存在着较大的差异。

对于直接持有公司股份的方式，如果是个人直接持股，那么这个股份一般在12个月之后就可以间接解禁流通。但是现在普遍的做法是这个员工股自愿承诺锁定3年，3年以后就可以自由流通，高管可以每年卖掉25%，但是如果辞职，不担任这个职务，就可以全部卖掉。

个人直接持股的方案对很多拟上市公司来说不太合适。它意味着今天给一个人股份，如果他辞职，很难留住他，因为证监会要求，股份在直接层面上是完全清晰的，不附带有任何条件，如果附带条件，这个股份就会在上市以后有一些争议，所以个人直接持股是一种最清晰的方式，也是最弱的一种方式。

第二种就是持股平台持股。很多员工并不用个人名字登记持股，他的持股是通过一家法人公司来体现的，这种方式叫作间接持股。几乎80%的拟上市公司都是用持股平台来进行激励，就是创造一个个人持股和公司持股之间的一个防火墙，如果以后产生纠纷，他打官司的标的物也是这家持股平台公司。

比如一个公司引入了20个股东和管理人员，如果要去向银行贷款，银行规定这20个股东都要去签字画押。很多小股东就觉得不划算，因为签字的时候，老板不还钱，是不是要算在自己头上，所以他的决策效率会非常复杂。那么最简单的方式就是这20个员工成立一个公司，如果银行贷款，那么这个公司的法人代表签字就可以了。假如在上市之前，万一有一个人离职了，通过持股公司的章程约定可以限制，否则任何一个人的股权发生变化都会导致上市不成功。

员工都希望直接持股，但是站在老板的立场上，最好间接持股，这对一个公司长远发展比较好。我们给企业做股权激励与模式设计的时候，通常都是站在老板的立场上来做的。

12. 拟上市公司的股份来源

对于拟上市公司的股份来源，多数公司都是定向增发，向一定的对象定向增发，还有就是大股东通过股权价格向激励对象进行转让。定向增发当中没有税收。大股东的股权转让的好处是财务数据不会被摊薄，股本没有扩张，但是会有税收。股份公司成立一年内，不能转让自己持有的股份。

证监会还有一个规定，就是禁止利用股权激励的方式降低员工的工资，虚增利润。比如你引入一个上市公司的财务总监，年薪100万元，现在你告诉他，老板转一点股份给你，但是年薪只给你20万元，这个公司就变相拥有了操作80万元的一个空间。证监会就会预防很多企业通过给股份，来虚增利润。证监会规定，不管是大股东给股份，还是公司给股份，都必须作为公司支付处理。

给员工的股份价格要参照投资者的价格来定。比如你给员工的股份是3元一股，但是投资者是8元一股，证监会就会认为，你明明给投资者8元钱，但是只给了员工3元钱，是不是变相补贴了5元钱，这变相给的5元钱是不是还要作为一个费用来处理。所以给员工股份一定是激励先于融资，就是你不能在融资完成了之后再搞股权激励，那成本就会很高昂。如果是给一个员工500万股，一股差5元钱，你要计入当期费用的就是2500万元。如果一个公司的利润是4000万元，本来就满足上市条件了，3000万元利润以上可以报创业板，5000万元利润以上可以报中小板。如果企业的利润是4000万元，减去2500万元股权支付，只剩1500万元。虽然你的主营业务没有少，但是证监会的准则是什么呢？是按照一个公司，扣除非经常性损益前后熟低的原则，来计算企业的利润。也就是说，投资人进来以后再给员工股，你只能按照高价给，必须是8元钱一股，否则会有成本。

虽然企业上市前给员工的价格是自己定的，但是也有一个成本计算问题。所以，在激励和融资两方面，最好拉开两个会计年度，做股权激励最好在今年九、十月份来做，明年投资人的股份再转股，这样从报表上看，不在同一个年度内，操作余地就很大。如果员工是9月份入股，投资人是12月份入股，这样就很麻烦，证监会会认为企业在同一时间段，同股不同价。很多投资人都是作为债权先挂着，和员工的股份拉开时间以后再入股。

13. 上市后股东行权的税收问题

上市后股东行权的税收如下表所示。

		减持时适用税种与税率	减持税负测算
有限合伙制企业	普通合伙人	股份减持时须按照“个体工商户”5%～35%的五级超额累进税率申报个人所得税，目前北京等地区营业税可免征	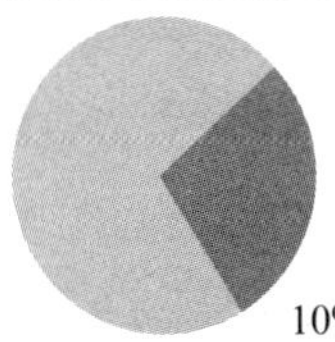 10%～40%
	有限合伙人	股份减持时应缴交两道税：营业税及个人所得税，其中个人所得税按照“利息、股息、红利所得”或“财产转让所得”项目征收，税率为20%	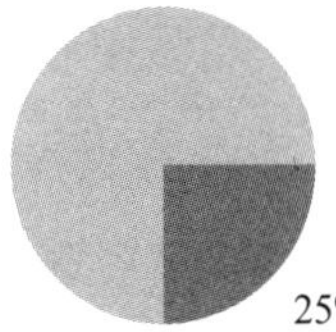 25%

（续表）

	减持时适用税种与税率	减持税负测算
有限合伙制企业	股份减持时应缴交三道税：营业税、企业所得税以及利润分红股东应缴纳的个人所得税。缴纳顺序为：企业先缴营业税5%、企业所得税25%，而后分红时再由个人股东按照“利息、股息、红利所得”申报个人所得税20%	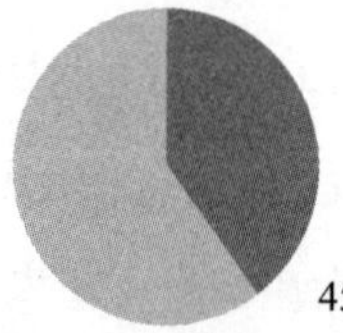 45%左右
个人直接持股	对个人转让限售股取得的所得，按照“财产转让所得”，适用20%的比例税率征收个人所得税；计算应税所得时允许扣除股票原值和合理税费，若无法确认则统一按照减持收入的15%计算	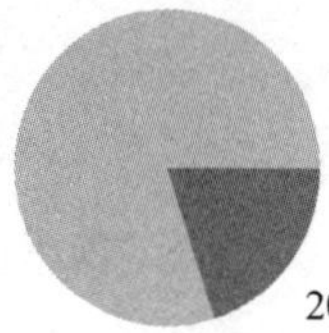 20%

个人持股的税率是20%，如果通过持股平台持股，税收会比较高，由于是公司制，税率最高可达45%。它需要缴纳营业税和25%的人所得税，再缴纳利润的分配税，但是它可以进行抵扣，公司买房、买车可以抵扣税款。

通过对三种持股方式激励对象未来减持税负的比较可以看出，个人直接持股时，未来减持税负最低；在间接持股方式下，激励对象作为有限合伙制企业的有限合伙人（LP）间接持股的形式未来减持税负较低。

在现有法规及政策范围下，IPO企业更倾向于成立有限合伙企业持股平台形式完成股权激励。在持股平台中，IPO企业实际控制人或授权代表作为普通合伙人，激励对象作为有限合伙人，以实现企业、创业家与激励对象间的共赢。

14. 58家企业的商业价值分析

以下公司是相对行业市盈率溢价超过20%的公司。

（1）奥赛康

保荐机构：中金公司。

预测发行价：27.1元/股。

行业地位：所属化学药品制剂制造业。是全国最大的PPI注射剂生产企业之一、全国拥有PPI注射剂品种最多的企业之一，2011年，公司在国内的PPI注射剂市场份额为21.48%，排名第二；同时也是全国抗肿瘤药品品种最多的公司之一。

公司状况：主要从事消化类、抗肿瘤类及其他药品的研发、生产和销售。公司研发实力雄厚，拥有67项具有自主知识产权的专利、78个药品批准文号、19个新药证书。此次拟募集资金投入二期产能扩建项目和新药研发中心建设项目，分别投资5.6亿元和1.5亿元。

经营团队：实际控制人为陈庆财大如，合计控股57%。公司股东均为法人，无自然人直接持股。

未来成长性：2011年净利润同比增长62.4%，而同行业上市公司预测未来三年净利润同比增长率仅27.57%。公司在消化道和肿瘤治疗领域优势明显，且保持了较好的成长性。

（2）珠江桥

保荐机构：德邦证券。

预测发行价：25.23元/股。

行业地位：所属食品行业下的调味品行业。2011 年“珠江桥”牌酱油出口数量占我国出口至以下国家酱油总量的比例分别为：英国67.82%、加拿大59.60%、德国55.04%、澳大利亚45.18%、美国 43.25%。

公司状况：主营业务为酱油、复合调味料。此次拟募集资金1.94亿元，用于珠江桥4.4万吨高盐稀态酱油、复合调味料项目。

经营团队：公司现有股东34名，其中法人股东3名，自然人股东31名。实际控制人是广新集团，广新集团是广东省人民政府授权经营的国有大型企业集团。

未来成长性：复合调味品增速较快，且提价空间大，因此有高成长空间，2011年净利润同比增长率为29.64%，公司未来3年净利润复合增长率为34.5%。

（3）晶方科技

保荐机构：国信证券。

预测发行价：30.89元/股。

行业地位：公司属于半导体集成电路（IC）产业中的封装测试行业。是中国大陆首家、全球第二大能为影像传感芯片提供晶圆级芯片尺寸封装（WLCSP）量产服务的专业封测服务商。

公司状况：本公司主营业务为集成电路的封装测试业务。募集项目为先进晶圆级芯片尺寸封装（WLCSP）技改项目，项目拟募集资金66735.96万元。

经营团队：发行人无实际控制人，主要股东为EIPAT和中新创投。截至本招股说明书签署日，EIPAT和中新创投分别直接持有公司35.27%和29.05%的股份。董监会中共有9名人士间接持有公司股份。

未来成长性：成长性高，公司研发了更为先进的WLCSP封装技术ThinPac，并申请了相关专利；3D封装只占主流封装技术的2%，市场空间巨大。2011年净利润同比增长率为26.38%，同行业公司未来3年净利润复合增长率为42.71%。

（4）绿盟科技

保荐机构：广发证券。

预测发行价：51.76元/股。

行业地位：所属计算机应用服务业下的信息安全产业，是近年来的热门行业。公司在其6个细分领域中，4个排名第一、1个第二、1个领先，是国内信息安全领域的领导厂商之一。

公司状况：主营业务为信息安全产品的研发、生产、销售，并提供专业安全服务。此次有7个募投项目，其中新一代入侵防御系统、新一代Web及应用安全产品、新一代Web安全运营服务平台拟募集资金投入均超过5000万元。

经营团队：前十大自然人股东中，有8人在公司任重要职务。实际控制人沈继业持股比例17.83%，为董事长兼总裁。

未来成长性：有成长空间，2011年净利润同比增长率为41.49%，同行业公司未来3年净利润复合增长率为34.44%。

（5）东方网力

保荐机构：中信建投。

预测发行价：35.3元/股。

行业地位：网络视频管理平台领域领先企业。2010年公司市场份额位居城市视频监控管理平台行业第二名，公司为公安部两所唯一软件供应商。

公司状况：本公司的产品主要应用于城市视频监控系统，包括PVG网络视频管理平台、NetPosa NVR网络硬盘录像机、PVG网络视频编解码器及相关服务。主要有3个募投项目：分布式智能视频监控管理平台建设项目、网络硬盘录像机产品研发及产业化项目、营销服务体系建设项目，合计投入28675万元。

经营团队：实际控制人刘光先生任董事长兼总经理，持股39.33%；第二大股东蒋宗文持股11.61%，他是信息系统建设小组负责人。

未来成长性：受益于安防行业高景气度，未来复合增长有望达到30%～40%，具备高成长性。甚至有卖方机构认为，即使有海康大华这样的牛股在，东方网力也一定会受到资金的追捧。

（6）无线天利

保荐机构：国泰君安。

预测发行价：34.96元/股。

行业地位：所属软件信息业下的移动信息服务业。2011年度在中国移动MAS业务109家总部接入的大型集团客户中，公司服务的集团客户数量共54家，占比达49.54%。

公司状况：主营业务为移动信息服务。募集资金拟2.33亿元，用于新一代行业移动信息服务平台项目、个人移动金融信息服务平台项目、营销网络体系建设项目、研发中心建设项目。

经营团队：前十大股东中有两位法人。其中鑫源投资是公司员工持股平台，包括核心技术人员。公司实际控制人为钱永耀，现任公司董事长。

未来成长性：先发累积客户建立了品牌优势，但客户过于单一且OTC数据业务有替代风险，因此有较高的成长空间，2011年净利润同比增长率为56.43%，公司未来3年净利润复合增长率为40.08%。

（7）友邦吊顶

保荐机构：华泰联合。

预测发行价：32.22元/股。

行业地位：公司已是第一梯队，具备品牌、渠道和经验的竞争优势。

公司状况：主要从事集成吊顶的研发、生产和销售。集成吊顶目前主要应用于家庭装修的厨卫空间。本次募集资金拟投资16025万元用于百步工业区集成吊顶生产基地建设项目。

经营团队：共有时沈祥、骆莲琴两名自然人股东，时沈祥持股50%，为第一大股东，担任公司董事长；骆莲琴为第二大股东，持股40.48%，担任董事。核心技术人员是时沈祥、林圣全，其中林圣全是技术总监。

未来成长性：成长性较好，厨卫吊顶行业整体容量200亿～300亿元，但集成吊顶属于中高端装饰材料，目前可能只占到5%，10～15亿元。随着消费升级，集成吊顶行业容量或将稳步扩大。公司已是第一梯队，具备品牌、渠道和经验的竞争优势。短期来看，受益于2013年房地产销售良好，2014年装饰市场还有不错的增长。

（8）慈铭体检

保荐机构：海通证券。

预测发行价：60.05元/股。

行业地位：所属医药服务业中的体检业。公司覆盖的客户人群占全部检机构健康检查人数的23.97%。

公司状况：主营业务为健康体检服务。募集资金拟17548.98万元，用于奥亚体检中心（旗舰店）新建项目、北京公主坟体检中心新建项目、大连星海新天地体检中心新建项目、管理信息系统项目。

经营团队：前10大股东有6位为创投机构。公司实际控制人为胡波和韩小红夫妇，其中胡波为公司的现任董事长。

未来成长性：国内专业的体检机构，伴随每年体检人数的跨越式增长，因此有高成长空间。2011年净利润同比增长率为133.7%，公司未来3年净利润复合增长率为36.79%。

（9）地尔汉宇

保荐机构：中金公司。

预测发行价：20.48元/股。

行业地位：所属电器机械及器材制造业，公司是中国最大的家用电器排水泵生产企业。2010年，其家用电器排水泵销售量的占全球市场份额的16%。

公司状况：主营业务为高效节能家用电器排水泵的研发、生产和销售。拟募集资金投资项目较多，最大的是投资总额为1.88亿元的家用电器排水泵扩产及技术升级项目。

经营团队：实际控制人为石华山夫妇，除了董事长石华山外，其他未有管理层或核心技术人员持股。

未来成长性：2011年净利润同比增长高达76.79%，而同行业上市公司预测未来三年净利润复合增长率仅30.25%，行业增速稳定，若产品不升级，公司成长空间有限。

（10）博腾股份

保荐机构：西南证券。

预测发行价：26.88元/股。

行业地位：公司所处行业为医药定制研发生产行业。2009～2011年公司在全球市场占有率分别为0.19%、0.22%、0.26%。

公司状况：公司为跨国制药公司和生物技术公司提供医药定制研发生产服务的高新技术企业，主要产品是创新医药中间体。本次募投项目有新药服务外包基地研发中心建设项目、多功能GMP中试车间（109）建设项目、多功能医药中间体生产车间（110）建设项目，预计投入金额共27334.85万元。

经营团队：居年丰、张和兵、陶荣是公司的控股股东以及实际控制人，三人分别占有22.61%、17.93%、17.93%。在高级管理团队中，居年丰为总经理、二股东陶荣与张和兵为副总经理，另有8名具有丰富研发经验与制药经验的核心人员。

未来成长性：成长性高，公司业务模式独特，为医药定制研发生产环节中的新兴企业，但客户集中度高。2011年净利润同比增长率为44.94%，同行业公司未来3年净利润复合增长率为27.44%。

（11）天赐新材

保荐机构：国信证券。

预测发行价：17.12元/股。

行业地位：公司所处行业为精细化工行业。公司是国内最大的卡波姆树脂产品、个人护理品用高黏度硅油系列产品生产企业之一。

公司状况：公司主营业务为精细化工新材料的研发、生产和销售，属于精细化工行业。本次募投项目有6000t/a锂电池和动力电池材料项目（二期）、1000t/a锂离子电池电解质材料项目、3000t/a水溶性聚合物树脂材料项目、广州天赐高新材料股份有限公司研发中心，募集资金金额为26523.66万元。

经营团队：徐金富占比60.53%，为公司控股股东、实际控制人，现任公司董事长。在核心技术团队中，有董事兼任副总经理张利萍、张若昕总工程师、研究院电池材料部经理刘建生。

未来成长性：成长性较好，公司通过了包括宝洁在内的中高端客户的认证并供货，证明公司在产品方面处于较为领先的地位。但六氟磷酸锂持续放量导致其价格及电解液价格持续下滑。2011年净利润同比增长率为27.41%，同行业公司未来3年净利润复合增长率为30.91%。

以下是相对行业市盈率溢价超过5%低于20%的公司。

（12）汇金机电

保荐机构：广发证券。

预测发行价：34.58元/股。

行业地位：归属于计算器及货币专用设备制造业。公司捆钞机市占有率超过15%，装订机居前列，宣传工作站占据行业第一。

公司状况：主营业务为金融机具的研发、生产、销售及服务，拥有全自动捆钞机和全自动装订机等金融机具的设计制造能力。此次拟募集资金9380万元投入装订机工程建设、7220万元投入捆扎设备建设、4600万元投入人民币反假宣传工作站工程建设。

经营团队：实际控制人为孙景涛、鲍喜波、刘锋，三人分别是公司董事长兼总经理，国内业务部经理、董事。自然人持股排名第四的是研发总监林金表。

未来成长性：公司在细分行业有良好成长空间。其2011年净利润同比增长32.37%，而行业上市公司预测未来三年净利润复合增长率为21.76%。

（13）牧原食品

保荐机构：招商证券。

预测发行价：58.89元/股。

行业地位：公司属于畜牧业下的牲畜饲养放牧业，2009～2011年，公司商品猪市场占有率分别约为0.06%、0.05%和0.09%。

公司状况：本公司主营业务为种猪和商品猪的养殖与销售。此次募投项目为"年出栏80万头生猪产业化项目"，投资额为66716.04万元。

经营团队：秦英林与其妻子分别持有公司65.0639%、1.8910%的股份，两人还通过牧原实业间接持有23.2011%，合计持有90.1560%，为实际控制人。秦英林现任本公司董事长兼总经理兼任中国畜牧业协会猪业分会常务理事，妻子钱瑛现任本公司董事。

未来成长性：成长性高，牧原食品作为行业龙头，具有很高的养殖效率，成为致胜关键。2011年净利润同比增长率为316.58%，同行业公司未来3年净利润复合增长率为95.57%。

（14）新宝电器

保荐机构：东莞证券。

预测发行价：10.97元/股。

行业地位：公司是国内较早从事设计研发、生产、销售小家电产品的企业之一。是国内最大的小家电产品ODM/OBM制造商之一；2008～2009年连续两年小家电出口额位居行业第一。

公司状况：公司产品主要包括电热水壶、电热咖啡机、面包机、打蛋机、多士炉、搅拌机等十二大类，产品规格超过2000多个型号。本次公司募集项目有小家电生产基地项目、蒸汽压力型咖啡机技术改造项目、家用电动类厨房电器技术改造项目、技术中心改造项目，拟募集资金共74212万元。

经营团队：东菱集团持有发行人55.75%的股份，为控股股东。东菱集团通过全资子公司永华实业100%控股香港东菱，香港东菱持有发行人35.13%的股份，为公司第二大股东。郭建刚先生持有东菱集团60%的股权，为本公司实际控制人、现任董事长。

未来成长性：成长性较好，公司是行业龙头，研发和制造基础良好，厂房、实验室等设备均较出色，业内竞争力较强。

（15）苏太平洋

保荐机构：中信证券。

预测发行价：3.77元/股。

行业地位：属于其他非金属矿物制品业。是国内最大的中高端石英管生产企业，2009年生产石英管3158吨，占行业总量的10.53%；2010年生产石英管5642吨，占行业需求总量的16.31%。

公司状况：主营业务为石英管、高纯石英砂及包括太阳能石英坩埚在内的其他石英制品的生产、研发及销售。3个募投项目高纯石英管石英棒项目、高纯石英砂精细加工项目、技术中心项目分别投入2855.80万元、18321.30万元、4957.80万元。公司拥有自主研发的石英管制造及石英砂提纯核心技术，拥有2项发明专利及13项实用新型专利。

经营团队：实际控制人陈士斌持股39.31%，任董事长兼总经理，副总经理仇冰持股3.79%

成长性：有成长空间。2011年净利润增长83.39%，同行业上市公司预测未来三年净利润增长率中位数为43.21%。

（16）炬华股份

保荐机构：海通证券。

预测发行价：39.96元/股。

行业地位：所属工业自动化下的电工仪器、仪表制造业。公司主要产品是三相智能电能表，近年来中标数量在行业排名第三。

公司状况：主营业务为电能计量仪表和用电信息采集系统产品。拟募集资金20772万元，用于年产600万台智能电能表及用电信息采集系统产品项目、智能电能表及用电信息采集系统产品技术研发中心升级项目。

经营团队：主要股东包括5位法人和1位自然人。其中正高投资是公司员工持股平台，包括核心技术人员。公司实际控制人为丁敏华，现任公司董事长。

未来成长性：下游需求放缓且客户较为集中，成长空间一般，

2011年净利润同比增长率为128.19%，公司未来3年净利润复合增长率为31.53%。

（17）我武生物

保荐机构：海际大和。

预测发行价：20.38元/股。

行业地位：所属医药生物业下的创新药物及关键技术。公司2010年"粉尘螨滴剂"在整个脱敏治疗市场中占有45.28%的份额，且市场份额仍在逐年增加。

公司状况：主营业务为变应原制品（粉尘螨滴剂、试剂盒）。拟募集资金19012.84万元，用于年产300万支粉尘螨滴剂技术改造项目、变应原研发中心技术改造项目、营销网络扩建及信息化建设项目、相关的营运资金。

经营团队：实际控制人陈燕霓夫妇。

未来成长性：变应原制品行业市场规模较小，具备增长空间，但公司专利数量一般，因此有较高的成长空间，2011年净利润同比增长率为102.46%，公司未来3年净利润复合增长率为30.19%。

（18）东方通

保荐机构：国信证券。

预测发行价：56.45元/股。

行业地位：公司所处大行业为信息技术业，细分行业为计算机软件开发与咨询。2009～2011年公司的市场占有率分别为4.40%、4.80%、5.40%左右。

公司状况：公司是从事中间件产品的研发、销售和相关技术服务的软件企业。此次募投项目为Tong系列中间件产品升级项目、营销服务平台扩建项目。

经营团队：张齐春、朱海东、朱曼的股权分别以24.9502%、5.5547%、0.1928%，是控股股东及实际控制人。

未来成长性：成长性较好，中间件为国家“十二五”期间重点扶持的基础软件产品，东方通为国产中间件的龙头企业。

（19）扬杰科技

保荐机构：广发证券。

预测发行价：35.53元/股。

行业地位：属于电子元器件制造业。2011年公司销售光伏二极管约占当年用量的23%；车用大功率二极管芯片居行业前列；2010年和2011年公司向国网招标的智能电表企业销售的整流桥占市场需求量的比例超过20%。

公司状况：主营业务为分立器件芯片、功率二极管、整流桥等半导体分立器件产品的研发、制造与销售。公司此次拟募集资金投入的最大项目是功率半导体分立器件芯片项目，投资总额为12321.3万元。

经营团队：实际控制人是梁勤，公司5名副总经理及财务总监有持股，管理层和持股自然人多是与梁勤有亲属关系。

未来成长性：2011年净利润同比增长30.71%，同行业上市公司预测未来三年净利润增长率为42.07%，公司有较大成长空间。

（20）天和防务

保荐机构：中信证券。

预测发行价：45.95元/股。

行业地位：所处行业为军工电子行业中的指挥自动化领域。公司的TH-S216产品在国内市场已取得了先发优势，未来一定时期内将保持其竞争地位；由于国际先进军用技术的技术封锁和军品禁售的制约，国外类似产品进入我国的可能性不大。

公司状况：主要从事应用于末端防空的战术级及武器系统级指挥控制系统的研制、生产、销售及技术贸易。募集资金主要用于连续波雷达系统系列产品建设项目和军民两用防务技术研发中心建设项目，共投入33949万元。

经营团队：实际控制人贺增林，任董事长兼总经理。

未来成长性：成长性空间较大。稀有的纯军工标的，民营体制效率高。

（21）楚天科技

保荐机构：宏源证券。

预测发行价：53.23元/股。

行业地位：所属制药装备制造业，2010年公司营业收入与行业营业收入比值计算的市场占有率为2.76%。

公司状况：主营业务为水剂类制药装备的研发、设计、生产、销售和服务。拟募集资金的大部分将投入现代制药装备技术改造项目，投资金额为2亿元。

经营团队：实际控制人唐岳，公司高管、技术带头人、生产部部长、销售片区经理等有持公司股份。

未来成长性：2011年净利润同比增长率为32.08%，同行业上市公司预测未来三年净利润复合增长率为39.13%。

（22）跃岭股份

保荐机构：东北证券。

预测发行价：18.09元/股。

行业地位：公司所处行业所属的细分行业为交通运输设备制造业，是国内最大的铝合金车轮出口生产企业之一，产品产量和出口额位均位居国内前列。

公司状况：专业从事铝合金车轮的研发、设计、制造和销售。

经营团队：前十大自然人股东中，有8人在公司任重要职务，董事长为林仙明。

未来成长性：2011年净利润增长及同行业上市公司未来三年增长率中位数分别为73.72%、29.95%。

(23) 光环新网

保荐机构：西南证券。

预测发行价：39.3元/股。

行业地位：公司所处行业为信息传输、计算机服务和软件业中的其他电信服务业信息技术业。在北京处于领先地位。

公司状况：公司主营业务包括宽带接入服务、IDC及其增值服务，以及其他互联网服务。此次募投项目有互联网数据服务一体化平台二期工程、宽带接入服务拓展、互联网技术研发中心扩建等，预计募集资金31076.2万元。

经营团队：耿殿根持股55.9%，为实际控制人、董事长兼总经理。

未来成长性：成长性较好，互联网对IDC有刚性需求，市场空间很大，但行业竞争激烈，价格战容易使利润下滑。

(24) 麦趣尔

保荐机构：东方证券。

预测发行价：28.92元/股。

行业地位：所属食品行业下的食品制造业。公司主要产品的全国市场占有率为11.34%。

公司状况：主营业务为乳制品、烘焙食品、节日食品。拟募集金额2.95亿元，用于日处理300吨生鲜乳生产线建设项目、2000头奶牛生态养殖基地建设项目、烘焙连锁新疆营销网络项目。

经营团队：公司实际控人为李玉瑚家族。

未来成长性：乳制品、烘培方面具有行业领先地位，但收入增长放缓，因此有较高的成长空间。

(25) 纽威阀门

保荐机构：中信建投。

预测发行价：94.18元/股。

行业地位：属于轴承、阀门制造业。2006～2009年，公司阀门产品的销售收入一直保持行业第一的地位；2010年受全球经济危机影响，行业排名下降为第二名。

公司状况：主要从事工业阀门的设计、制造和销售。

经营团队：实际控制人为王保庆、陆斌、程章文和席超等4名自然人。

未来成长性：有成长空间。

（26）鼎捷软件

保荐机构：长江证券承销保荐。

预测发行价：49.25元/股。

行业地位：所属软件及应用系统下的应用软件服务。公司在中国的市场占有率达到8.23%。

公司状况：主营业务为ERP管理软件。

经营团队：目前无实际控制人。

未来成长性：客户资源已累计建立起品牌优势，但公司还面临国外SAP等强大竞争对手，因此有较高成长空间。

（27）一心堂

保荐机构：信达证券。

预测发行价：28.47元/股。

行业地位：所处行业为药品和医疗器械批发业药品和医疗器械零售业。公司是区域龙头，在云南地区市场占有率很高，约20%～30%，云南地区销售额最大、网点最多。

公司状况：主营业务为医药零售连锁和医药批发业，其中医药零售连锁是公司的核心业务。

经营团队：实际控制人为东阮鸿献夫妇。

未来成长性：成长性空间较大，厂商品牌定制模式能够维持较高毛利率。

（28）昇兴集团

保荐机构：招商证券。

预测发行价：6.59元/股。

行业地位：本公司所从事业务属于金属制品业中的集装箱和金属包装物品制造业。2009年和2010年，公司主营业务收入占三片罐行业比重分别为10.15%、10.07%。

公司状况：公司主要产品为根据客户要求生产的各种规格的马口铁三片易拉罐。

经营团队：林永贤、林永保和林永龙为实际控制人。

未来成长性：成长性一般，依靠优质客户资源和规模优势，公司行业竞争力尚可。

（29）易事特

保荐机构：海通证券。

预测发行价：56.75元/股。

行业地位：所属电子元器件业下的电力电子器件及变流装置业。公司主要产品的国内市场份额占3.82%。

公司状况：主营业务为UPS等功率电子装置。

经营团队：实际控制人为何思模，现为董事长、总经理。

未来成长性：多年来已累积相当规模的客户且下游需求旺盛，但作为UPS市场的第二梯队，技术方面并不突出，因此有较高成长空间。

（30）思美传媒

保荐机构：国信证券。

预测发行价：151.86元/股。

行业地位：公司所处行业是创意产业下的广告业。公司在2012年成为中国4A协会副理事单位。

公司状况：公司为客户提供全面的广告服务，业务内容涉及媒介代理、品牌管理两大模块。

经营团队：朱明虬为实际控制人。

未来成长性：成长性高，已经成为长三角地区领先的综合性广告公司，具有行业领先的品牌优势和规模优势。但易受新媒体的挤压，公司未来战略规划值得关注。

（31）华恒焊接

保荐机构：东吴证券。

预测发行价：41.31元/股。

行业地位：所属装备制造行业下的工业自动化业。公司打破国外企业在大型机器人焊接生产线领域的垄断。

公司状况：主营业务为焊接机器人成套设备。

经营团队：实际控制人徐绪炯，现任董事长、总经理。

未来成长性：下游工程机械行业不景气，面临产能过剩，成长空间一般。

（32）雪浪环境

保荐机构：太平洋。

预测发行价：27.7元/股。

行业地位：公司所处行业为专用设备制造业中的环境污染防治专用设备制造业。以垃圾焚烧日处理规模计算，公司2008年、2009年市场占有率分别为12.96%、10.79%。

公司状况：公司的主营业务为烟气净化与灰渣处理系统设备的研发、生产、系统集成、销售及服务。

经营团队：实际控制人为杨建平和许惠芬夫妇。

未来成长性：成长性较好，垃圾焚烧市场将迎来快速增长期，技术和研发优势以及优质项目经验突显公司竞争优势，但相对行业龙头，公司规模较小。

（33）恒华科技

保荐机构：中银国际。

预测发行价：36.01元/股。

行业地位：属于计算机应用服务业。

公司状况：公司致力于运用信息技术、物联网技术，并秉承信息技术与物联网技术相结合的理念，为智能电网提供全生命周期的一体化、专业化信息服务。

经营团队：实际控制人有4人。

未来成长性：成长空间较大。

（34）良信电器

保荐机构：东吴证券。

预测发行价：35.66元/股。

行业地位：所属应用制造业下的输配电及控制设备制造业。2008～2010年，公司主要产品终端电器产品的销售收入和销售数量在中、高端市场中均名列前三位。

公司状况：主营业务为中、高端低压电器产品。

经营团队：9人同是公司实际控制人，股权分散。

未来成长性：下游应用市场的需求增速放缓，原材料成本占比大，两头挤压，成长空间一般。

（35）登云汽配

保荐机构：新时代。

预测发行价：8.3元/股。

行业地位：所属汽车及汽车零部件行业，公司作为国内气门行业的龙头企业之一，市场占有率位于行业第三位。

公司状况：公司主要从事汽车发动机进排气门的研发、生产与销售。

经营团队：实际控制人有9人。

未来成长性：未来成长性基本上与行业同步。

（36）欣泰电气

保荐机构：兴业证券。

预测发行价：20.15元/股。

行业地位：所属电气机械及器材制造业下的输配电及控制设备制造业。公司箱式变电站产量位居第3名，干式变压器产量位居第4名。

公司状况：主营业务为节能型变压器等输变电设备和无功补偿装置。

经营团队：实际控制人温德乙，现任董事长。

未来成长性：变压器的市场竞争加剧，产品价格不断下行，因此成长空间一般。

（37）中航文化

保荐机构：招商证券。

预测发行价：156.56元/股。

行业地位：公司所处的行业为广告行业及会议及展览服务业。2007～2010年，公司分别位列本土广告公司营业额第4名、第5名和第6名。

公司状况：公司以电视媒体代理业务为核心业务。

经营团队：公司控股股东及实际控制人为中航工业。

未来成长性：成长性较好，公司是国内主要央视代理公司之一，媒体资源优质。但业务单一，由于受新媒体的挤压，公司未来战略规划值得关注。

（38）天保重装

保荐机构：东北证券。

预测发行价：11.58元/股。

行业地位：公司所处行业为重型装备制造业，2010年分离机械设备市场占有率为1.38%，2009年水电设备市场占有率约为0.41%。

公司状况：主营业务为大型节能环保及清洁能源设备的研发、生产和销售。

未来成长性：有一定的成长空间。

（39）康跃科技

保荐机构：长城证券。

预测发行价：0.28元/股。

行业地位：所属制作机械设备业下的高效节能内燃机业。国际和国内市场上，世界排名前五大增压器公司占据大部分市场份额，公司占有份额不大。

公司状况：主营业务为柴油机用涡轮增压器。募集资金拟13908.74万元，用于涡轮增压器扩产、技术中心扩建、相关营运资金。

未来成长性：涡轮增压器的技术还是以国外为主，公司出口国外，面临外贸风险，因此成长空间一般。

以下是相对行业市盈率溢价低于5%的公司。

（40）应流机电

保荐机构：国元证券。

预测发行价：15.81元/股。

行业地位：所属专用设备制造业下的机械、设备、仪表。公司2011年在全国阀门零件出口企业中按照金额排列第二位。

公司状况：主营业务为石油天然气设备、清洁高效发电设备、工程和矿山机械设备的零部件。

未来成长性：客户主要来自国外大订单，但国外品牌的技术高于国内企业，因此成长空间一般。

（41）东易日盛

保荐机构：国信证券。

预测发行价：11.23元/股。

行业地位：公司所处大行业为建筑业下的建筑装饰业。

公司状况：公司从事居室装饰设计、工程施工、配套木作产品研发、生产及全国性家装品牌特许经营。

未来成长性：成长性一般，公司现金流理想，有较多预售款，但因行业壁垒低，竞争优势不明显。

（42）北特科技

保荐机构：海通证券。

预测发行价：6.43元/股。

行业地位：所属汽车业下的汽车零部件业。公司2011年转向器配套市场占比为26.41%。

公司状况：主营业务为汽车转向器、减震器零部件。

未来成长性：汽车行业增速不确定，公司的技术壁垒业相对较低，因此成长空间一般。

（43）创意技术

保荐机构：招商证券。

预测发行价：29.21元/股。

行业地位：在西部区域有优势。

公司状况：公司从事电信外包服务中的数据网络系统解决方案和技术服务业务，分集成开发和技术服务两大类。

未来成长性：成长性一般，行业规模增长乏力。

（44）贵人鸟

保荐机构：瑞银证券。

预测发行价：17.03元/股。

行业地位：2010、2011年公司的营业收入在中国运动鞋服行业上市公司中排名第七。

公司状况：主要从事贵人鸟品牌运动鞋、运动服装的研发、设计、生产和销售。

未来成长性：成长性空间有限。

（45）赢时胜

保荐机构：国金证券。

预测发行价：32.4元/股。

行业地位：属软件信息业下的软件及应用系统业。2010年市场份额4.04%。

公司状况：主营业务为金融机构资产管理软件。

未来成长性：行业处于恒生电子、金证股份双寡头垄断地位，且各大金融机构削减IT开支，因此成长空间一般。

（46）安硕信息

保荐机构：中德证券。

预测发行价：29.42元/股。

行业地位：所属软件及应用系统下的应用服务业。国内使用公司产品和服务的客户超过120家。

公司状况：主营业务为提供信贷资产管理及风险管理领域的一体化IT解决方案。

未来成长性：公司产品的技术不在行业前列，与同行竞争银行订单不具备绝对优势，因此成长空间一般。

（47）斯莱克

保荐机构：国信证券。

预测发行价：40.36元/股。

行业地位：公司处于专用设备制造业中的金属包装机械行业。因成立时间短，市场积累尚不充分，在全球市场所占市场份额较小，约在4%左右。

公司状况：本公司主要从事高速易拉盖生产设备的研发、设计、生产、装配调试及相关精密模具、零备件的研发、加工制造。

未来成长性：成长性一般。

（48）宏良皮业

保荐机构：华龙证券。

预测发行价：18.17元/股。

行业地位：公司处在制革业下的牛皮鞋面革和牛皮包袋革。

2008～2010年，市场占有率位居行业第五名。

公司状况：公司从事牛皮鞣制革产品的研发、生产和销售。

未来成长性：成长性一般，公司区域优势明显，原材料资源丰富；募投项目实施后，产能利用率较高。但公司资产负债率高于同行，有资金压力。

（49）科隆精化

保荐机构：华泰联合。

预测发行价：33.14元/股。

行业地位：公司属于专用化学产品制造业，市场份额排名前列。

公司状况：公司主要产品为聚醚单体、聚羧酸减水剂（包括聚羧酸减水剂浓缩液及聚羧酸泵送剂）、太阳能晶硅切割液和其他类产品等。

未来成长性：有成长空间。

（50）众信旅游

保荐机构：华泰联合。

预测发行价：2.66元/股。

行业地位：公司所处行业属于社会服务业，2010年公司综合实力排名第四。

公司状况：公司是专业的出境游运营商，三个募投项目分别为实体营销网络建设项目、旅游电子商务项目、商务会奖分公司项目，总投资14921.53万元。

未来成长性：成长性较小。

（51）鹏翎胶管

保荐机构：渤海证券。

预测发行价：15元/股。

行业地位：所属非轮胎橡胶制品行业，行业近年来景气度一般。主打产品冷却水胶管及总成，在国内轿车市场占有率一直保持在30%左右，高端市场有所欠缺。

公司状况：专注于研制、生产和销售汽车用橡胶软管及总成产品。

未来成长性：未来成长性一般。

（52）益康生物

保荐机构：宏源证券。

预测发行价：18.64元/股。

行业地位：所属兽用生物制品行业，2010年公司销售收入占当年全国兽用生物制品企业总销售收入的3.13%。

公司状况：拥有通过农业部兽药GMP认证的9条不同类型的兽用生物制品生产线，具有较强的生产及新产品产业化能力。

未来成长性：此前增速较快，后期会趋平稳。

（53）宝色股份

保荐机构：国海证券。

预测发行价：13元/股

行业地位：所处非标特材装备制造业。公司在2010年的压力容器市场占有率为0.82%。

公司状况：主要从事钛、镍、锆、钽、铜等有色金属及其合金、高级不锈钢和金属复合材料等特种材料非标设备的研发、设计、制造、安装，以及有色金属焊接压力管道、关键的制造和安装。

未来成长性：我国石化行业一直由中石油和中石化主导，预计公司中短期内业绩平稳。

（54）劲拓股份

保荐机构：兴业证券。

预测发行价：19.52元/股。

行业地位：所属专用设备制造下的电子工业专用设备制造。

公司状况：主营业务为电子整机装联设备行业的系列设备。

未来成长性：行业比较分散，面临着同质化竞争，因此成长空间一般。

（55）金一文化

保荐机构：招商证券。

预测发行价：10.31元/股。

行业地位：公司归属于文化创意产业之贵金属工艺品细分行业。

公司状况：公司主营业务为贵金属工艺品的研发设计、外包生产和销售。

未来成长性：成长性一般。

（56）汇中股份

保荐机构：广发证券。

预测发行价：33.37元/股。

行业地位：所属计量器具制造业，在超声测流细分领域处于领先地位，但是与传统仪表生产企业相比，销售规模较小。

公司状况：主营业务为超声热量表、超声水表、超声流量计及相关产品的开发、制造和销售，以超声测流技术为核心。

经营团队：实际控制人为张力新，公司核心技术人员均在前十大自然人股东之列。

未来成长性：公司规模较小，尚有成长空间。

（57）欧浦股份

保荐机构：华泰联合。

预测发行价：15.32元/股。

行业地位：公司所处物流行业，2011年在第三方钢铁物流行业处于领先地位。

公司状况：主营业务为以电子商务平台为依托，为钢铁生产商、贸易商、钢铁用户提供大型仓储、剪切加工、综合物流服务、金融质押监管、转货、运输、商务配套等全方位的第三方钢铁物流服务。

未来成长性：成长性较小。

（58）金贵银业

保荐机构：招商证券。

预测发行价：86.12元/股。

行业地位：公司行业归属于有色金属冶炼压延加工业。2009～2011年白银产量分别占同期全国产量的1.24%、1.56%、2.01%。

公司状况：公司目前从事的主要业务为“从铅冶炼阳极泥及矿冶企业废渣废液中综合回收白银及铅、金、铋、锌、铜、铟等多种有色金属”的清洁生产和销售。

未来成长性：成长性低，公司冶炼技术与加工能力出色，伴生金属的回收能力处于行业领先水平；但未来白银价格的疲弱仍然构成公司业绩增长最大的抑制因素。

15. 一些主要地区和国家上市的情况

中国的企业在沪深两地上市的公司有3000家，而在海外上市的公司接近1500家。也就是中国的上市企业，三家里面就有一家是在国外上市的。

是不是海外所有的股市都能够去上呢？不是的，很多股市是绝对不能去上的，更不能去碰的，这几年新加坡退市的企业比去上市的企业还要多。不仅是新加坡，很多股市都一样。因为在新加坡市场上炒作的对象主要是机构，而不是散户。而我们上市的有一个重要目的是店大欺客，而不是客大欺店，也就是面对散户我们都很有控制权和话语权，而面对机构我们往往处于弱势。在新加坡股票市场上都是些世界级的金融机构，这些机构面对我们这些小小的上市企业，我们显得不够强大。所以在这种市场上，往往我们容易吃亏，而不会轻易融到资。

在新加坡市场上，比如1亿股，今年1000万元利润，目前1元钱净资产=1股股票，那么每股的税后利润就是0.1元，新加坡的平均市盈率只有4倍，那么这只股票只能卖到0.4元/股，而它的净资产是1元/股。

在中国市场上，比如1亿股，今年1000万元利润，税后利润0.1元，中国市场的平均市盈率是50倍，那么理论上0.1乘以50倍市盈率，也就是每股能够卖到5元钱，1元钱净资产可以卖到5元钱/股，明显是在赚钱。

同样的利润，在中国市场上的可能在赚钱，在新加坡市场上就有可能亏钱。

16. 中国企业去海外上市的途径及操作

中国企业去海外上市目前只有两种途径，分别叫作H股上市和红筹上市。H股就是国内一家企业，通过上报证监会，上报商务部，上报国家外汇管理局，上报国家发改委，走完国家的所有手续，然后去海外进行上市，这个过程就是H股。以前去新加坡走这种途径上市的叫S股，去纽约走这种途径上市的叫作N股，去中国香港走这种途径上市的叫H股。现在统一称作H股。

走H股上市，各大部委的很多政策有时候是冲突的，也就是说你满足了A，必然满足不了B，满足了B必然满足不了A。那么在这种条件下，真正能走H股上市的民营企业并不多。

最后民营企业能够走得通的一条道路就是红筹上市。红筹上市的意思是什么？你先在商业自由港注册一家离岸公司，比如维京、开曼群岛、百莫大、毛里求斯，这些商业自由港的政策是可以随便注册公司，可以随便填写注册资金，可以随便拆股，而它的所有法律地位和程序，世界上绝大部分国家都是认可的。

那么由这家在自由港注册的A公司收购你境内的B企业，在2006年之前这种收购是通过股权置换的形式收购，然后由A公司去上市，一旦A公司收购了B，就需要合并财务报表。

2006年9月份商务部发布了一个10号文件。10号文件规定，禁止用股权收购的方式，由海外公司收购国内的企业。要收购可以，必须换成现金。

A和B注册的法人都是同一个人，由A收购B的过程之中，先对B进行评估，比如给B评估价值是1个亿，那么A就需要1个亿的现金来收购B。但是这1个亿资金来源很成问题，如果这1亿资金是从国内转移出去的，那么请提交这个1亿资金的税收证明、合法收入证明。还要经过一个叫作《中华人民共和国居民海外投资法案》的法案，最后你会发现，你的1亿资金要出国非常艰难。

那么A去借1个亿行不行？可以，A借了1个亿收购B，到了国内落到你手里的只有8000万元了。因为另外2000万元是所得税，代缴代扣了。最后A公司有1个亿的资产，还有1个亿的负债，资产负债率100%，你怎么上市？

这个10号文件肯定是高手做的，这个文件几乎就把国内企业要去国外上市的路全部堵死了。所以，从2006年9月份到目前大概有几百家企业重新搭建红筹构建，去境外上市，但几乎都有法律纰漏。

那么一般怎么操作呢？

第一种方式：A→B→C→D

比如在中国香港注册A和B公司，然后由A公司收购国内的这家公司，但是这家公司的本质不是B，而是D，在D上面成立一个控股公司C，在控股公司进行梳理，就比较好看，比较干净。B完成收购C，这个过程确实是现金，那么现金来源在哪里？是A公司的几个大老板，这些人都是外国人，但是这些外国人都在替中国这个老板进行代持股。（唯一的问题就是有一个法律漏洞，这个拥有代持股的人E，要想干点什么坏事，你可以在法律上去告他，但是在你告他之前，他可以把股票全部卖给F，那么这家企业上市之后，F就成了大股东了，那么你要追索E的权利，那么你要跟E打官司，但是这些股票已经要不回去了，而F叫作善意第三方，其实就是这个代持股的法律风险。）

第二种方式：A→B→C→D→E→F

比如在中国香港注册A公司和B公司，由换股的方式不花钱收购了B，由换股的形式收购一个国内纯外资企业C。能换股收购国内纯外资企业吗？能收。那么国内纯外资企业C换股国内一家中外合资并且外资控制的企业D，能收吗？能收。再由D收购一个国内中外合资并且中方控制的企业E，能收吗？能收。E用换股的形式收购拟上市的主体F公司，能收吗？能收。

那么风险在哪里？这中间涉及一串的壳，而每一次收购，都涉及中方和外资的关系，都需要商务部审批，审批的难度非常大，中间经历的机构也很多，财务成本也比较大，那么怎么办？还有第三种方式。

第三种方式：在国外注册A公司。在国内注册的B公司，所用的专利和技术品牌都不在公司内部，而它必须依靠这些专利和品牌赚钱，而这些专利和品牌全部转化到A公司名下，由离岸公司A注册所有的专利和品牌，B公司和离岸公司签署一个协议，每年B把它收益的90%上缴这家离岸公司A。其前提是B企业一定是一个技术性企业，是靠技术赚钱的企业。

那么搭建红筹构建去哪里上市比较好？就去美国的主板：纳斯达克主板、纽约主板、美国证券交易所，其他美国的OTCBB市场财务费用太高。而且美国的OTCBB市场要转板成主板，经常会有意想不到的损失，包括利润、控制权等。天狮算是在美国转板成功了，但是付出了巨大的代价。但是近年还是有很多企业在OTCBB上市的企业市盈率不错。

其次就是去中国香港直接IPO或者买壳上市。在香港，一家公司想买壳的条件是拥有这家公司的股票的5%以上，而且2年以上才能买壳，否则视同为IPO新股上市。

再就是荷兰，很少有人关注这个市场，即使在金融危机的情况下，它的市盈率仍然有25倍左右，荷兰是世界上唯一一个泛欧和泛纽交所。你在荷兰上市或者挂牌，等于可以直接在美国纽约主板股票交易市场挂牌，这是一个比较好的市场。

如果你要走这一步，一定要找一个非常专业的团队。

17. 各个国家交易所比较

各个国家交易所的大致情况比较如下表所示。

	营运及盈利	审计要求	上市所需时间	融资成本	优　　点	缺　　点
德国法兰克福证券交易所	1～3年经营记录无盈利要求	国际会计准则	4～5个月	中介费用80万～100万欧元，承销费用为上市融资金额的3%～7%。	透明度及声誉较高，过程简单快捷，鼓励中国企业	可比公司较少，研究覆盖有限
纽约泛欧交易所 NYSE Euronext（主板）	3年经营记录，无盈利要求	3年审计报告，欧盟或国际会计准则	4～5个月		知名度高，流通量高	公司监管严格，信息披露要求较高，对企业规模要求较高
香港联交所 SEHK（主板）	必须有3年经营记录。过往3年合计5000万港元盈利（最近一年须达2000万港元，之前两年合计须达3000万港元）；或上市当年最低收入为5亿港币	3年审计报告，国际会计准则	6个月以上	中介费用1200万元港币左右	市值排名亚洲第二，流通量大，散户和目标投资者众多，可比公司多，研究覆盖广	准备时间略长
韩国证券交易所 KSE（主板）	3年业务记录，最近12个月总收入不少于24亿人民币，3年平均收入不少于1.6亿人民币，净资产不少于8000万元人民币	3年审计报告，国际会计准则	5个月左右		交投活跃，上市和维护费用低廉，传统行业有优势	知名度不高

（续表）

	营运及盈利	审计要求	上市所需时间	融资成本	优　　点	缺　　点
英国伦敦证券交易中心 LSE（主板）	公司75%的业务需要3年经营记录，无盈利要求	3年审计报告，英国或国际会计准则	8个月以上		欧洲最大，地位最高，流通量高	可比公司较少，研究覆盖有限，披露要求较多，准备时间较长
美国纽约证券交易所 NYSE	3年经营记录，过往三年利润总和不少于1亿美元，最近12个月收入不少于1亿美元	3年审计报告，美国或国际会计准则	1年	中介费用150万美金，承销费用大约在8%左右	知名度高，流通量高	公司监管严格，信息披露要求较高，对企业规模要求高

18. 在美国上市的要求

企业在美国上市主要有以下几项要求：

- 按美国公开发行的要求填表：这是发行的法律文件，也是投资者的招股书概要。
- 披露信息：发行概况、股票估价、发行量、公司情况、风险因素、发行收入使用计划、公司资本结构、管理信息、财务数据、公司所有者姓名和持股情况、承销商情况、有关的法律文件和会计师事务所的证明等。
- 证交会审查：保证文件中没有严重不实和重大遗漏项。
- 听证会：主承销商履行法律程序，调查发行公司在注册登记表或说明书中提供的信息的真实性和完整性。
- 蓝天法：美国一部分州还采用蓝天法来保护投资者，使之不受证券欺诈行为的损害。

美国有四个股票市场：

- 美国纽约交易所（NYSE）；
- 美国证券交易所（AMEX）；（注：纽交所和美国证券交易所已经合并）

- 美国纳斯达克（NASDAQ）；
- 美国场外柜台交易系统（OTCBB）。

（1）OTCBB概念

OTCBB作为场外交易的一个形式，在美国的存在由来已久。对于中国的企业来说，要承认这种存在形式。

如果是一家经营良好的企业的话，通过OTCBB是比较容易上市，然后挂到主板上。但是，对于经营不太好的企业，不要指望在OTCBB上就可以一步登天，因为它的要求非常严格，而且在OTCBB上，如果本身不具备公开融资的能力，股价不能维持在4美金以上，就不能在半年以上转主板。所以，如果是不好的公司，即使花了很多钱在OTCBB上了，可能也起不到融资的作用。

从2009～2013年的数据来看，中国企业在美国上市，其中直接IPO只占四分之一，剩下的四分之三都是通过美国的OTCBB转板到美国的主板市场。我们可以得出结论，中国企业在美国上市，从OTCBB市场转板到美国主板，是一个主流，那么今天的中国正在重走美国的老路，尤其是中国的新三板推出以后，以后将会有更多的企业从新三板转板到创业板、中小企业板和主板。

（2）在美国上市的几种方式

在美国上市有两种方式，IPO和OTCBB转板（买壳上市）。

IPO和买壳的比较：IPO上市难度比较大，成本比较高，成功率低；而买壳上市，成本低，风险小，操作时间段，一般6个月就可以了。

上NASDAQ的标准如下表所示。

	标准1	标准2	标准3
股东权益	500万美元	400万美元	400万美元
公众持股市场总值	1500万美元	1500万美元	500万美元
经营历史	2年	无	无
上市股票市值或总资产和总收入	无	5000万美元	无

（续表）

	标准1	标准2	标准3
公众持股数	100万	100万	100万
股票价格	4	4	4
整份持股	300	300	300
做市商	3个	3	3

很多理论专家认为OTCBB市场融不到钱，就好像现在的中国新三板也很难融到钱一样，其实不然。只是在OTCBB市场上的成本比较高。

（3）部分在OTCBB融到资金的中国公司

- 瑞达国际融资1230万美元；
- 大连傅氏国际第一轮融资1200万美元，第二轮融资3900万美元；
- 北京中燃伟业第一轮融资928万美元，第二轮融资1880万美元；
- 常熟华冶薄板融资1200万美元；
- 河南众品食业融资5000万美元；
- 北京科兴生物融资475万美元；
- 深圳比克融资6000万美元；
- 中国农业技术第一轮融资1200万美元，第二轮融资1500万美元；
- 西安天然气第一轮融资1040万美元，第二轮融资4000万美元；
- 哈尔滨泰富电机融资5500万美元；
- 中国安防技术融资1620万美元；
- 深圳永泰第一轮融资1500美元，第二轮融资4000万美元。

【案例1】无锡尚德在美国纽约证券交易所上市

尚德太阳能电力有限公司主要从事晶体硅太阳电池、组件以及光伏发电系统的研究、制造和销售。

2001年1月，施正荣博士带着他在澳大利亚积累的光伏发电领域的丰富知识和经验回到祖国，以世界一流的速度和水准创建了尚德公司。

无锡尚德刚开始的时候厂房很小，和一般做太阳能热水器的民营企业没什么两样。

据国际权威光伏杂志《PHOTON International》2006年3月最新统计，尚德公司太阳电池产能2005年位列全球第8位，2006年进入前4强。

北京时间2005年12月14日，无锡尚德(NY：STP)在美国纽约证券交易所挂牌（美国时间为12月14日），开盘价20.35美元，至23点16分最高至21.75美元，开盘价较发行价15美元高出29%。无锡尚德筹资总额为4亿美元，发行市值达到21.75亿美元，成为第一家登陆纽交所的中国民营企业。

在上市前，无锡尚德已经完成私募。2005年上半年尚德海外公司向高盛、英联、龙科、法国Natexis、西班牙普凯等国际著名投资基金共私募了8000万美元的资金，完成了对尚德所有国内股东的股权收购，使尚德成为一个海外公司100%控股的外资企业。

网易的丁磊、盛大网络的陈天桥、无锡尚德的施正荣的企业在美国上市以后，他们先后成为中国的首富。这也是美国资本市场的成熟。

【案例2】如家酒店美国纳斯达克证券交易所上市

如家酒店连锁于2002年6月由中国资产最大的酒店集团——首都旅游国际酒店集团、中国最大的酒店分销商、携程旅行服务公司共同投资组建。

北京时间2006年10月26日晚上21时30分，如家快捷酒店(NASDAQ：HMIN)正式登陆美国纳斯达克证券交易所，发行价13.8美元，开盘价22美元，融资金额达1.09亿美元。

如家的首次公开招股承销商包括瑞士信贷、美林和德意志银行，其中前两家公司为主承销商。

如家快捷发行790万股，美国存股凭证募集了1.09亿美元，13.80美元的发行价超过了10 ~ 12美元的计划价格区间的上限，成为一年来在纳斯达克的上市首日表现第二好的股票。

19. 在英国上市的要求

（1）要求

① 有3年的经营记录，并须呈报最近3年的总审计账目。

② 公司的经营管理层应能显示出为其公司经营记录所承担的责任能力。

③ 财务报告一般须按国际或英美现行的会计及审计标准编制，并按上述标准独立审计。

④ 公司在本国交易所的注册资本应超过70万英镑，已经至少有25%的股份为社会公众持有。

⑤ 公司须按伦敦证券交易所规范的要求编制上市说明书。

（2）上市程序

① 指定申请上市的主办人。

② 撰写上市说明书，报伦敦证券交易所审查、批复。

③ 递交相关文件。

（3）英国二板市场（AIM）上市条件

① 委派一位指定保荐人和指定经纪人。

② 根据本国法律合法成立的公司，且是一家公众公司或等同于公众公司的公司。

③ 公开的会计账目符合英国或美国通用会计准则或国际会计标准。

④ 保证在AIM交易的股票可自由转让。

⑤ 当公司董事会和雇员掌握了对价格敏感的信息时，必须遵守《AIM公司标准法规》。

(4)英国二板市场(AIM)上市程序

① 聘请保荐人。

② 提出上市申请，必须提交“招股说明”及董事会全体人员过去5年在公司的履职报告。

20. 在中国香港上市的要求

(1)一般性程序

① 保荐人的选择。

② 境内审批环节。

③ 牵涉到的部门：国家发改委、商务部、外管局、证监会、国资委。

④ 向香港联交所申请。

⑤ 保荐人负责提交正式上市申请表格及有关文件，企业缴纳首次上市费。

⑥ 提交招股章程。

⑦ 发行，香港的证券发行采取包销的方式。

(2)香港主板、创业板IPO上市的条件

香港主板、创业板IPO上市条件如下表所示。

	主　板	创　业　板
盈利要求	不少于三个财政年度的营业记录，最近一年的盈利不得低于2000万港元，及其前两年累计的股东应占盈利亦不得低于3000万港元	无强制性的盈利要求，但要有24个月的活跃业务记录；或者12个月的活跃记录，要求： a）主营收入不低于5亿元港币； b）总资产不少于5亿元港币； c）上市后的市值不低于5亿港元
预期上市市值	不低于1亿港元	不低于4600万港币（折算）

（续表）

	主板	创业板
公众持股市值比例	市值不超过40亿港元的，最低比例25%； 市值超过40亿港元的，最低比例10%	市值不超过40亿港元的，最低比例25%； 市值超过40亿港元，取以下较高者： a）公众持有的实质等于10亿港元（上市时决定）； b）20%
公众持股市值	不低于5000万港元	不低于3000万港元
公众持股人数	不少于100人	不少于300人
IPO招股价	无特别要求	不得低于1港元/股
上市后发起人股份比例		不得低于35%

21. 阿里巴巴在中国香港上市的双股权结构设计——史上最牛的资本创新案例

2013年10月31日，总理李克强在中南海主持召开经济形势座谈会。在会上总理赞扬马云创造了一个消费时点。阿里巴巴的IPO在中国香港的上市计划早就引起全球关注。

那么中国香港资本市场在正式拒绝马云提出的上市要求之后，出人意料地说，不排除更改上市规则向公众咨询的可能。这一重大的态度转变，让人不禁将此事和总理的点赞力联系起来。

阿里巴巴的股东结构里面，软银的孙正义占了36%的股权，雅虎占了24%的股权，马云及团队占24%股权，马云只有7%的股权，中投及海外PE占9%的股权。企业估值1200亿美金，上市以后乘以6倍市盈率，就是7200亿美金，中国哪个企业有这么大？

这么大的体量，完全可以在大陆上市，但是阿里巴巴的股权结构很奇怪，控制整个阿里巴巴集团的公司却在开曼群岛，那里是全世界的避税天堂。最后马云选择在中国香港IPO上市。

阿里巴巴集团的股权结构里，马云的股权只有7%左右，意味着对整个公司的控制权非常薄弱。那么如何利用资本市场从国外机构手里夺回更强有力的战略决策权，便成为此次阿里巴巴IPO的主要目的之一。

因为一向以创新著称的马云决定修改这场资本游戏的规则，他提出了“合伙人制度”和“双重股权结构”。

合伙人制度就是，28个合伙人是阿里巴巴核心团队，上市以后，一半以上的董事，由阿里巴巴28个人向股东大会提名。表决权还是由股东大会决定，但是股东大会可以否决，如果首先提名的7个人，股东大会不同意，那么再提7个人，如果股东大会还不同意，那么再提7个人。也就是说阿里巴巴拥有提名权，可以无数次地提名，直到股东大会通过为止。

双重股权结构就是，同股不同权。阿里巴巴原始的股东，尽管买的时候价格一样，但是投票权不一样，马云的团队一股抵十股。那么马云的创业团队持股24%，如果每股乘以10，那么所有的大股东、二股东、三股东、小股东统统没有话语权。

其实所谓的双重股权指的就是AB股的双重股权架构（美国Google、Facebook就是这种架构）的上市模式，也就是说将股票分为A和B两个系列，其中对外部投资者发行的A系列普通股，每股有一票投票权，而管理层持有的B系列普通股，每股则有*N*票投票权（*N*通常等于大于10）。采取这类的企业通常都是科技类公司，2000年美国总共有482家公司采用双重股权结构，互联网泡沫破灭后，2002年下降到362家。而直到2010年只有12家公司在上市时采用该结构。

双重股权结构在美国市场上很多，但是在中国香港资本市场上尚无先例。只要香港联交所答应马云提出的“合伙人制度”和“双股权机构”，阿里巴巴马上就可提交材料。香港联交所本身就是一个上市公司，他的CEO本身也有一个市场盈利的压力考核，他也知道阿里巴巴的确是一个不错的企业，如果能够到中国香港来上市，一定会给他增加业绩和政绩。

因为香港联交所本身是上市公司，香港立法委专门给他一个特批的事项，就是香港联交所里面的董事多数其实是由香港联交所政府相关机构来指定的。他的13个董事，其中7个由香港政府提名，其他6个由股东提名。

那么根据条例，要在中国香港上市，必须以有限公司形式上市，承担有限责任，而合伙人制度在法律上属于无限连带责任，而且在结构上也很难成为公司。所以很难以合伙人制度上市，即使是在美国也没有合伙人制度上市的先例。

所以如果中国香港上市不成，阿里巴巴可以去美国上市，那么中国香港会丧失一个机会，一个引领1200亿美金的市值。

所以中国香港正在修改这个上市的规则，全球市场上都是同股同权，目前只有美国纽交所和纳斯达克有双重股权的安排，英国没有禁止，但是不鼓励这一做法。

22. 在新加坡上市的要求

（1）一般性程序

① 选择新加坡的投行，也称上市经理。

② 境内审批环节：参考香港交易所上市部分。

③ 新加坡联交所程序。

④ 提交上市申请。

⑤ 审核并签发上市申请原则批准书，提交招股说明书。

⑥ 发行，新交所发行不限定承销方式，不限定于包销的方式。

（2）新加坡主板、创业板IPO上市的条件

新加坡主板、创业板IPO上市的条件如下表所示。

项　目	主　板	创　业　板
盈利要求	a）最近3年的累计合并税前盈利不低于750万新元，且3年中每年的税前盈利不低于100万新元； b）最近1年或2年的累计合并税前盈利不低于1000万新元； c）根据发行价和招股结束后的实收股本额算出的市值不低于8000万新元	无明确要求，但一般会要求证明有项目或新产品开发所需的资金，该项目或产品经过周密的研究论证和成本估算
预期上市市值	无明文要求	无明文要求
公众持股市值比例	小于3亿新元　25%； 3亿～4亿新元　20%； 4亿～10亿新元　15%； 10亿新元以上　12%	股票发行总量的15%或者50万股，取两者较大者
公众持股人数	1000人	500人
IPO招股价	不低于0.20新元/股	不低于0.20新元/股

23. 其他国际资本市场简单介绍

其他的资本市场，例如加拿大、澳大利亚、日本、马来西亚等，都有其特点和相应的一些要求。

（1）如果是资源类或者矿产类企业，在加拿大和澳大利亚上市，可能会有比较好的效果，因为这两个地方，对资源比较认可，投资人也比较熟悉。

（2）日本的资本市场，尤其是在最近两年出现了一系列的事件之后，要求还是比较严格的。所以如果企业没有跟日本有特别明确的一些交易，目前日本资本市场并不是特别好的选择。

（3）马来西亚的融资相对简单，但是它要求融资额的一定额度要再投资在马来西亚，所以如果在那边没有企业，就没有必要在马来西亚上市。

24. 财富中国上市辅导时间表及内容

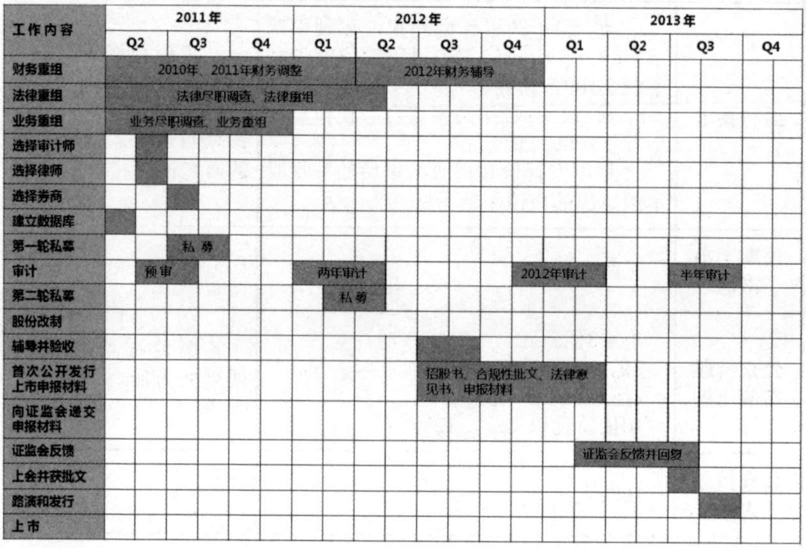